2022年
广西蓝皮书
BLUE BOOK OF GUANGXI

广西民族地区发展报告

DEVELOPMENT REPORT OF ETHNIC MINORITY AREAS OF GUANGXI

广西社会科学院　编

知识产权出版社
全国百佳图书出版单位
—北京—

图书在版编目（CIP）数据

广西民族地区发展报告 / 广西社会科学院编 . —北京：知识产权出版社，2023.9
（2022 年广西蓝皮书）
ISBN 978-7-5130-8914-2

Ⅰ.①广… Ⅱ.①广… Ⅲ.①民族工作—研究报告—广西—2022 Ⅳ.① D633

中国国家版本馆 CIP 数据核字（2023）第 179132 号

内容提要

本书紧跟新时代广西民族发展和民族工作的主线，详述广西民族地区和民族发展的现状、成就和经验，既有宏观论述和总体分析，也有区域发展和个案分析，点面结合，充分发挥蓝皮书在广西民族地区和民族发展方面所起的决策参考、政策先声、投资指南、舆论平台、研究资料库的作用。

责任编辑：高　源　　　　　　　　　　责任印制：孙婷婷

2022 年广西蓝皮书
广西民族地区发展报告
GUANGXI MINZU DIQU FAZHAN BAOGAO
广西社会科学院　编

出版发行	知识产权出版社有限责任公司	网　　址：	http://www.ipph.cn
电　　话	010-82004826		http://www.laichushu.com
社　　址	北京市海淀区气象路 50 号院	邮　　编：	100081
责编电话	010-82000860 转 8701	责编邮箱：	laichushu@cnipr.com
发行电话	010-82000860 转 8101	发行传真：	010-82000893
印　　刷	北京中献拓方科技发展有限公司	经　　销：	新华书店、各大网上书店及相关专业书店
开　　本	720mm×1000mm　1/16	印　　张：	16
版　　次	2023 年 9 月第 1 版	印　　次：	2023 年 9 月第 1 次印刷
字　　数	248 千字	定　　价：	98.00 元

ISBN 978-7-5130-8914-2

出版权专有　侵权必究
如有印装质量问题，本社负责调换。

2022年广西蓝皮书编委会

主　任

陈立生

副主任

黄天贵　范祚军　解桂海

委　员

（按姓氏笔画为序）

卞克文　邓　坚　李　萍　李素娟　杨　鹏
吴　坚　陈　涛　陈红升　陈禹静　林智荣
冼少华　姚　华　黄红星　曹玉娟　蒋　斌
覃　娟　雷小华　廖　欣　廖伟群

本书编委会

主 编

覃 娟 奉 媛

副主编

王红梅 张 健 农世杰

编 辑

冼 奕 潘文献 覃慧宁 刘建文

前　言

蓝皮书系列是广西社会科学院学术研究的一个重要品牌。广西社会科学院民族研究所自2009年开始负责编撰有关民族发展的蓝皮书，2009年版和2012年版蓝皮书名为《广西民族发展报告》，全面反映广西民族地区经济、社会、文化等方面的发展情况。从2013年开始，蓝皮书由广西社会科学院与广西壮族自治区民族宗教事务委员会合作编纂，书名改为《广西民族地区发展报告》，内容不再只是对当年广西民族地区和民族发展进行全面的研究和反映，而是选择一个重点，如文化、民生、教育、旅游、脱贫攻坚等内容进行专题研究，在此基础上形成一个综合性的研究报告。

本书以习近平新时代中国特色社会主义思想为指导，深刻把握习近平总书记关于加强和改进民族工作的重要思想，聚焦新时代党的民族工作进行谋篇。党的十八大以来，以习近平同志为核心的党中央着眼于维护中华民族大团结、实现中华民族伟大复兴中国梦，创造性提出"铸牢中华民族共同体意识"这一重大论断，并明确了以铸牢中华民族共同体意识为主线推进新时代党的民族工作高质量发展。党的二十大报告强调："以铸牢中华民族共同体意识为主线，坚定不移走中国特色解决民族问题的正确道路，坚持和完善民族区域自治制度，加强和改进党的民族工作，全面推进民族团结进步事业。"2022年10月，习近平总书记在参加党的二十大广西代表团讨论时，对广西发展提出"五个更大"重要要求，即"在推动边疆民族地区高质量发展上展现更大作为，在服务和融入新发展格局上取得更大突破，在推动绿色发展上实现更大进展，在维护国家安全上作出更大贡献，在推进全面从严治党上取得更大成效"。这是继2021年习近平总书记视察广西指出"广西是全国民族团结进步示范区，要继续发挥好示范带动作用"并对广西发展提出"四个新"总要求的基础上，赋予新时代广西发展的更高要求。自治区党委、政府抓紧贯彻落实，自治区第十二次党代会提出建设新时代壮美广西

"1+1+4+3+N"目标任务体系，随后出台《关于建设铸牢中华民族共同体意识示范区推进新时代全区民族工作高质量发展的实施意见》，在全国范围内率先提出建设铸牢中华民族共同体意识示范区，并作出一系列重要部署。

本书围绕"四个新""五个更大"和"铸牢中华民族共同体意识"这一工作主线进行编撰，全书主体分为四个部分："总报告""铸牢中华民族共同体意识篇""高质量发展篇""他山之石篇"。全书紧跟新时代广西民族发展和民族工作的主线，详述广西民族地区和民族发展的现状、成就和经验，既有宏观论述和总体分析，也有区域发展和个案分析，点面结合，充分发挥蓝皮书在广西民族地区和民族发展方面所起的决策参考、政策先声、投资指南、舆论平台、研究资料库的作用，突出原创性、实证性、权威性、连续性、前沿性。本书作者以科研机构的专业研究人员为主，也有部分来自行业管理部门、事业单位等部门的人员。本书是对广西民族地区和民族发展的一种真实记录，我们希望其能对民族工作起到决策参考作用，同时对民族发展的学术研究有所裨益。

目 录

总报告

广西民族地区发展报告
………………………………… 广西社会科学院民族研究所课题组 003

铸牢中华民族共同体意识篇

广西建设铸牢中华民族共同体意识示范区调研报告………… 奉 嫒 039
百年辉煌：民族区域自治制度的发展、成就与前瞻
——兼议广西践行民族区域自治制度的经验与启示 …… 黄仲盈 052
构建铸牢中华民族共同体意识宣传教育体系的思考
………………………………………………… 韦秀观 黄浩云 062
柳州市民族团结进步创建工作经验研究……………………… 罗柳宁 070
桂林市加强少数民族流动人口服务管理工作的探索和经验
………………………………………………………… 潘文献 087
那坡县百省乡民族团结进步工作调查报告…………………… 刘建文 096
践行党的民族政策 打造各族和谐家园
——龙胜各族自治县铸牢中华民族共同体意识的实践
…………………………………………………… 毛逸人 冼 奕 103

高质量发展篇

广西少数民族聚居区高质量发展报告
　　………………谢国雄　覃　娟　张　健　刘建文　潘文献　111
广西"两山"实践创新基地发展报告…………………………张　健　129
广西文旅产业高质量发展现状、瓶颈及对策………………王红梅　139
2021年广西非遗发展报告 …………………………………张秋伟　152
河池市创建绿色发展先行试验区建设研究
　　………………………………………中共河池市委党校课题组　163
双循环背景下广西沿边经济带建设与发展…………………刘建文　179
广西巩固拓展脱贫攻坚成果同乡村振兴有效衔接报告………谢国雄　188

他山之石篇

铸牢中华民族共同体意识的云南实践与经验………………李红春　201
贵州省铸牢中华民族共同体意识的实践与经验
　　…………………………………………………曾　醒　郝亚明　214
建设铸牢中华民族共同体意识示范省的浙江实践…………孙　翔　228

附　录

2021年广西民族发展大事记 ………………………………廖凌子　239

广西民族地区发展报告
2022年广西蓝皮书

总 报 告

广西民族地区发展报告

广西社会科学院民族研究所课题组*

2021年是中国共产党成立100周年，是"十四五"开局之年，也是开启全面建设社会主义现代化国家新征程的关键之年。广西作为民族地区，谋划好各项工作的高质量发展，积极开辟新局面、展现新作为，推动建设铸牢中华民族共同体意识示范区和各民族共同走向现代化齐头并进，对于推进新时代壮美广西建设具有重大意义。

一、2021年广西民族地区高质量发展取得新成效❶

（一）经济高质量发展取得新成果

经济社会发展成效继续显现，经济运行持续恢复。2021年，广西全区生产总值比上年增长7.5%。分产业看，第一产业增加值增长8.2%，创23年来新高，排全国第五；第二、第三产业增加值分别增长6.7%、7.7%，其中，规模以上工业增加值增长8.6%，成绩尤为亮眼。❷

农业稳产增效形势良好，现代特色农业实现快速发展。粮食面积达

---

* 课题组成员：覃娟，广西社会科学院民族研究所所长、研究员；王红梅，广西社会科学院民族研究所助理研究员；张健，广西社会科学院民族研究所副研究员；谢国雄，广西社会科学院新型智库建设处副处长；潘文献，广西社会科学院民族研究所副研究员；冼奕，广西社会科学院民族研究所助理研究员；薛辉，广西社会科学院民族研究所副研究员；刘博伦，菲律宾莱西姆大学管理学院博士。

❶ 如无特殊标注，本部分数据来源于《政府工作报告——二〇二二年一月十七日在广西壮族自治区第十三届人民代表大会第五次会议上》(《广西日报》，2022年1月23日)。

❷ 全区经济持续恢复"十四五"开局良好［EB/OL］.（2022-01-24）［2022-06-01］.广西壮族自治区统计局官网，http://tjj.gxzf.gov.cn/tjsj/xwfb/tjxx_sjfb/t11193392.shtml.

4234.35万亩、总产量277.3亿斤，播种面积和产量保持双增长。重要农产品保供有力，猪肉、蔬菜、水果产量分别增长40.9%、6.2%、15.5%，油茶新造林33万亩，林下经济产值超1200亿元。建设250万亩高标准农田，主要农作物耕种收综合机械化率达66.6%。优势特色产业集群逐步成形，新增国家级优势特色产业集群2个、农村产业融合发展示范园5个、现代农业产业园2个、农业产业强镇10个，农业产业化重点龙头企业达1499家。水果、蚕茧产业产量分别连续4年、17年保持全国第一。"武鸣沃柑""横州茉莉花"等10个品牌入选中国农产品区域公用品牌，总数全国第一。新推出"广西好嘢"农业品牌126个。柳州螺蛳粉寄递量突破1亿件。

工业生产保持增长，重点行业增势喜人。有色金属、石化、食品产业产值分别增长42.2%、46.5%、20.0%。新能源汽车产量增长1.6倍。工业投入大幅增加，统筹财政资金和政府债券403.5亿元支持工业发展，盘活存量土地2.41万公顷，推进"双百双新"项目393个、建成投产86个，竣工标准厂房1400万平方米，实施"千企技改"项目1168个。工业投资增长27.5%，高于广西全区投资增速19.9个百分点，其中制造业投资增长37.4%、高技术制造业投资增长57.9%。新增规模以上工业企业超1300家。规模以上工业企业利润增长41.2%。产值超百亿元工业企业达23家，其中民营企业9家。营业收入超两千亿元企业实现零的突破。

服务业平稳恢复，现代服务业增长较快。消费市场重塑信心，数字服务业发展迅猛，网上零售异常火爆，实物商品网上零售额增长16.6%，软件和信息技术服务业营业收入、电信业务总量分别增长75.2%、34.5%。深入开展"33消费节""放心消费"等活动，抓好大宗商品和重点商品销售，限额以上石油及制品类、家电类商品零售额分别增长19.9%、22.4%，限额以上批发、零售、住宿、餐饮业销售额（营业额）分别增长18.1%、11.5%、17.3%、23.4%。

重大项目进展顺利，投融资热度不减。自治区层面统筹推进重大项目完成投资4524亿元，新开工项目408个、竣工213个。加快推进"三企入桂"项目履约、资金到位和开竣工，到位资金7200亿元、增长17%。扎实推进交通强国建设试点，综合交通投资增长40.5%，公路水路投资增速排全国前列、首条无人驾驶地铁线路、首条智慧公路建成通车。加快新型基础设施建设，新建成5G基站2万个、实现市县城区连续覆盖，县城区域千兆光纤覆盖率排全国第一，千兆光网基本覆盖全区乡村，建成南宁国家级互联网骨干直联点，省际互联网出口带宽超过4000万兆，排名全国第5位。实施城市更新行动，建设改造地下管网5809千米，推进公园城市试点项目37个、完成13个，建成智慧综合能源站92座、新能源汽车充电设施2.99万个。实施文旅重大项目262个，建成桂林融创国际旅游度假区一期，初步建成"一键游广西"平台。推进大健康产业重大项目267个，加快建设巴马养生养老服务业集聚区等健康养老产业园区。新开工物流网项目238个，公路、铁路、水上客货运输周转量分别增长25.1%、5.0%、16.6%，邮政业务总量、快递业务量分别增长20%、35%。新建农村电商物流服务站点998个，行政村快递服务覆盖率76.7%。投融资力度进一步加大，新发行政府债券1062.2亿元、公司信用类债券1573亿元，工业民间投资增长47.7%。

脱贫攻坚成果得到有效巩固，乡村振兴无缝衔接。2021年，广西启动实施乡村振兴三年攻坚行动，打好农业稳产增收硬仗，完成农业农村投资4000亿元。巩固拓展脱贫攻坚成果，落实财政衔接推进乡村振兴补助资金167.2亿元，健全防贫动态监测和帮扶机制，确定44个乡村振兴重点帮扶县。实现16.03万户易地扶贫搬迁户每户1人以上就业。粤桂协作落地投产企业292家，共建产业园104个。4500多家民营企业参与"万企兴万村"行动。推进乡村建设，实施项目1.16万个，90.6%的乡镇通二级（或三级）公路，人居环境整治成效显著，农村卫生厕所普及率95.4%，乡风文明和乡村治理全面提升，乡村面貌焕发新气象。

（二）民族文化事业繁荣发展

多措并举刺激文旅消费，市场回暖复苏加快。成功举办第16届中国—东盟文化论坛、2021中国—东盟博览会旅游展等文化旅游交流活动。持续开展"冬游广西""广西人游广西"等主题宣传推广活动，推出景区门票打折、包机专列旅游团队奖励等联合促销政策，积极促进文旅消费。据广西旅游抽样调查统计测算，2021年全区共接待国内游客7.98亿人次，同比增长

20.8%（恢复至 2019 年同期水平的 91.8%）；实现国内旅游消费 9062.99 亿元，同比增长 24.8%（恢复至 2019 年同期水平的 90.6%）。❶

庆祝建党百年活动有声有色，"广西有戏"取得新突破。先后举办了"党旗高高飘扬·走读广西""党旗高高飘扬·文兴广西""5·23 广西全民艺术普及日系列活动"等群众文化主题活动。策划推出"邓小平足迹之旅"等 10 条红色游学精品线路。长征国家文化公园（广西段）、湘江战役纪念设施等红色资源成为党史学习教育新热点。成功举办"永远跟党走"庆祝中国共产党成立 100 周年广西优秀舞台艺术作品展演暨第十一届广西剧展等全区性专业艺术活动，创作推出《英雄虎胆》《苍梧之约》《黄文秀》《拔哥》《致青春》等一批优秀剧目，其中壮剧《百色起义》荣获第六届全国少数民族文艺汇演最佳剧目奖和最佳导演奖，音乐剧《血色湘江》荣获最佳舞美设计奖。2021 年，广西多项文艺作品和多位艺术家获梅花奖、骏马奖等奖项，"广西有戏"品牌渐出声势。

完善公共文化服务供给，人民群众幸福感增强。争取自治区乡村振兴补助资金 1.035 亿元，支持 14 个基层文化馆建设和 19 个乡村旅游产业项目建设。争取中央专项资金 2724 万元，实施智慧图书馆体系、公共文化云建设、"壮美广西·智慧广电"工程、戏曲进乡村等项目，进一步提高公共服务优质化水平。全区各级文化演出院团开展戏曲公益性演出活动 3000 多场次，服务观众 800 多万人次，群众精神文化生活更加丰富多彩。

积极推进文化遗产保护传承，民族优秀传统文化焕发新气象。全面推进革命旧址、遗址公园、传统建筑壁画等保护利用工作，桂林甑皮岩遗址、合浦汉墓群列入中国"百年百大考古发现"名单。"壮族天琴艺术"等 18 个项目入选第五批国家级非物质文化遗产代表性项目名录，实现国家级非遗项目 14 个市全覆盖。"壮族三月三"等 8 个项目入选 2021—2023 年度"中国民间文化艺术之乡"。成功举办 2021"广西有礼·广西有味"文旅商品暨非遗美食大集市等非遗宣传展示活动，文化保护传承和利用积极推进。

全力推进文旅品牌创建，产业发展迈上新台阶。北海、玉林、贵港 3 市成功入选第二批国家文化和旅游消费试点城市，南宁三街两巷等 6 家单位入

---

❶ 山水不负追梦人——二〇二一年广西文化旅游高质量发展纪实 [N]. 广西日报，2022-01-16.

选第一批国家级夜间文化和旅游消费集聚区。新评定南宁、柳州等4个自治区级全域旅游示范市，大化县等11个自治区级全域旅游示范区。崇左凯玄国际大酒店被评为国家五星级旅游饭店，新评定国家AAAA级旅游景区29家、自治区级旅游度假区3家、生态旅游示范区6家。首次遴选出11家文化"双创"示范企业和5家孵化示范基地，文化旅游产业品质进一步提升，高质量发展步入快车道。新增全国乡村旅游重点村（镇）10个，推出首批57个广西乡村旅游重点村（镇），新创建43家广西四星级（含）以上乡村旅游区（农家乐）、50家广西休闲农业与乡村旅游示范点。先后在浦北、凌云等县举办"2021党旗领航·乡村旅游嘉年华"等乡村旅游宣传推广活动，以乡村旅游助力乡村振兴。

（三）社会民生服务全方位普及普惠

保就业促增收稳步推进。打好保就业保民生硬仗，居民收入增长7.8%，其中城镇居民收入增长6.2%，农村居民收入增长9.8%，居民收入与经济增长基本同步。民生支出占一般公共预算支出比重稳定在八成左右。实施就业优先政策，高校毕业生初次就业率84.66%，同比提高3.35个百分点。农民工规模总量达到1440万人，失业人员再就业15.52万人，就业困难人员实现就业6.62万人。新增就业40.7万人，城镇登记失业率2.49%。建设退役军人创业孵化（实训）基地80家。开展补贴性职业技能培训65.51万人次。建立全国首个灵活就业人员合法权益保障中心。

教育质量大幅提升。压减"三公"经费3.07亿元，全部用于教育领域补短板。新建中小学、幼儿园131所，改扩建8004所。中小学、幼儿园分别新增学位13.7万个、2.2万个。稳步推进"双减"工作，无证校外学科类培训机构动态清零。实现高等教育普及目标，推动5所独立学院顺利转设，南宁教育园区新增3所高校招生入学，设立全国第一所农业类职业本科大学。新增博士学位授权点9个。

科技创新成果不断涌现。启动科技强桂三年行动，扎实推进广西"科改33条"落实生效，实施科技创新重大项目111个。1人当选中国工程院院士，新增15家国家级创新平台，高新技术企业突破3200家，国家级专精特新"小巨人"企业达81家，转化重大成果750多项，有效发明专利数量增长15.46%。

医疗服务能力明显加强。实施公共卫生防控救治能力建设项目351个。广西儿童医疗中心等加快建设，自治区人民医院东院建成使用。药品、医用耗材集中带量采购品种数量居全国前列，325种药品和8类医用耗材平均降价56%。

抗疫防线齐力筑牢。实行从"境外"到"国门"再到"家门"的全链条、闭环式管理，2021年全年常态化疫情防控总体形势平稳，连续327天无新增本土病例。持续开展严打"三非"❶活动，在东兴、靖西、凭祥各建成1个边境公共卫生应急救治中心和1个"三非"人员隔离点，加快建设边境拦阻设施。打赢东兴疫情防控阻击战、歼灭战，实现了在一个潜伏期内控制疫情，本土病例控制在两位数，疫情零外溢、工作人员零感染、临床救治零死亡。

社会保障体系逐渐完善。实现社保业务全区通办、全区工伤保险政策制度"七统一"❷。推进普惠托育项目54个，创建18个老年人宜居社区，全区养老床位总数达26.4万张。分层分类社会救助体系进一步健全，困难群众得到及时救助。改造棚户区、城镇老旧小区22.53万套，建设保障性租赁住房1.35万套。十大为民办实事工程全面完成。

安全生产形势总体稳定。连续13年未发生特大事故，自然灾害防治扎实有效。食品药品安全形势稳定向好。常态化开展扫黑除恶专项斗争，人民群众安全感提升至98.26%。平安广西建设工作再上新台阶，社会大局和谐稳定。

（四）开放合作跃上新台阶

抓改革促开放激发活力。深化重点领域改革，打好开放引领扩外贸硬仗。贯彻落实中央各项改革部署，"国企改革三年行动"改革任务完成76.4%。营商环境持续改善，532项涉企经营事项实现"证照分离"改革全覆盖，220项高频政务服务事项实现"跨省通办"，行政审批事项网上可办率99%，市场主体数量增长6.4%，实有企业首次突破百万户。强化财税金融服务实体经济能力，税收增长7%、占一般公共预算收入比重提高1.4个

---

❶ "三非"：指非法入境、非法居留、非法就业。

❷ "七统一"：指统一工伤保险参保范围和参保对象、统一工伤保险费率政策和缴费标准、统一工伤认定和劳动能力鉴定办法、统一工伤保险待遇支付标准、统一协议机构管理、统一业务经办规程和信息系统、统一基金预决算编制管理。

百分点，人民币贷款余额增长13.2%。推行新建商品房"交房即交证"、新生儿"出生即入户"等一批便民利民微改革。

对外开放迈出坚实步伐。西部陆海新通道建设取得突破，北部湾港开启通航30万吨级巨轮的历史，集装箱吞吐量突破600万标箱，海铁联运班列突破6000列。建成北部湾港13个港航项目，新增外贸航线9条，货物吞吐量超3.5亿吨。中国（广西）自由贸易试验区改革试点任务实施率95%，入驻企业超5.6万家。面向东盟的金融开放门户形成可推广成果175项，中国—东盟金融城入驻金融机构（企业）总数超280家。中马钦州产业园5项金融创新试点全面落地。第18届东博会、峰会签约项目投资总额增长13.7%。中国—东盟信息港总体规划项目开工24个、竣工16个。南宁临空经济示范区、防城港国际医学开放试验区和百色、东兴、凭祥重点开发开放试验区等平台建设取得新成效。外贸外资回稳向好，一般贸易进出口额增长18%。推进"百企入边"行动，新引进落地加工企业22家，边民互市贸易进出口额增长49%。完成边境口岸建设大会战三年行动。建成外商投资"一站式"服务平台，实际利用外资增长25%。建成中国—东盟（南宁）跨境电商产业园。南宁、崇左跨境电商综合试验区进出口额分别增长2.6倍、10倍。龙邦口岸扩大开放为国际性口岸。加工贸易进出口额突破千亿元。

（五）生态环境"金字招牌"越擦越亮

2021年，广西生态环境质量总体优良并保持全国一流。环境空气质量总体良好，全区城市环境空气质量优良天数比率95.8%，全国排名第7位；水环境质量全国领跑，地表水考核断面水质优良比例97.3%，优于全国平均水平12.4个百分点；海洋环境质量总体保优，近岸海域优良水质面积比例93.1%，入海河流11个断面消除劣Ⅴ类水质；土壤环境质量总体稳定，全年无土壤污染环境事故发生；声环境质量昼间、夜间总达标率分别为96.5%、84.9%；南方重要生态屏障持续筑牢，全区森林覆盖率达62.5%，草原综合植被盖度达82.8%，全面完成造林种草目标任务，植树造林、石漠化综合治理、草原种草面积分别达到306.17万亩、36.7万亩、5万亩；生态环境风险安全可控，连续8年未发生较大及以上级别突发环境事件。新增4个国家生态文明建设示范区、1个"绿水青山就是金山银山"实践创新基地，总数

累计达到17个，排名西部前列；创建自治区级绿色园区5个、绿色工厂26个，让"山清水秀生态美"的金字招牌名副其实。❶

服务高质量发展坚实有力。深入践行"政策为大、项目为王、环境为本、创新为要"要求，出台《关于深入推动生态环保服务高质量发展的实施意见》《关于实施强首府战略的若干意见》。坚决遏制"两高"项目盲目发展。大力服务向海经济，完成铁山港深海排放口选址与规划。深入推进"放管服"改革，实现自治区统筹推进重大项目和"双百双新"产业项目审批办结率双100%。

推动绿色低碳转型扎实有效。广西积极参与全国碳排放权交易，第一个履约周期共有43家企业纳入碳排放配额管理，应履约配额量共计1.71亿吨。

污染防治攻坚战成果丰硕。突出抓好秸秆禁烧和综合利用。持续推进漓江等重点流域环境整治，127个工业集聚区实现污水集中处理，70段城市黑臭水体基本消除，河池市典型地下水污染源防渗改造项目列入全国试点，入海排污口废水达标率97.8%，北钦防一体化沿海生态屏障成效持续向好。强化重点单位监管和土壤污染隐患排查整治，排查完成率100%，整改完成率81.4%。

自然生态建设持续强化。统筹实施山水林田湖草海湿地一体化保护修复，完成左右江流域山水林田湖草生态保护与修复试点工程，崇左白头叶猴社区保护地治理建设入选"生物多样性100+全球典型案例"。

环境监管执法提质增效。2021年共办理环境行政处罚案件1844件，同比下降3.1%；罚款金额1.3亿元，同比上升13.4%。对1586家企业实施监督执法正面清单管理，对清单内企业减免处罚24次，指导帮扶1234次。

环保基础能力建设不断加强。城市生活污水集中收集率达50%以上，生活垃圾无害化处理能力同比提升约30%。建成"空—天—地"秸秆禁烧立体监控网。

生态环境法规标准政策体系逐步健全。广西土壤污染防治条例正式实施，新发布环境地方标准1项，8项标准通过技术审查。

二、广西高质量推进铸牢中华民族共同体意识示范区建设

党的十八大以来，习近平总书记根据中国特色社会主义新时代的要求

---

❶ 2021年广西生态环境保护取得明显成效［EB/OL］.（2022-01-25）［2022-06-01］. https://gx.chinadaily.com.cn/a/202201/25/WS61efb532a3107be497a03d7f.html.

提出"铸牢中华民族共同体意识"这一重大原创性论断。党的十九大正式将"铸牢中华民族共同体意识"写入党章。2019年9月27日，习近平总书记在全国民族团结进步表彰大会上明确强调"以铸牢中华民族共同体意识为主线做好各项工作"。2020年召开的中央第七次西藏工作座谈会、第三次中央新疆工作座谈会上，习近平总书记把铸牢中华民族共同体意识纳入新时代党的治藏方略、治疆方略。2021年8月27日，习近平总书记在中央民族工作会议上不仅强调"做好新时代党的民族工作，要把铸牢中华民族共同体意识作为党的民族工作的主线"，而且还对铸牢中华民族共同体意识进行了系统阐述。习近平总书记在党的二十大报告中强调："以铸牢中华民族共同体意识为主线，坚定不移走中国特色解决民族问题的正确道路，坚持和完善民族区域自治制度，加强和改进党的民族工作，全面推进民族团结进步事业。"习近平总书记的系列论述，为推动新时代党的民族工作高质量发展提供了根本遵循。

铸牢中华民族共同体意识是新时代党的民族工作的"纲"。铸牢中华民族共同体意识，不仅是党中央对新时代民族工作作出的重大战略决策，是我们必须坚持和把握的正确方向，而且也是维护各民族根本利益的必然要求。广西是我国少数民族人口最多的自治区和多民族聚居区，少数民族人口占比39%。党中央高度重视和关心广西民族团结进步事业。党的十八大以来，习近平总书记多次作出重要指示批示。2021年4月27日，习近平总书记视察广西时称赞"广西是全国民族团结进步示范区"，勉励"要继续发挥好示范带动作用"，"像爱护自己眼睛一样爱护民族团结，像珍视自己生命一样珍视民族团结，铸牢中华民族共同体意识"。2022年10月17日，习近平总书记参加党的二十大广西代表团讨论时，对广西发展给予充分肯定，称赞广西"民族团结、社会稳定、边疆安宁，八桂大地发生了翻天覆地的历史巨变"，"体现了党的民族政策和民族区域自治制度在祖国南疆的成功实践，是我国新时代10年伟大变革的生动缩影"，并要求广西"以党的二十大精神为指引，深入践行新发展理念，坚决贯彻党中央决策部署，在推动边疆民族地区高质量发展上展现更大作为，在服务和融入新发展格局上取得更大突破，在推动绿色发展上实现更大进展，在维护国家安全上作出更大贡献，在推进全面从严治党上取得更大成效"。

广西党委、政府牢记习近平总书记嘱托，勇担历史使命，深入学习贯彻习近平新时代中国特色社会主义思想，特别是习近平总书记关于加强和改进民族工作的重要思想、关于铸牢中华民族共同体意识重要论述，以及对广西工作系列重要讲话精神，并以深入学习贯彻落实党的二十大精神为契机，自觉从党和国家工作大局、从中华民族整体利益的高度谋划做好民族工作，牢牢把握团结奋斗的时代要求，紧紧围绕铸牢中华民族共同体意识这条主线，深入贯彻落实党的民族政策，汇聚起各民族团结奋斗的强大力量，奋力开创新时代壮美广西建设新局面，为全面建设社会主义现代化国家、全面推进中华民族伟大复兴贡献广西力量，谱写中国式现代化广西篇章。

（一）扎实推进民族团结进步事业迈上新台阶

中华民族共同体意识是国家统一之基、民族团结之本、精神力量之魂。广西把铸牢中华民族共同体意识作为全区人民"三个共同愿景"之一，把建设铸牢中华民族共同体意识示范区纳入新时代中国特色社会主义壮美广西"1+1+4+3+N"目标体系，高质量推进铸牢中华民族共同体意识示范区建设。

中华民族共同体意识是民族团结之本。党的十八大以来，广西成功举办自治区成立60周年庆祝活动，推动近200个重大公益和民生项目落地见效。全区如期完成脱贫攻坚任务，15个自治县（含3个享受自治县待遇县）143.69万建档立卡贫困人口全部脱贫、1121个贫困村全部出列、14个贫困县全部摘帽，如期全面兑现"全面建成小康社会，一个民族都不能少"的庄严承诺，民族地区经济社会发展取得历史性成就，大大夯实了民族团结进步的物质基础。

广西成为全国率先开展"兴边富民行动示范创建"的省区。广西积极推进强基固边、民生安边、产业兴边、开放睦边、生态护边、团结稳边"六大工程"，总投资超千亿元。实施兴边富民行动大会战，累计投入资金125.94亿元，在边境地区布局若干中小城镇和工业园区，推进"百企入边"行动，把边境地区打造成新的经济增长带，建成"四个共同"边境文化长廊，坚决守好祖国"南大门"。

广西大力推广普及国家通用语言文字，普通话普及率达85.68%，排在西部地区首位。大力推动少数民族聚居区高质量发展，帮助各民族人民群众解决好就业、社保、就医、就学、住房等实际问题，让各族群众逐步实现空间、文化、经济、社会、心理等方面全方位嵌入。据统计，广西共创建各级民族团结进步示范区示范单位2562个，其中获命名全国民族团结进步示范区示范单位66个，全国民族团结进步教育基地9个，全国民族团结进步模范集体74个，全国民族团结进步模范个人88人。另外，据"七普"数据，全区有163.66万个家庭由两个以上民族组成，汉族和少数民族组成的家庭、多个少数民族组成的家庭分别比2010年增长近30%和近25%。

（二）全方位强化铸牢中华民族共同体意识示范区建设的总体部署

广西坚持把铸牢中华民族共同体意识作为新时代全区民族工作的主线，充分认识铸牢中华民族共同体意识的重大意义和深刻内涵。2021年11月25日，自治区第十二次党代会把"建设铸牢中华民族共同体意识示范区"作为重要工作进行部署，并将其纳入建设新时代中国特色社会主义壮美广西"1+1+4+3+N"目标任务体系，强调要紧紧围绕铸牢中华民族共同体意识抓好经济社会建设、改革发展稳定各项工作，建设铸牢中华民族共同体意识示范区，牢固树立休戚与共、荣辱与共、生死与共、命运与共的共同体理念，和睦相处、和衷共济、和谐发展。

为准确、全面贯彻落实习近平总书记关于加强和改进民族工作的重要思想及中央民族工作会议精神，按照自治区第十二次党代会部署，广西壮族自治区党委、政府于2022年2月27日正式出台《关于建设铸牢中华民族共同体意识示范区推进新时代全区民族工作高质量发展的实施意见》（以下简称《实施意见》），在全国范围内率先提出建设铸牢中华民族共同体意识示范区，积极推进铸牢中华民族共同体意识示范区建设，促进新时代广西壮族自治区全区民族工作高质量发展。《实施意见》共有9部分、34项内容，系统分析了新时代广西民族工作面临的形势和任务，明确了广西民族工作的指导思想、目标任务、政策措施等。《实施意见》提出，"十四五"时期，广西要在推进示范区建设中贯彻习近平总书记提出的"四个新"总要求，实施重大工程、重大项目、重大改革、重大政策，努力打造中华民族共有精神家园、共同富裕幸福家园、守望相助和谐家园、边疆稳定平安家园，基本建成铸牢中华民族共同体意识示范区，在推进新时代党的民族工作高质量发展上走在前列、作出示范，凝心聚力建设新时代中国特色社会主义壮美广西。可以说，建设铸牢中华民族共同体意识示范区既是时代使命，也承载着全区各族人民的美好期望。这是广西切实担负维护民族团结和边疆安宁的重大责任、巩固拓展全国民族团结进步示范区成果、继续发挥好示范带动作用的重大举措，是广西在巩固发展民族团结、社会稳定、边疆安宁上彰显新担当和落实"五个更大"作为的具体行动。

2022年1月18日至21日召开的广西壮族自治区十三届人大五次会议发出了"共同建设铸牢中华民族共同体意识示范区"的号召。5月13日，自治区十三届人大常委会第二十九次会议审议通过了《广西壮族自治区人民代表大会常务委员会关于推动铸牢中华民族共同体意识示范区建设的决定》（以下简称《决定》），高质量推动广西在"十四五"时期基本建成铸牢中华民族共同体意识示范区。《决定》共11条，不仅结合了广西各民族和少数民族聚居区发展的实际，对增强中华文化认同与弘扬各民族优秀文化、完善差别化区域支持政策和积极发展社会事业、持续保障和改善民生等方面作出了规定，把增进共同性、尊重和包容差异性作为促进各民族共同走向社会主义现代化、推动示范区建设的重要原则，更好地保障了各族群众的合法权利和利益，而且结合广西经济社会发展的实际和民族工作呈现的新的阶段性特征，明确了主动服务和融入新发展格局、安边兴边固边等具体任务，突出了广西独特的区位优势、面向东盟的开放优势、丰富多样的资源优势、得天独厚的生态优势、朴实和谐的人文优势等特色。此外，《决定》还明确了办好"壮族三月三"等各民族共同参与的文化活动、大力推广普及国家通用语言文字、持续深化互嵌式社会结构和社区环境建设、人大代表用好代表联络站、依法治理民族事务等内容。

围绕建设铸牢中华民族共同体意识示范区，广西壮族自治区政协于2022年1月召开十二届五次会议期间发出《"建设铸牢中华民族共同体意识示范区 委员行动"倡议书》。同年3月29日，广西壮族自治区政协组织召开全区政协"建设铸牢中华民族共同体意识示范区 委员行动"座谈会，号召全区政协和广大政协委员发挥优势作用，在建设铸牢中华民族共同体意识示范区中彰显责任担当。围绕"建设铸牢中华民族共同体意识示范区 委员行动"，自治区政协以"大学习、大教育、大宣讲、大协商、大发展"为抓手，深入开展系列活动,如将"铸牢中华民族共同体意识"纳入自治区政协理论学习中心组、党组会议、主席会议、常委会会议集体学习重要内容,组织委员深入学习交流、协商议政;印发《建设铸牢中华民族共同体意识示范机关的实施方案》,推动各级政协率先建设铸牢中华民族共同体意识示范机关;要求全区各级政协将铸牢中华民族共同体意识宣传教育工作纳入界别委员工作室建设中;建设铸牢中华民族共同体意识政协委员教育培训基地,积极开展培训活动;围绕"建设铸牢中华民族共同体意识示范区"深入开展调研、视察;深入开展"铸牢中华民族共同体意识·委员宣讲"活动等。

(三)以"四个家园"建设为抓手,多措并举全面高质量推进铸牢中华民族共同体意识示范区建设

广西以"五个更大"重要要求为指引,以铸牢中华民族共同体意识示范区建设为引领,谱写中国式现代化广西篇章。

加强党对民族工作的全面领导。坚持把加强党的领导贯穿广西全区民族工作各领域全过程,牢牢把握团结奋斗的时代要求,不断完善民族工作体制机制,强化各级党委主体责任,持续加强基层组织和基层政权建设,推动各项工作往实里抓、往细里做,不断开创新时代民族工作新局面。坚持和完善民族区域自治制度,全面贯彻执行党的民族政策,民族事务治理体系和治理能力现代化水平明显提升。

建设中华民族共有精神家园。持之以恒深化民族团结进步宣传,构建铸牢中华民族共同体意识大宣教工作格局,将其纳入干部教育、党员教育、国民教育,搞好社会教育,既做看得见、摸得着的工作,又做大量"润物细无声"的事情。大力弘扬社会主义核心价值观,全面推广普及国家通用语言文字,持续提升"壮族三月三""刘三姐"等特色品牌影响力,传承弘扬黄大年、黄文秀等先进模范精神,进一步总结好、运用好、发展好民族团结进步的成功经验,为构筑中华民族共有精神家园注入更多广西元素,引导全区各族人民牢固树立休戚与共、荣辱与共、生死与共、命运与共的共同体理念,有效推动"三个离不开"理念深深扎根于各族群众心中,持续推动各民族增强"五个认同"。

建设各族人民共同富裕幸福家园。完整准确全面贯彻新发展理念,深入实施"科教兴桂"战略、"人才强桂"战略和创新驱动发展战略,全力推进产业振兴,促进更高水平开放合作,加快推进区域协调发展,扎实推动各民族共同繁荣,走出一条符合广西实际的高质量发展路子。376.5万少数民族人口实现脱贫奔小康,统筹做好持续巩固拓展脱贫攻坚成果同乡村振兴有效衔接,加快补齐民族地区就业、教育、医疗、文化等社会事业发展短板,不断提升社会保障水平和覆盖面,稳步推动各族人民共同富裕取得更为明显的实质性进展,让各民族在全面建设社会主义现代化国家、全面推进中华民族伟大复兴的新征程上一个也不掉队。

建设各族群众守望相助和谐家园。全方位促进各民族交往交流交融,抓好民族团结进步创建"十百千"工程,深入推进新时代守边固边兴边,持续巩固全国民族团结进步示范区建设成果,深入实施各民族交往交流交融"三项计划",做好城市民族工作,深入推进各民族人口流动融居,构建互嵌式社会结构和社区环境,巩固发展和睦相处、和衷共济、和谐发展的各族人民共居共学共事共乐良好局面。

建设边疆稳定平安家园。深入贯彻总体国家安全观,从党和国家工作大局、从中华民族整体利益的高度谋划做好民族工作,坚持依法治理民族事务,注重运用法治思维和法治方式妥善处理涉及民族因素的矛盾和问题,有效防范民族领域的各种风险隐患,加快推进民族事务治理体系和治理能力现代化,不断巩固发展安定团结的良好局面。

(四)铸牢中华民族共同体意识理论研究体系建设初显成效

加强铸牢中华民族共同体意识理论研究体系建设,构建铸牢中华民族共同体意识研究基地系统性建设工程,成效初显。2021年9月,广西壮族自治区民族宗教事务委员会(以下简称"自治区民宗委")命名10家研究单位为首批广西铸牢中华民族共同体意识研究基地(以下简称"基地")。在此基础上,2022年11月,自治区党委统战部、宣传部和自治区教育厅、自治区民宗委四部门又决定联合命名其中的广西区委党校、广西社会主义学院、广西社会科学院、广西师范大学、广西民族大学和广西民族理论政策研究室6家单位为共建基地。同时,出台《广西壮族自治区铸牢中华民族共同体意识研究基地管理办法(试行)》,对支持基地开展研究和评估作了明确规定。据统计，2021年9月以来，各基地共设立30项研究课题。这些课题以铸牢中华民族共同体意识为主题，内容涉及铸牢中华民族共同体意识示范区建设、广西各民族发展史、广西优秀传统文化、广西民族政策法规、国家通用语言文字、红色文化资源等内容，同时积极组织申报研究项目，获得包括国家社会科学基金项目在内的各级各类课题100余项。各基地协同社会各方优秀科研团队，共同致力于构建中华民族共同体相关的前沿理论和重大现实问题研究，积极在各级各类期刊公开发表相关学术论文200余篇、出版专著近10部。广西民族理论政策研究室充分发挥科研特长和优势，依托《广西民族研究》民族类核心期刊，结合广西民族地区发展需求，开设"铸牢中华民族共同体意识研究"和"中央民族工作会议"专栏。专栏开设以来，陆续刊发了40余篇有关中华民族共同体意识研究的学术论文，10余篇有关中央民族工作会议的学术论文。2022年11月，《广西民族研究》"铸牢中华民族共同体意识研究"组文入选第六届"期刊主题宣传好文章"。广西社会科学院与中国社会科学院民族学与人类学研究所、边疆研究所，以及沿边九省区新型智库战略联盟于2022年11月在南宁联合举办"第九届沿边九省区社会科学院院长联席会议暨首届边疆民族地区高质量发展论坛"，与会的近百位专家学者围绕铸牢中华民族共同体意识与边疆民族地区高质量发展、推动边疆民族地区实现中国式现代化路径等主要议题展开了深入研讨，人民网、光明网、广西电视台、《广西日报》、《当代广西》等主流媒体对论坛进行了报道，取得良好的学术影响和社会影响。此外，各研究基地在2022年还召开了"铸牢中华民族共同体意识理论前沿座谈会"、"铸牢中华民族共同体意识广西实践"智库专家座谈会、"促进各民族交往交流交融与中华民族共同体意识"专家座谈会等学术活动，推动了铸牢中华民族共同体意识的理论研究和学术交流。

三、广西民族地区经济社会发展综合分析

（一）2021年广西民族地区经济社会发展及运行情况

1. 广西全区经济社会运行情况

2021年广西地区生产总值24 740.86亿元，排全国第19位，较上年增长了7.5%，两年平均增长5.6%，排全国第20位。其中，第一产业增加值

4015.51亿元，增长8.2%；第二产业增加值8187.90亿元，增长6.7%；第三产业增加值12 537.45亿元，增长7.7%。第一、二、三产业增加值占全区生产总值的比重分别为16.2%、33.1%和50.7%，对经济增长的贡献率分别为18.0%、28.7%和53.3%。按常住人口计算，全年人均地区生产总值49 206元，比上年增长6.9%，只有全国平均水平的60.8%，排全国第29位。全社会固定资产投资比上年增长7.60%，增速排全国第13位、西部地区第4位，自治区层面统筹推进重大项目完成投资4524亿元，新开工项目408个、竣工213个，投资增长作用趋强。

居民收入水平方面，2021年居民人均可支配收入26 727元，比上年名义增长8.80%，扣除价格因素，实际增长7.80%。居民人均可支配收入中位数21 506元，名义增长8.50%。按常住地分，城镇居民人均可支配收入38 530元，比上年名义增长7.40%，扣除价格因素，实际增长6.20%。农村居民人均可支配收入16 363元，比上年名义增长10.40%，扣除价格因素，实际增长9.80%。城乡居民人均收入比为2.35∶1，比上年缩小0.07。从排位来看，2021年全区居民人均可支配收入排在全国第25位，为全国平均水平的76.07%。2021年广西经济社会发展情况见表1。

表1　2021年广西经济社会发展情况

指标	数值	增长/%
年末全区常住人口/万人	5 037	0.88
人均一般公共预算收入/元	49 206	7.60
全社会固定资产投资/亿元	—	7.60
工业增加值/亿元	6 074.5	8.10
社会消费品零售总额/亿元	8 538.5	9.00
全区居民人均可支配收入/元	26 727	7.80
城镇居民人均可支配收入/元	38 530	6.20
农村居民人均可支配收入/元	16 363	9.80
年末住户存款余额/亿元	36 879.4	6.40

数据来源：《2021年广西壮族自治区国民经济和社会发展统计公报》。

2. 与其他边疆民族地区的比较

我国边疆民族地区的范围有广义和狭义之分，狭义指既是民族八省区又是边疆省区，包括广西、云南、西藏、新疆、内蒙古5省区；广义包括9个边疆省区、民族八省区和海南岛，去掉重合部分，包括广西、云南、贵州、西藏、新疆、甘肃、内蒙古、宁夏、青海、黑龙江、吉林、辽宁和海南岛13省区。这里我们选择广义的概念和范围进行比较。

如表2、表3可知，从与其他边疆民族省区的比较来看，2021年广西地区生产总值及地区生产总值增速名列第3位，总量与排名最高的辽宁省相差2843.2亿元，比上年差距缩小幅度近50亿元，但人均地区生产总值排位比较靠后，排在13省区倒数第3位；第三产业增加值及占比、全社会固定资产投资增速居13省区中位。虽然广西城乡居民人均可支配收入仅排在13省区第7位，但社会消费品零售总额却排在前列，这可能与广西人口基数大及人们的消费习惯有关，同时也在一定程度上反映了广西消费市场的活跃。

表2 2021年广西与其他边疆民族地区主要经济社会指标对比（1）

地区	地区生产总值/亿元	地区生产总值排名	地区生产总值增速/%	人均地区生产总值/（元/人）	第三产业占比/%	第三产业增加值/亿元
辽宁	27 584.1	1	5.8	65 026	51.6	14 247.1
云南	27 146.8	2	7.3	57 686	50.4	13 687.2
广西	24 740.9	3	7.5	49 206	50.7	12 537.5
内蒙古	20 514.2	4	6.3	85 422	43.5	8 914.8
贵州	19 586.4	5	8.1	50 808	50.4	9 870.8
新疆	15 983.6	6	7.0	61 725	47.9	7 660.2
黑龙江	14 879.2	7	6.1	47 266	50.0	7 440.9
吉林	13 235.5	8	6.9	55 450	52.2	6 913.4
甘肃	10 243.3	9	6.9	41 046	52.8	5 412.0
海南	6 475.2	10	11.2	63 707	51.9	3 358.0
宁夏	4 522.3	11	6.7	62 549	47.2	2 136.3
青海	3 346.6	12	5.7	56 398	49.6	1 661.4
西藏	2 080.2	13	6.7	56 831	55.7	1 158.8

数据来源：各地区2021年国民经济和社会发展统计公报。

表3　2021年广西与其他边疆民族地区主要经济社会指标对比（2）

地区	城乡居民人均可支配收入/元	农村居民人均可支配收入/元	城镇居民人均可支配收入/元	全社会固定资产投资总额增速/%	社会消费品零售总额/亿元
辽宁	35 112	19 217	43 051	2.6	9 783.9
云南	25 666	14 197	40 905	4.0	10 732.0
广西	26 727	16 363	38 530	7.6	8 538.5
内蒙古	34 108	18 337	44 377	9.8	5 060.3
贵州	23 996	12 856	39 211	-3.1	8 904.3
新疆	26 075	15 575	37 642	15.0	3 584.6
黑龙江	27 159	17 889	33 646	6.4	5 542.9
吉林	27 770	17 642	35 646	11.0	4 216.6
甘肃	22 066	11 433	36 187	11.1	4 037.1
海南	30 457	18 076	40 213	10.2	2 497.6
宁夏	27 905	15 337	38 291	2.2	1 335.1
青海	25 920	13 604	37 745	-2.9	947.8
西藏	24 950	16 932	46 503	-14.2	810.3

数据来源：各地区2021年国民经济和社会发展统计公报。

从财政收入水平来看，2021年广西财政收入3207.89亿元，比上年增长8.1%，排在13省区第5位，一般公共预算支出1800.12亿元，增长4.8%。但是，广西人均财政收入仅相当于全国平均水平的45.45%，仅相当于边疆民族地区平均水平的61.24%，在边疆民族地区排倒数第1位，人均财政收入情况较差。全区财政支出中，仍有55.10%依赖中央财政转移支付，自治区本级和市县财力水平比较低。广西无论是人均财政收入、人均财政支出还是人均转移支付水平，在边疆民族地区排名都在最后（见表4）。

表 4　广西与其他边疆民族地区财政水平对比

地区	人均财政收入		人均财政支出		人均转移支付	
	金额/元	排名	金额/元	排名	金额/元	排名
内蒙古	9 791.67	1	21 834	3	9 708	6
海南	9 025.34	2	19 439	6	11 482	5
辽宁	6 537.57	3	13 954	12	5 965	13
宁夏	6 344.83	4	19 701	5	12 791	3
新疆	6 253.38	5	20 865	4	12 244	4
西藏	5 819.67	6	56 295	1	49 141	1
青海	5 538.72	7	31 377	2	22 190	2
贵州	5 114.23	8	14 512	10	7 797	10
云南	4 857.14	9	14 146	11	6 940	11
吉林	4 816.09	10	15 565	9	7 972	9
黑龙江	4 163.20	11	16 334	7	8 032	8
甘肃	4 024.06	12	16 168	8	9 571	7
广西	3 573.56	13	11 535	13	6 125	12

数据来源：各地区 2021 年国民经济与社会发展统计公报。

（二）广西少数民族聚居区经济社会发展情况

广西少数民族聚居区包括 64 个县（市、区）[1]，其中包括 12 个少数民族自治县、3 个享受自治县待遇的县、8 个边境县及 5 个享受边境县待遇县。研究分析少数民族聚居区的经济社会发展情况，有利于进一步了解和全面掌握广西民族地区经济社会发展现状。

1. 少数民族聚居区经济社会发展情况

广西 64 个少数民族聚居区地域面积 15.67 万平方千米，占广西全区面积

---

[1] 少数民族聚居区是指少数民族人口占总人口 30% 以上的县区。

的65.95%。2020年年末64个少数民族聚居区常住人口2500.86万人,占全区常住人口的49.81%,其中少数民族人口为1689.84万人,占全区少数民族人口的89.74%。

根据广西各地区年度国民经济和社会发展统计公报数据汇总,2021年,广西少数民族聚居区地区生产总值12 382.39亿元,比上年增长11.29%,占全区总量的50.05%；人均地区生产总值49 513元,与全区平均水平持平；全年财政收入1032.78亿元,比上年增长0.37%,占全区的34.11%,人均财政收入4130元,为全区平均水平的68.46%。总体来看,64个少数民族聚居区生产总值增长较快,2021年比2020年增加了1256亿元,占全区增量的48.6%,人均产值、经济增速都高于全区平均水平,说明少数民族聚居区经济相对其他地区得到较快增长。但是从各板块发展情况来看,发展不平衡不充分的问题仍存在,12个民族自治县由于基础差,虽然发展速度稳步提升,但经济总量较小,增长较慢。

2. 少数民族自治县经济社会发展情况

12个民族自治县地域面积3.52万平方千米,占广西全区面积的14.81%；常住人口355.89万人,占全区常住人口的7.09%。从宏观上看,2021年,12个自治县地区生产总值为1009.8亿元,较上年增长7.62%,占全区总量的4.1%,地区生产总值平均增长率高于全区0.2个百分点。

由表5可知,从经济总量来看,融水苗族自治县的体量最大,2021年地区生产总值约142.8亿元,地区生产总值增速为8.0%,比2020年提高了0.3个百分点。2021年,金秀、恭城、龙胜、大化四县的地区生产总值增长率较低,其中,大化瑶族自治县发展最缓慢,地区生产总值增长率仅为0.8%。

2021年,少数民族自治县的全社会固定资产投资平均增速为8.6%,虽高于全区增速1个百分点,但部分自治县存在全社会固定资产投资大幅下滑现象,如罗城仫佬族自治县受上年融河高速公路、高帮山风电场项目、四把至环江二级路等项目建设竣工投产后影响,导致其2021年全县固定资产投资同比下降50.2%。

表5 2021年广西少数民族自治县主要经济指标

地区	地区生产总值/亿元	排名	地区生产总值增长率/%	全社会固定投资平均增速/%
融水苗族自治县	142.8	1	8.0	−13.7
富川瑶族自治县	109.6	2	7.5	−5.6
巴马瑶族自治县	92.7	3	7.6	10.3
恭城瑶族自治县	90.9	4	6.3	0.2
三江侗族自治县	85.1	5	8.1	11.1
都安瑶族自治县	79.7	6	7.5	37.5
大化瑶族自治县	77.6	7	0.8	2.2
隆林各族自治县	73.5	8	11.0	25.1
环江毛南族自治县	73.4	9	13.9	33.3
龙胜各族自治县	66.2	10	6.2	11.2
罗城仫佬族自治县	65.5	11	8.5	−50.2
金秀瑶族自治县	53.0	12	7.2	42.3

数据来源：《2021年广西壮族自治区国民经济和社会发展统计公报》、广西各地区2021年统计公报及各地区2021年主要经济指标完成情况表。

从居民收入水平上看，2021年自治县城镇居民平均人均可支配收入为33 754元，相当于全区平均水平的87.60%；农村居民平均人均可支配收入为13 475元，相当于全区平均水平的82.35%。其中，城镇居民人均可支配收入和农村居民人均可支配收入最高的县分别为金秀县和融水县，分别为39 099元、16 524元。从增速来看，自治县城镇居民人均可支配收入平均增速为7.4%，农村居民人均可支配收入平均增速为10.3%，与全区平均水平差距均不大；农村居民人均可支配收入平均增速高于城镇居民人均可支配收入平均增速2.9个百分点。城乡居民人均可支配收入之平均比值为2.6，略高于全区平均水平。少数民族自治县居民收入水平见表6。

表6 2021年少数民族自治县居民收入水平

地区	城镇居民人均可支配收入/元	城镇居民人均可支配收入增速/%	农村居民人均可支配收入/元	农村居民人均可支配收入增速/%	城乡居民人均可支配收入之比值
金秀瑶族自治县	39 099	7.0	13 279	9.6	2.9
龙胜各族自治县	38 845	7.0	15 408	10.6	2.5
恭城瑶族自治县	37 855	6.4	16 494	8.8	2.3
隆林各族自治县	35 902	6.5	12 066	10.4	3.0
融水苗族自治县	34 800	7.8	16 524	9.6	2.1
三江侗族自治县	34 319	7.0	16 036	9.1	2.1
富川瑶族自治县	34 191	7.4	14 756	10.9	2.3
环江毛南族自治县	32 817	8.0	13 197	10.9	2.5
巴马瑶族自治县	31 721	8.2	11 054	11.2	2.9
都安瑶族自治县	28 783	7.5	10 945	11.4	2.6
大化瑶族自治县	28 667	8.4	11 090	11.0	2.6
罗城仫佬族自治县	28 053	7.6	10 846	10.8	2.6
自治县平均水平	33 754	7.4	13 475	10.3	2.6

数据来源：《2021年广西壮族自治区国民经济和社会发展统计公报》、广西各地区2021年统计公报及各地区2021年主要经济指标完成情况表。

如图1所示，2021年广西三次产业结构比例为16∶33∶51，产业结构大体呈现"三二一"格局，少数民族自治县产业结构为27∶25∶48。可以看出，少数民族自治县第一产业比例明显高于全区水平，第二产业发展动力明显不足。

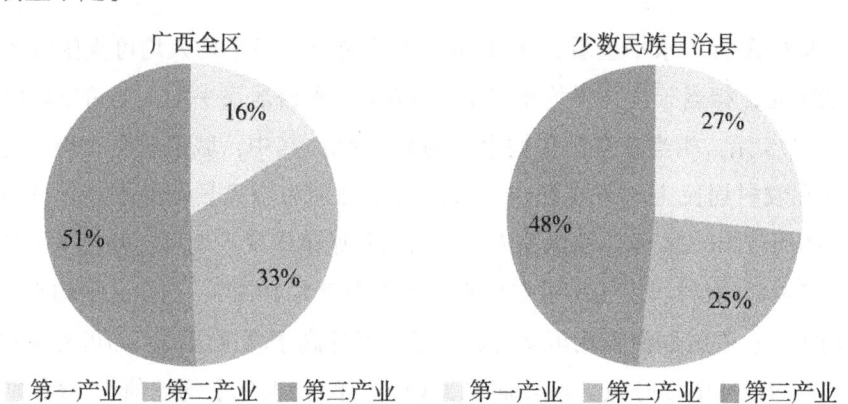

图1 2021年广西全区、少数民族自治县三次产业结构比较

数据来源：《2021年广西壮族自治区国民经济和社会发展统计公报》、广西各地区2021年统计公报及各地区2021年主要经济指标完成情况表。

3. 边境县（市、区）经济社会发展情况

从宏观上看，2021年，8个边境县地区生产总值共计847.3亿元，较上年增长8.2%，占全区总量的3.4%，地区生产总值平均增速高于全区0.8个百分点。其中，经济总量最大的是靖西市，生产总值约159.0亿元，生产总值增速为10.5%，高于全区3个百分点。东兴市、防城区的地区生产总值增速低于广西全区水平，其中，东兴市发展最缓慢，经济增速仅为2.0%。2021年，边境县（市、区）的全社会固定资产投资平均增速为28%，比全区增速高20.4个百分点，该增速大幅高于全区平均水平有两个主要原因，一是全球矿产资源大幅攀升带动具有资源禀赋的边境县工业经济发展快速提升，财政收入持续增长，国家政策红利及市场热情提高促使产业投资力度加大；二是基础设施建设等一系列重大项目投资占比显著提升，从而提升了地区全社会固定资产投资增速，如大新县亿元以上重大项目共有26个，同比增长121.6%，拉动固定资产投资增长82.4个百分点，贡献率高达107.6%。2021年广西边境八县（市、区）主要经济指标见表7。

表7 2021年广西边境八县（市、区）主要经济指标

地区	地区生产总值/亿元	排名	地区生产总值增速/%	全社会固定投资增速/%
靖西市	159.0	1	10.5	27.0
防城区	133.4	2	5.5	9.9
大新县	119.4	3	9.3	76.6
宁明县	118.4	4	9.3	19.6
龙州县	104.2	5	8.9	45.1
凭祥市	84.6	6	10.9	18.6
东兴市	81.0	7	2.0	-0.6
那坡县	47.4	8	8.3	55.3

数据来源：《2021年广西壮族自治区国民经济和社会发展统计公报》、广西各地区2021年统计公报及各地区2021年主要经济指标完成情况表。

从居民收入水平看，2021年，边境县（市、区）城镇居民平均人均可支配收入为37 196.5元，相当于全区平均水平的96.5%；农村居民平均人均可

支配收入为 16 140.8 元，相当于全区平均水平的 98.6%。总体上看，边境县（市、区）居民收入与全区平均水平差距不大。其中，城镇、农村居民人均可支配收入最高的县（市、区）均为东兴市，分别为 46 296 元、23 439 元。从增速来看，边境县（市、区）城镇居民人均可支配收入平均增速为 6.8%，较全区平均水平低 0.6 个百分点；农村居民人均可支配收入平均增速为 10.1%，较全区平均水平低 0.3 个百分点。农村居民人均可支配收入平均增速高于城镇 3.3 个百分点。城乡居民人均可支配收入比值平均为 2.4，与全区平均水平一致。边境县（市、区）居民收入水平见表 8。

表 8 2021 年广西边境八县（市、区）居民收入水平

地区	城镇居民人均可支配收入 / 元	城镇居民人均可支配收入增速 / %	农村居民人均可支配收入 / 元	农村居民人均可支配收入增速 / %	城乡居民人均可支配收入之比
靖西市	34 224	7.4	13 777	11.7	2.5
那坡县	29 122	6.9	11 098	10.5	2.6
凭祥市	41 501	6.2	15 646	9.3	2.7
大新县	38 627	7.4	16 559	9.8	2.3
宁明县	32 780	7.1	15 472	10.1	2.1
龙州县	34 032	7.0	13 916	9.5	2.4
防城区	40 990	6.4	19 219	9.6	2.1
东兴市	46 296	6.6	23 439	10.7	2.0

数据来源：《2021 年广西壮族自治区国民经济和社会发展统计公报》、广西各地区 2021 年统计公报及各地区 2021 年主要经济指标完成情况表。

从三次产业结构来看，边境八县（市、区）产业结构比为 24∶31∶45，广西全区产业结构比为 16∶33∶51。相较而言，边境地区第一产业比例略偏高，第三产业发展动力不足，少于全区第三产业占比 6 个百分点（图 2）。

总的来说，广西 12 个少数民族自治县和 8 个边境县（市、区）社会经济保持了较快发展，但城镇居民人均可支配收入、农村居民人均可支配收入等部分指标仍低于全区水平，说明城乡居民收入还较低。同时，高于全区的全社会固定资产投资增速说明财政对少数民族自治县及边境县的经济建设支

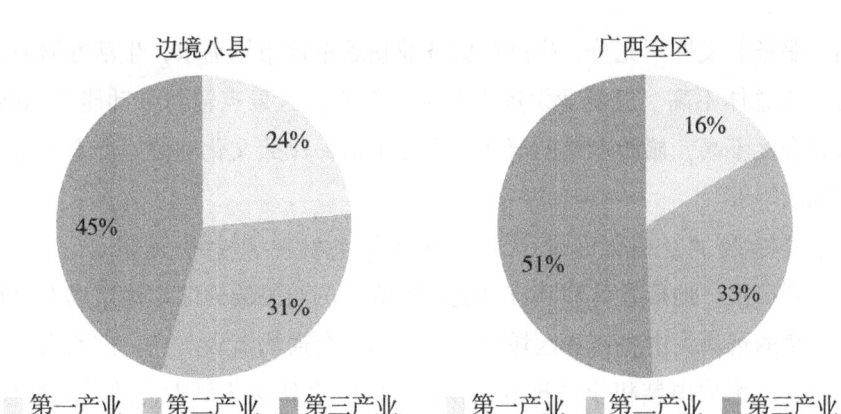

图2 2021年边境八县（市、区）与广西全区三次产业结构比较

数据来源：《2021年广西壮族自治区国民经济和社会发展统计公报》、各地区2021年统计公报、各地区2021年主要经济指标完成情况表。

持力度正在加大，社会经济形势向好，但也暴露了这些地区高度依赖投资拉动经济、经济发展模式单一的问题。值得一提的是，除低基数效应外，农村居民人均可支配收入增速高于城镇居民人均可支配收入增速这一趋势展现了脱贫攻坚对农村居民生活改善的实质性成效。

四、广西民族地区实现高质量发展的问题与挑战

（一）存在的问题和短板

1. 产业高质量发展不足

支柱产业发展不充分，技术创新和消化吸收能力弱，资源配置水平不高，要素配置效率低，不同程度存在同质化、低水平竞争，产业就业带动能力总体不强，大量青壮年劳动力被迫流向东部沿海地区和大中城市。农业方面，现代农业发展基础相对薄弱，农田水利、生产道路等基础设施建设滞后，设施农业发展程度低。特色优势产业规模小，生产经营分散，特色农产品标准化水平不高，品牌打造和市场影响力不足，缺乏稳定销售渠道和长期订单。工业方面，工业发展长期依赖本地资源禀赋，主要工业行业集中在有色金属、水泥建材、金属冶炼和延压、水力发电和风电光伏新能源及农林产品初加工领域。制造业发展不足，规模以上工业少，劳动密集型企业数量少，缺乏制造业集群，大部分工业产品和生活消费品不能本地生产。服务业

方面，服务业发展不充分，生产性服务业缺乏本地市场需求，生活性服务业发展层次总体不高。旅游业发展不均衡，核心景区景点辐射带动能力不强，文旅融合度不高，旅游产品的层次性不够丰富，民族文化和健康养老等元素挖掘利用不够。

2. 交通物流、能源价格、人才技术等关键要素竞争力弱

受到区位、地形条件和基础设施的影响，广西民族地区本地市场发育程度低，普遍远离大中城市和区域性中心市场，交通物流成本高。广西水力资源丰富，水力发电装机全国排名第4位，但电力外送比例大，缺乏支配权，用电成本不仅比云南省、贵州省高，甚至很多工业企业用电成本也高于广东省。石油、煤炭、天然气等重要能源矿藏缺乏，依靠外部输入，能源价格与周边省区相比偏高。广西高等院校和国家级科研机构少，科学技术创新的人才队伍总量不足，高端创新人才严重不足，基础研究相对薄弱。第七次人口普查数据显示，广西每10万人中拥有大学学历人数10806人，大学文化程度占比为10.81%，低于全国平均水平（15.47%），为全国各省（区、市）最低。少数民族聚居区人才更为缺乏，其中河池市每10万人拥有大学文化程度只有8141人。交通物流、能源价格和科技创新等关键要素竞争力弱极大限制了广西的产业高质量发展。

3. 开放与生态优势转化为发展优势不充分

广西沿江沿边沿海，作为面向东盟开放合作的前沿支点，开放合作的潜力巨大。但广西开放经济基础较为薄弱，长期以来，广西外贸进出口总额在国内占比低，且贸易结构不合理，边境贸易占比较多。此外，开放发展的基础设施与发展要求不匹配。作为西部唯一沿边沿海省区和西部陆海新通道的出海口，广西内河没有航道出海，严重限制了广西的开放发展，平陆运河项目虽然已经开工建设，但运河建成并发挥作用还需要一段时间；同时，广西的口岸基础设施、信息化建设等方面还比较薄弱，尚未建立起完善的跨境电商物流体系，边贸货物通关效率有待提高。广西生态优势显著，森林覆盖率位居全国前列，是全国重要的人工林生产基地和木材产区，地表水水质全国第一、空气质量优良，种植物种类丰富，具有重要的生态功能。但广西跨区域生态补偿机制不健全，科技创新和产业发展不足，生态产品价值形成机制尚未构建，旅游业发展不均衡，健康养生产业发展不充分，严格生态保护红

线与产业发展要求存在矛盾,生态优势尚未充分转为发展优势。

4. 社会民生服务短板不少

广西民族地区经济发展水平不高,本地就业规模有限,有大量外出务工人员和灵活就业人员,领取城乡最低生活保障的人口比例大,易返贫致贫和低保边缘人口多,守住不发生规模性返贫这条底线的任务艰巨。城乡公共服务水平差距较大,农村教育、医疗、居住、养老等公共服务仍然存在着供给总量不足、质量不高的问题,区域、城乡间教育发展不均衡问题依然存在。

(二)面临的挑战

1. 发展不平衡性趋增

近年来,广西认真贯彻落实习近平总书记视察广西重要讲话和对广西工作重要指示精神,凝心聚力建设中国特色社会主义壮美广西,在经济和社会发展各方面取得了显著成就,但是发展不充分不平衡的问题依然存在。从全国来看,广西的发展与中东部省区差距较大。广西2021年地区生产总值24 740.86亿元,增速7.5%,在全国31个省区中排第19位,比2017年下降了2位;近5年来,除2020年外,广西的经济增速均低于邻省广东或与广东持平。[1] 从西部地区来看,2021年,西部12省区中四川的地区生产总值最高,达到了53 850.8亿元,是广西的2.18倍。从民族八省区来看,2021年广西的地区生产总值在民族八省区中排第2位,但是人均地区生产总值却是八省区中最低的。[2] 从广西区内来看,虽然广西已经在2020年与全国同步实现全面小康,但呈现出两极分化的特点,其中,南宁、柳州及其周边区域发展较快,而百色、河池、崇左、来宾等市范围内的县市发展相对滞后。这种不平衡在县域经济方面尤为突出。2021年,南宁市青秀区地区生产总值达到了1324.77亿元,为全区最高,而最低的河池市凤山县的地区生产总值仅为33.44亿元,前者是后者的39.62倍。[3] 在区域内,特别需要重点关注的是少数民族自治县。长期以来,广西的12个少数民族自治县经济发展均落后于全区其他县市。2021年,全区自治县地区生产总值1008.8亿元,仅

---

[1] 参见《广西统计年鉴2022》《广东统计年鉴2022》。

[2] 参见各省区2021年国民经济和社会发展统计公报。

[3] 参见《广西统计年鉴2022》。

占全区总量的4.1%，人均地区生产总值28 345元，仅为全区平均水平的57.61%。❶

2."双碳"目标攻坚战任务艰巨

2021年4月，习近平总书记在视察广西时强调，要"把碳达峰、碳中和纳入经济社会发展和生态文明建设整体布局，建立健全绿色低碳循环发展的经济体系，推动经济社会发展全面绿色转型"。2022年4月，广西印发《关于完整准确全面贯彻新发展理念做好碳达峰碳中和工作的实施意见》，提出到2025年，初步形成绿色低碳循环发展的经济体系；到2030年，经济社会绿色转型取得明显成效；到2060年，全面建立绿色低碳循环发展的经济体系和清洁低碳安全高效的能源体系。作为欠发达后发展地区，广西要实现经济增长与"双碳"目标的协调推进，任务艰巨。主要体现在：一是产业结构优化升级任重道远。广西的产业结构还不够合理，资源型产业和高能耗产业占比高，资源型产业占比达80%左右，六大高能耗产业对工业生产总值贡献率超过45%，能源消耗与产值产出失衡，单位地区生产总值能耗偏高。同时，新兴产业和高技术产业占比偏低。2021年，广西的战略性新兴产业增加值占规模以上工业增加值18%，低于相邻省份，也低于国家平均水平。要实现"双碳"目标，广西必须对产业结构进行优化升级，遏制"两高"项目的盲目发展，构建以低碳经济为导向的现代产业体系。但在高碳经济产业体系下，要摒弃原有的发展模式，实现产业结构优化调整，向绿色发展转型难度较大。二是工业化和城镇化的持续推进带来减排压力。广西的工业产业以资源型产业为主，矿产开采、金属冶炼等都属于高能耗产业，单位能耗与国际先进水平有很大差距。碳捕获技术相对落后，而且应用成本高昂，对难脱碳产业来说负担较大。2021年，广西城镇化率为55.08%，低于全国平均水平，城镇化建设依然任重道远。未来加速城镇化建设也必然给减排降碳带来巨大压力。三是碳中和进程资金缺口巨大。实现碳中和目标需要大量资金投入。产业结构升级、能源系统优化都需要投入大量资金。除此之外，其他相关方面也需要大量资金支持，资金缺口较大。广西绿色金融存在试点范围小、融资成本偏高等问题。

---

❶ 参见各自治县2021年国民经济和社会发展统计公报。

3. 实现高质量开放发展压力大

2015 年，习近平总书记赋予广西"三大定位"新使命：构建面向东盟的国际大通道，打造西南中南地区开放发展新的战略支点，形成 21 世纪海上丝绸之路和丝绸之路经济带有机衔接的重要门户。这三大定位均与开放发展密切相连。2017 年 4 月，习近平总书记视察广西时指出，"广西发展的潜力在开放，后劲也在开放"。2022 年 1 月 1 日，《区域全面经济伙伴关系协定》（RCEP）正式生效，给广西开放发展带来巨大机遇的同时也带来了挑战。一是广西的边贸价值降低。RCEP 明确要求，协定生效 6 年内转为负面清单，10 年内 90% 的货物贸易实现零关税。在未来的 10 年内，服务贸易的市场将会更加开放，广西现在特有的边境贸易优惠政策也将成为全国普惠的政策，边境互市贸易区边民免税的优势将逐步弱化。二是产业发展压力大。RCEP 生效后，广西的电子信息、新能源汽车等高新技术产业不可避免地受到来自日本、韩国先进制造业的冲击；同时，广西与东盟各国一样，劳动密集型和资源密集型产业占比较高，特别是与越南相邻，区位、资源优势相近，且都处于工业化进程中，但广西的劳动力成本较高，因此，RCEP 生效后，越南等东盟国家的投资吸引力会增强，劳动密集型产业将加速向东盟国家转移，这将给广西招商引资带来压力。三是区域竞争进一步加剧。RECP 签署以来，国内各省份纷纷抢抓机遇，围绕 RCEP 合作定位、合作平台、合作机制、合作领域等开展激烈竞争，都力争率先吃透规则，赢得发展先机，以期在未来开放发展新格局中具备竞争优势。

五、发展思路和政策建议

（一）加快构建广西特色现代化经济体系

立足边疆民族地区特点，坚持以高质量发展统揽全局，着力构建体现广西优势和特色的现代产业体系，夯实建设铸牢中华民族共同体意识示范区的物质基础，一步一个脚印闯出高质量发展新路子。

1. 提升工业制造业产业链供应链现代化水平

持续开展"补链强链延链行动"，补短板锻长板，提高民族聚居地区制造业发展水平，壮大实体经济根基。实施产业基础再造和全产业链提升工程，积极培育新兴产业链，加快制糖、机械、有色金属、冶金、建材、造纸和木材加工、茧丝绸等传统优势产业向数字化、智能化、高端化转型升级，推动产业链迈向中高端，在边疆民族地区产业高质量发展上当好示范兵。进一步做大做强千亿元产业，打造先进装备制造、绿色新材料等万亿元产业集群。推动产业链供应链跨区域协作，聚焦"三大三新"❶"双百双新"❷重点领域，深入推进"三企入桂"，有效承接产业转移，合力打造连接粤港澳大湾区、长江中游城市群、川渝滇黔及东盟国家、"一带一路"沿线地区的跨区域跨境产业链供应链。

2. 发展壮大现代特色农业

聚焦科技创新、种业振兴、农机装备、现代农业经营体系等重点任务，提升农业质量效益和竞争力。巩固提升民族聚居地区农业综合生产能力，加大农田水利设施、高标准农田建设力度，推进粮食生产功能区、糖料蔗生产保护区和特色农产品优势区建设。深入实施优质粮食工程，提高优质特色粮油供给水平，防范化解粮食领域重大风险，把饭碗牢牢掌握在群众自己手中。充分利用林业资源优势，大力发展林下经济，推动林下经济向规模化、集约化、产业化、特色化、品牌化方向发展，促进绿水青山有效转化为金山银山。加大科技强农力度，完善科技特派员工作机制，强化科技人才对现代农业支撑。大力攻坚现代种业，完善农业科技型企业培育机制，开展农业科技企业培育专项行动，重点提升农业科技型企业品牌发展、绿色发展、数字化发展等能力。注重农业科技创新平台建设，推动农业科技成果转化，加快建设一批区内先进、国内一流的现代农业科技园区。围绕水稻、甘蔗、蔬菜、茉莉花、桑蚕、香蕉、柑橘、火龙果等重点农业产业，梳理特色主导产业农机装备需求，实施重点需求项目"揭榜挂帅"，进一步促进广西农业领域"机器换人"。深入实施新一轮县域经济提升行动，推动县域一、二、三产业深度融合发展，丰富乡村经济业态，拓展民族群众增收致富路子。

3. 加快培育提级满足各族群众需要的现代服务业

实施服务业提升工程，推进生产性服务业向专业化和价值链高端延伸，

---

❶ "三大三新"：指大健康、大数据、大物流、新制造、新材料、新能源6个重点产业领域。

❷ "双百双新"："双百"项目是指投资超过百亿元或产值超过百亿元的重大产业项目；"双新"项目是指新产业、新技术项目。

持续改善各族群众生活。大力发展研发设计、现代物流、法律服务、人力资源服务、检验检测认证、港航服务等生产性服务业,推动现代服务业与先进制造业、现代特色农业深度融合。推动生活性服务业向高品质和多样化升级,加快发展健康养老、育幼服务、文化旅游、体育家政等服务业,加强公益性、基础性服务业供给,增加高端公共服务业产品供给,更好地满足各族群众对美好生活的需求。推进现代物流园、软件和服务外包基地、科技创业园、文化产业园等现代服务业集聚区提档升级,积极发展空港、跨境、冷链、电商、快递等现代物流业新模式新业态。

4. 加快战略性新兴产业谋划布局

充分挖掘广西"海"的潜力,大力发展向海经济,加强海陆产业链供应链对接整合,培育发展现代渔业、休闲渔业、航运经纪、航运咨询、船舶管理等海洋新兴产业,构建具有广西特色的现代向海产业体系。积极培育壮大新一代信息技术、新能源及智能汽车、高端装备制造、先进新材料、生物医药、节能环保、绿色食品等战略性新兴产业,力争打造一批具有全国影响力的特色产业集群。谋划布局第三代半导体、人工智能、量子信息、元宇宙等未来产业,探索民族地区"弯道超车"加速发展着力点。

(二)加快推动经济社会发展全面绿色转型

1. 构建绿色低碳产业发展体系

分类推进汽车、机械制造、石化等传统制造业实现绿色改造升级,向产业链中高端迈进;以化工、钢铁、汽车、有色、精品碳酸钙、轻工纺织等行业为重点,"一业一策"制订改造提升计划,积极推进园区循环改造,促进废物综合利用、能量梯级利用。聚焦高耗能产业,坚决遏制高耗能、高排放项目盲目发展,加快淘汰落后产能。鼓励发展生态种植、生态养殖,加强绿色食品、有机农产品认证和管理,有效促进"绿水青山"多路径向"金山银山"转化。

2. 加快基础设施绿色升级

立足民族地区地理环境特点,提升可再生能源利用比例,大力推动风电、光伏发电发展,因地制宜发展水能、地热能、海洋能、氢能、生物质能、光热发电。加快大容量储能技术研发推广,提升电网汇集和外送能力。加快提升城镇环境基础设施水平,推进城镇污水管网全覆盖,加快城镇生活垃圾处理设施建设。有序补齐乡村绿色基础设施短板，深入推进农村人居环境整治，因地制宜推进农村改厕、生活垃圾处理和污水治理，有序改善城乡人居环境。

3. 培育绿色交易市场机制

推进排污权、用能权、用水权、碳排放权交易机制，降低交易成本，提高运转效率。研究定期开展广西民族聚居地区森林、海洋、土壤等碳汇本底调查、碳储量评估、潜力分析，摸清碳汇家底，为后期开展碳汇交易奠定基础。先行先试推动开展和完成蓝碳交易，探索建立蓝碳交易服务平台，探索具有广西特色的"碳中和"路径。研究推进契合广西实际、基于市场机制的多元化生态保护修复补偿制度及运行机制体系，为维护南疆生态安全提供持续的动力。

（三）加强对外开放深度和力度

1. 高质量推进西部陆海新通道建设

建设西部陆海新通道是广西打造"一带一路"有机衔接重要门户、构建新发展格局的关键抓手和重大战略。通过建设和运营好西部陆海新通道，有助于释放"海"的潜力，激发"江"的活力，做足"边"的文章。

要加大对西部陆海新通道建设的支持力度。在铁路建设方面，加快推进黔桂、焦柳、南昆等铁路的改扩建，并对西部陆海新通道的海铁联运班列给予更加优惠的铁路政策。应加快推进平陆运河建设。作为西部陆海新通道建设重要牵引性工程，平陆运河的开工建设使西部陆海新通道海陆空交通基础设施建设进入了加速跑阶段，应抓住国家全面加强基础设施建设和加快推进交通基础设施投资的重大机遇，加快推进平陆运河建设，并以此为契机，积极促进新通道沿线交通、商贸、物流、产业和人文深度融合。同时，继续加大对多式联运创新的支持，制定南向通道多式联运提单互认标准与规范，探索建立"一票制、一口价"联运服务模式。

2. 加快升级面向东盟的开放合作平台

中国—东盟博览会、中国—东盟商务与投资峰会、中国（广西）自由贸易试验区是我国面向东盟的重要开放合作平台，应利用已经形成的与东盟合作的先发优势和稳定成熟的办会机制，加快实施两会升级计划，创新办会模式，深化主题国、特邀合作伙伴等机制，持续提升专业化、国际化、品牌化、信息化水平，着力打造中国—东盟高层对话、专业合作与工商界对话交流平台。在促进中国—东盟经贸合作提质增效的基础上，从服务东盟向服务RCEP拓展，为RCEP成员国贸易和投资提供一站式服务，进一步提高经贸实效、深化区域合作，进一步深化双边多方交流合作。

3. 全面对接融入粤港澳大湾区

全面对接粤港澳大湾区是广西扩大开放的重要一环，应充分发挥区位、政策和资源等方面的优势，切实把毗邻粤港澳大湾区的独特区位优势转化为开放发展的优势。从交通、产业、政策等方面全面对接粤港澳大湾区，全力推进建设直通粤港澳大湾区的高速公路、高速铁路、港口码头、机场设施、信息网络等重大交通基础设施互联互通建设，提升基础设施建设等级，加密基础设施互联互通网络，构筑立体化交通网络。促进产业高质量深度合作，深化与香港、澳门、广州、深圳等地务实合作，加快形成跨区域跨境产业链供应链，促进产业优势互补、联动发展。在政策方面还应加大支持，优化对接的工作机制和对接平台，为加快推进广西全面对接粤港澳大湾区实现高质量发展提供强有力的政策保障。

（四）加快建设铸牢中华民族共同体意识示范区

1. 强化对铸牢中华民族共同体意识示范区建设的思想认识

要构建铸牢中华民族共同体意识宣传教育常态化机制，把中华民族共同体意识宣传教育纳入国民教育、干部教育、社会教育、家庭教育全过程，深入开展爱国主义、中国特色社会主义宣传教育，使社会主义核心价值观成为广西各族群众的共同价值追求。要深入实施党员干部固本培元、青少年学生夯基育苗、各族群众凝心聚魂、社科理论正本清源工程，教育引导各族人民正确认识中华民族历史、正确把握中华文化和各民族文化的关系。要全面推进中华民族共有精神家园建设，弘扬中华民族伟大精神，增强中华文化认同，大力推广普及国家通用语言文字。

2. 推动各民族交往交流交融向广度深度拓展

深入推进各民族人口流动融居，深化多民族聚居社区、乡村互嵌式社会结构和环境建设。要以铸牢中华民族共同体意识为主线，以"各族青少年交流计划""各族群众互嵌式发展计划""旅游促进各民族交往交流交融计划"

三项计划为抓手全面促进各民族交往交流交融,深化互嵌式社会结构、社区环境,促进各民族在理想、信念、情感、文化上更团结,以团结之心汇聚壮美广西建设的磅礴伟力。深入实施少数民族优秀文化保护传承、少数民族文化精品保护、历史文化名镇（村）和传统村落保护"三大工程",立足特色文化优势,找准切入点和发力点,促进各民族交往交流交融。要开展广西各民族交往交流交融史研究,挖掘各民族共同团结奋斗、共同繁荣发展的光荣传统和历史经验,增强广西各民族的情感联系和心灵共鸣。

（五）提升公共服务水平增强各族群众获得感和幸福感

迈上实现共同富裕、共同现代化的新阶段,要积极顺应人民群众对美好生活的向往,缩小收入水平差距,不断强化社会公平的价值导向,提升公共服务水平,不断增强各族人民群众的获得感和幸福感。

1. 不断提升公共服务水平,满足群众多样化的民生需求

要积极推动公共服务发展,补齐基本公共服务的短板弱项,加强普惠性、基础性、兜底性民生建设,围绕群众最关心最直接最现实的问题,在幼有所育、学有所教、劳有所得、病有所医、老有所养、住有所居、弱有所扶上持续取得新进展。加大养老服务业支持水平,促进教育公平,优化民族地区教育资源,全面完善救助保障制度,深化医药卫生体制改革,全面推进健康广西建设,促进青少年健康发展,应对人口老龄化,保障民族地区妇女儿童合法权益,拓宽就业渠道,大幅度提高人民群众的收入水平,切实提升群众获得感、幸福感、安全感。

2. 创新公共服务政策规划体系和机制,加大对公共服务水平的支持力度

坚持从边疆民族地区实际出发,用好国家对边疆民族地区的倾斜政策,加大支持力度,将民族因素、边境因素等纳入国家和地区基本公共服务的规划,促进区域间基本公共服务均等化。针对边疆民族地区巩固脱贫攻坚成果任务重、民众生活水平还相对较低的短板,充分顾及边疆民族地区群众生活方式、风俗传统等方面的需求,加快支持在边境地区和少数民族聚居区实施一批能够长远发展的产业项目和事关少数民族群众民生的项目,确保在政策支持方面最大限度发挥作用。

广西民族地区发展报告
2022年广西蓝皮书

铸牢中华民族共同体意识篇

广西建设铸牢中华民族共同体意识示范区调研报告

奉 媛[*]

一、概况

广西作为我国少数民族人口最多的自治区，各民族亲如一家，民族关系十分融洽。2021年4月，习近平总书记在广西考察时强调，"广西是全国民族团结进步示范区，要继续发挥好示范带动作用"。广西将新时代党的民族工作理论同区情相结合，在全国民族团结进步示范区的基础上，率先对如何加快建设铸牢中华民族共同体意识示范区作了全面阐述和部署，形成一系列新目标、新思路、新内容、新要求。

2021年11月25日，中国共产党广西壮族自治区第十二次代表大会首次提出建设铸牢中华民族共同体意识示范区，把铸牢中华民族共同体意识作为"三个共同愿景"之一强力推进，将建设铸牢中华民族共同体意识示范区纳入建设新时代中国特色社会主义壮美广西"1+1+4+3+N"目标任务体系。2022年2月26日，广西壮族自治区党委、政府出台《关于建设铸牢中华民族共同体意识示范区推进新时代全区民族工作高质量发展的实施意见》（以下简称《实施意见》），实施意见系统分析了新时代广西民族工作面临的形势和任务，明确铸牢中华民族共同体意识示范区的指导思想、目标任务、政策措施等。2022年5月13日，广西壮族自治区十三届人大常委会第二十九次会议表决通过了《广西壮族自治区人民代表大会常务委员会关于推动铸牢中

---

[*] 奉媛，广西民族研究中心编辑。

华民族共同体意识示范区建设的决定》（以下简称《决定》），向广西各族干部群众发出了共同建设铸牢中华民族共同体意识示范区的号召。

围绕建设铸牢中华民族共同体意识，广西主要做好"五方面工作"，实现"七个走在前列"。"五方面工作"指深化中华民族共同体意识宣传教育，用好国家支持民族地区发展政策，做好新时代城市民族工作，推进民族事务治理体系和治理能力现代化，坚决防范化解民族领域风险隐患。"七个走在前列"指在促进民族团结进步和铸牢中华民族共同体意识、推动高质量发展、深化对外开放合作、加快绿色发展、推进共同富裕、发扬传承民族文化、维护边疆安全稳定各方面走在民族地区的前列、作出示范，以期达到"建设铸牢中华民族共同体意识示范区取得明显进展"，让"中华民族共同体意识深深扎根八桂大地，各族人民深度交往交流交融，民族团结和睦，社会和谐稳定，边疆巩固安宁"，最终"建设更为繁荣富裕、更为团结和谐、更为开放包容、更为文明法治、更为宜居康寿的广西"的目的。

二、主要做法

（一）打造各民族文化融合发展的中华民族共有精神家园

推动铸牢中华民族共同体意识理论研究和宣传教育不断深化，各族群众对中华民族文化认同不断增强，各民族共同走向社会主义现代化的社会氛围基本形成，中华民族共同体意识根植各族群众心灵深处。

做好铸牢中华民族共同体意识宣传教育。广西壮族自治区民族宗教事务委员会（以下简称"自治区民宗委"）依托广西民族报社设立铸牢中华民族共同体意识广西教育传播中心，该中心是全国首家铸牢中华民族共同体意识教育传播中心，也是全国首个以构建铸牢中华民族共同体意识大宣教格局为主业的省级融媒体平台。作为学习宣传习近平总书记关于加强和改进民族工作重要思想的重要阵地，该中心将整合各方资源、调动各方力量，常态化做好铸牢中华民族共同体意识宣传教育工作。桂林市开发建设面向干部的铸牢中华民族共同体意识示范区精品课程。桂林市委党校（社会主义学院）作为全市培训轮训领导干部的主渠道、主阵地，有着丰富的教育教学资源和优秀的学科人力资源，肩负起"宣讲传播基地"和"理论研究基地"的建设工作，以干部教育培训精品课程开发为手段，丰富基地建设内容，专门组建了"建设铸牢中华民族共同体意识示范区精品课程"开发团队。来宾象州县举办建设铸牢中华民族共同体意识示范区"商会行动"活动，充分发挥全县 2000 余家工商企业的作用，营造企业各族员工共事共学、共乐共享氛围，让创建工作与企业发展同频共振，在各族员工中铸牢中华民族共同体意识，共同建设美好家园、共同创造美好生活。民族团结进步创建命名主体由自治区党委宣传部、统战部和民宗委三部门升格为自治区党委、政府。截至2022 年 5 月，成功创建 275 个自治区民族团结进步示范区示范单位、12 个自治区民族团结进步教育基地，全区 15 个单位被命名为"全国民族团结进步示范区示范单位"。

构建中华民族共同体意识示范区的话语体系。2021 年创新举办全国首个省级铸牢中华民族共同体意识论坛，全面总结广西作为"全国民族团结进步示范区"的成就和经验，进一步擦亮"全国民族团结进步示范区"的品牌。深入开展《中华民族交往交流交融史·广西篇》编撰工作等学术研究，创新民族理论政策的话语体系。依托国家四部委命名的广西民族大学铸牢中华民族共同体意识研究基地和自治区民宗委命名的首批 10 家研究基地，辐射带动自治区有关高校和研究机构。铸牢中华民族共同体意识研究基地围绕"铸牢中华民族共同体意识"的重大理论问题开展了大量理论与实践研究。以广西中华民族共同体意识研究院（以下简称"研究院"）为例，在科学研究方面，设立"铸牢中华民族共同体意识示范区建设"专项课题，以项目为纽带，吸引区内外高水平专家进行深入研究。近来，研究院获国家社科基金一般项目 1 项，铸牢中华民族共同体意识专项一般项目 1 项；获其他省部级课题 25 项；发表期刊论文 130 余篇；出版专著 7 部；研究成果获省部级以上成果奖 11 项。其中，《铸牢中华民族共同体意识指标体系构建研究》作为自治区党委统战部重大理论创新成果上报中共中央统战部，并获 2021 年全国统战理论政策研究创新成果二等奖。在网站与数据库建设方面，共计投入210 万元进行开发，研究院的门户网站已经上线运营，并开发完成中越边境地区生态数据库与边疆多民族地区红色文化数据库。人才培养方面，研究院充分依托广西民族大学博士后科研流动站及自身团队资源，已开设"中华民族共同体的基本理论"等 5 门博士研究生课程，已招收培养铸牢中华民族共同体意识研究方向博士研究生5人、硕士研究生4人。

大力推广普及国家通用语言文字，扎实推进双语和谐建设工作。中华民族多元一体格局的形成发展，国家认同、民族认同和文化认同的提升巩固，很大程度上得益于各民族能够以通用语言文字实现广泛交往交流交融。桂林市大力加强民族地区学前儿童普通话教育，推进义务教育阶段和高中阶段国家通用语言文字教育。在中小学全面推行使用国家三科统编教材，全面推进国家通用语言文字授课。落实民族地区教师资格申请人和招聘教师的普通话等级要求。加大民族地区教师国家通用语言文字教育教学能力培训力度，开展民族地区国家通用语言文字教育质量监测和督导评估。2020年，全市民族地区所有中小学国家通用语言文字教育教学普及率达到100%，普通话普及率100%。开展民族地区国家通用语言文字普及情况调查，重点加大对普通话普及率低、"推普"工作基础薄弱民族地区的扶持和支持力度；加强民族地区劳动力转移就业人口的国家通用语言文字培训，不断激发他们学习普通话、积极致富奔小康的内生动力，推动培训活动与群众实际需求精准对接互动。大力营造使用国家通用语言文字的社会生活环境，充分利用农村广播电视"村村通"设施、党群服务中心等，发挥农村教师作用，创新农村推普宣传方式，开展形式多样的语言文化活动，逐步减少不会国家通用语言文字人口"存量"，提高民族地区农村群众的国家通用语言文字应用水平。截至2020年，桂林市普通话普及率位列全区前列。

讲好民族团结进步的"广西故事"。将铸牢中华民族共同体意识落实到历史文化宣传教育、公共文化设施建设、城市标志性建筑建设、旅游景观陈列等相关方面。南宁市民族宗教事务委员会联合南宁经济技术开发区在经开区"两新"领域电影党校暨盛天上影电影党校教育基地打造建设了"铸牢中华民族共同体意识主题影院"。"铸牢中华民族共同体意识主题影院"由"电影龙标民族团结之柱""电影里的民族画卷""我爱你中国""那山那水那人""电影党校""民族团结吊脚楼戏剧影院实景基地""民族团结电影村""民族团结电影大道（中国文化元素）""炫彩石榴厅"等创新元素构成，以"讲述中国故事、民族团结故事，传递中国精神"为立足点，以"影院+主题教育+民族团结创建+N"等模式，面向各族干部群众、青少年讲述中国故事、广西故事、南宁故事和民族团结模范故事。柳州柳北区"石榴红"

铸牢中华民族共同体意识故事馆在雀儿山公园开馆。"石榴红"故事馆向广大市民群众和游客集中展示中华民族交融汇聚的历史进程，以及柳州市团结带领各族群众开拓奋斗的工业发展史，在思想上教育引导，讲清讲明中华民族是怎么来的、为什么是共同体；在实践中步步推进，积极营造各民族相互嵌入式的社会结构和社区环境，让各民族更好地共居共学共事共乐，更好地交往交流交融。办好少数民族文艺汇演、少数民族传统体育运动会、民族题材文学影视评奖等，增强广西各族群众对中华文化的认同。2021年壮剧《百色起义》、音乐剧《血色湘江》荣获全国少数民族文艺汇演3项大奖。

（二）努力打造各民族共同走向社会主义现代化的共同富裕幸福家园

实现巩固拓展脱贫攻坚成果同乡村振兴有效衔接，经济社会加快发展，共同富裕取得更加明显进展，各民族共同走向社会主义现代化迈出实质性步伐。

河池东兰县着力推进民族团结进步与经济发展相融合。一是打造民族团结进步与乡村振兴共同体。坚持因地制宜调整产业结构，重点做强"传统产业、支柱产业、新兴产业"三大产业，即做大墨米、乌鸡、生猪、肉牛、肉羊、渔业6个传统产业，做强桑蚕、板栗、油茶3个支柱产业，做优中草药、食用菌、兰花3个新兴产业，着力增强全县村集体经济发展后劲。整合脱贫攻坚与乡村振兴有效衔接资金，重点实施农业产业发展项目和基础设施改造项目，全面提升各族群众的生产质量、生活水平。二是打造民族团结进步与文化旅游发展共同体。主动融入东巴凤区域一体化发展格局，依托境内丰富的红色旅游资源，重点推出东兰烈士陵园—韦拔群纪念馆及故居—列宁岩—魁星楼等红色旅游精品线路，开启红色之旅打卡活动，重点开发邓小平足迹之旅（东兰红色旅游路线），重点实施"东巴凤"革命老区爱国主义教育基地建设、东兰县巴英村蚂拐文化旅游工程等项目，通过旅游促进民族团结进步、增收致富。三是打造民族团结进步与生态文明建设共同体。坚持"绿水青山就是金山银山"的发展理念和"红色东兰 绿色崛起"发展战略，严格落实河长制、湖长制、林长制，持续扩大植树造林面积，建设红水河百里绿色走廊，同步推进自治区民族团结进步示范县创建工作与国家生态文明示范县申报工作，把民族团结进步事业根植于人与自然和谐共生的美好图景中。

(三)努力打造各民族互嵌融居、守望相助的和谐家园

加快构筑好互嵌式社会结构和社区环境,统筹好城乡建设布局和公共服务资源配置;将少数民族流动人口纳入城市流动人口服务管理体系,帮助解决好劳动就业、技术培训、社会保障、就医就学等实际问题,让城市更好接纳少数民族群众,让少数民族群众更好融入城市,巩固和发展平等团结互助的社会主义民族关系。

自治区民宗委以实施"十百千"工程(创建民族团结进步示范区示范单位每个县10个以上,每个市100个以上,广西1000个以上)、"百点工程"(边境地区民族团结进步模范长廊100个示范点)和"四个并重"(少数民族聚居区和散杂居地区、城市和乡村、边境与内地、机关企事业单位与社会组织并重)为抓手,拓展民族团结进步宣传教育,全面深入持久开展民族团结进步创建,着力促进提质增效,充分发挥广西2000多个民族团结进步示范区、示范单位示范带动作用,促进广西各族群众在中华民族大家庭里像石榴籽一样紧紧抱在一起。

2021年,广西南宁市、柳州市成功创建全国民族团结进步示范市,全区15个地区和单位被评为全国民族团结进步示范区示范单位。创新建设754个"同心文化载体"(同心文化广场、同心文化长廊、同心文化艺术团或者同心体育队),将"同心文化载体"建设作为"我为群众办实事"的主题实践活动,作为各族干部群众共同参与的民族团结进步和中华民族共同体意识宣传教育的重要活动形式,不断传播民族团结进步正能量,让中华民族共同体意识入脑入心。

完善各民族融入城市的政策举措、制度保障和表彰激励机制。南宁市以服务为宗旨,打造各民族居民和谐交融的社区共居环境。构建"1+20+N"服务平台,以一个服务中心、20个社区"民族之家"(少数民族流动人员服务站)、N个少数民族群众诉求和期盼为服务内容和"真心、热心、贴心、倾心、耐心"的"五心"工作法,整合辖区各单位、学校、企业、市场等资源,推进社区、社会组织、社会工作"三社联动",为少数民族流动人口提供全方位服务。西乡塘区中华中路社区建立了民族之家、少数民族流动人口服务站和谢大姐暖心屋,通过"八个一"服务活动(发放一张"暖心联系

卡"、组织开展"一帮一"服务、每周发送一条暖心微信短信、每月举办一期普通话培训班、每月举办一次暖心茶叙交流、每季度举办一期心理健康讲座、每季度组织一次暖心关爱活动、每半年组织一次上门义诊活动），让少数民族流动人口更好融入社区。近几年来，社区为20名少数民族困难群众子女解决入学问题，为200多名少数民族群众解决住房问题，帮扶少数民族贫困群众302户。玉州区玉城街道北辰社区位于玉林市城区中心，常住人口约1.7万人，流动人口3000余人，居住有壮族、瑶族、回族、仫佬族、撒拉族、彝族等少数民族。辖区内有4个商业住宅小区，3个人流密集商业区，12个改制企业职工宿舍区，玉林汽车总站、玉林市妇幼保健院、玉林市第二人民医院等单位均坐落在辖区，流动人口多，是一个典型的集居民、物业、单位于一体的混合型社区。围绕铸牢中华民族共同体意识，北辰社区在原有的"曾大姐就业服务站"基础上，一方面连线玉州区公共就业和人才服务中心滚动播放招聘信息，为少数民族群众提供更详细、更丰富、更及时的就业服务信息；另一方面为少数民族群众和共建单位"牵线搭桥"推荐就业，加大与辖区周边的企业、门市商户的沟通联系；同时，开展免费技能培训班，动员下岗失业人员积极参加培训，帮助他们提升业务技术能力，提高再就业能力，有力地促进全社区团结和谐、守望相助，各族群众工作生活在共居共学共事共乐的社会环境中。

（四）努力打造各民族共建共治的边疆稳定平安家园

实现新时代"枫桥经验"本地化，意识形态阵地更加坚实稳固，民族领域风险隐患得到有效防范化解，牢牢守住不发生区域性系统性风险的底线。

2021年10月，自治区民宗委印发《广西新时代民族关系促进导则和评价指标（试行）》（以下简称《促进导则和评价指标》）。《促进导则和评价指标》设置了8项一级指标，53项二级指标，从各民族"共居，有良好的共居环境；共富，有充足的共富保障；共学，有多维的共学平台；共建，有稳固的共建基础；共享，有持续的共享成果；共事，有公平的共事机会；共乐，有多彩的共乐氛围；共维，有科学的共维机制"八个方面，以"八共八有"对各设区市民族关系情况进行评价。通过采取跟踪检查措施、日常掌握数据、实地核验情况、年度工作报告、综合评价意见等方式，适时运用第三方评估、聘请观察员、部门数据采集等方法，全面系统、真实有效地反映巩固发展新时代社会主义民族关系的工作成效，为自治区党委、政府协调民族关系提供决策参考依据和工作措施平台，切实防范化解民族领域各种风险隐患，持续推进民族团结进步事业。

百色市乐业县民宗局积极探索"共建共治共享"模式助力基层民族事务治理，聚焦组织引领，探索建立"1+8+88"共建体系。研究出台《乐业县创建全区民族团结进步示范县实施方案》《乐业县成立乡村民族事务工作站实施方案》系列文件，落实乡村民族事务工作责任。县民宗局牵头，统筹协调8个乡（镇）、88个村（社区）相应成立乡村民族事务工作站工作领导小组，组建工作专班、落实专项经费，指导推动全县民族工作。充分发挥绩效考评"指挥棒"作用，将民族团结进步创建和推动民族事务工作站工作列入全县各单位、各乡（镇）领导干部综合考核评价、述职述廉报告等重要内容，在全县打造覆盖乡、村民族事务工作站96个，逐步构建党政齐抓共管、民族事务部门综合协调、各部门密切配合、全社会广泛参与的多元化民族事务治理格局。聚焦制度引领，建立健全"12条"共治制度。紧紧围绕提升各族群众流动人口子女教育、就业创业、法律援助等方面治理能力，探索建立工作会议、学习例会、信息报送和情况通报、走访慰问、监督检查、维权帮困、突发事件处理、外来各族群众服务管理、信访接待、台账资料档案信息、联络员职责、村民族事务工作职责12项民族事务共治长效机制，有效解决乡（镇）、村（社区）民族事务无机构管理、无人解决难题、无制度遵循等问题，依法妥善解决涉民族因素矛盾纠纷，大力开展民族宗教风险隐患排查，对排查出来的不稳定因素综合运用调解、协商、教育等方式迅速化解，把矛盾纠纷解决在萌芽状态。截至2021年年底，全县未发生影响和谐稳定的事件，通过乡村民族事务工作站解决流动人口子女就读1000余人，发布企业用工岗位31 400个，给予法律援助35次。

三、未来努力方向

（一）积极建立铸牢中华民族共同体意识理论研究体系

聚焦铸牢中华民族共同体意识示范区建设，围绕重大工程、重大项目、重大改革、重大政策"四个重大"清单，深入开展民族工作重大理论和现实问题研究，组织实施民族工作理论创新和实践创新课题研究，设立铸牢中华民族共同体意识专项课题，开展研究成果评选活动。强化主线意识，办好《广西民族研究》核心期刊，加强重大基础理论研究和咨政工作，引导学术界开展对习近平总书记关于加强和改进民族工作的重要思想和中华民族共同体重大基础性问题的研究。加强铸牢中华民族共同体意识研究基地建设，开展揭榜挂帅式研究，突出研究质量和具体成果，更好地发挥研究基地作用。召开自治区民宗委咨询委员会全体会议。着眼出经验、出理论、出思想、出话语体系，抓紧组建专家团队，落实研究经费，建立工作机制，真正把研究开展起来，构建铸牢中华民族共同体意识广西话语体系和理论研究体系，切实发挥广西作为全国民族团结进步示范区的示范带动作用。要将建立铸牢中华民族共同体意识理论研究体系与编纂《中华民族交往交流交融史史料汇编（广西卷）》工作结合起来，推动成立编纂工作领导小组，组建课题组，制定编纂方案，列出任务书、时间表，确保编纂工作按时保质完成。持续推进《中国少数民族文物图谱（广西卷）》编纂工作。抢救搜集保护少数民族古籍，实施《广西古籍文库》编纂工程。

（二）积极构建铸牢中华民族共同体意识大宣教格局

开展中华民族共有精神家园宣传展示活动，面向各族干部群众广泛开展宣传教育。突出抓好领导干部和青少年两个重点。在干部教育方面，将铸牢中华民族共同体意识纳入干部教育、党员教育体系，各级党校（行政学院）、干部学院（校）、社会主义学院主体班教学安排专门课程。纳入国民教育体系，配合有关部门一体推进大中小学铸牢中华民族共同体意识教育，深入开展中华优秀传统文化进校园活动，继续推进中小学铸牢中华民族共同体意识教育试点工作，加强工作指导，强化经验总结和推广。搞好社会宣传教育，既面向少数民族和少数民族聚居区，又面向汉族和散居地区，形成全民参与铸牢中华民族共同体意识的生动局面。开展群众性主题宣传教育活动，全方位、多层次开展"民族团结进步宣传月"等群众性主题宣传教育活动。完善铸牢中华民族共同体意识宣传教育体系，创新宣传教育理念、手段和方式，加强铸牢中华民族共同体意识广西教育传播中心建设，深化与各融媒体矩阵的资源共享和信息互播，打造铸牢中华民族共同体意识实践联合体。建设广西民族文化国际交流中心。编写一本工作手册（《广西建设铸牢中华民族共同体意识示范区工作手册》）、一本经验总结著作（《广西是全国民族团结进步示范区的经验总结》）、一本学术研究著作（《广西建设铸牢中华民族共同体意识示范区的学术研究》）、一套历史典藏丛书（《铸牢中华民族共同体意识的广西典藏》）、一本民族团结著作（《创建全国民族团结进步示范单位、示范市县乡村的调研报告》）、一套教育权威读物（"铸牢中华民族共同体意识教育丛书"《爱我中华》之小学生版、中学生版、大学生版、职业教育版、党员干部版、各族群众版）、一个建设标准体系研究（《广西建设铸牢中华民族共同体示范区的标准体系》），为编辑出版建设中华民族共同体意识示范区"七个一"系列丛书奠定基础。

（三）积极构筑中华民族共有精神家园

深入培育和践行社会主义核心价值观。大力弘扬以爱国主义为核心的民族精神和以改革创新为核心的时代精神；充分利用自治区、自治县、民族乡成立逢十周年庆祝（纪念）活动，深入开展民族团结进步宣传教育，引导全区各民族牢固树立正确的国家观、历史观、民族观、文化观、宗教观。增强中华文化认同。聚焦中华优秀传统文化传承发展工程、红色基因传承工程、文化惠民工程、重点文物保护工程"四大工程"，树立和打造各民族共享的中华文化符号和中华民族形象；组织开展"壮族三月三·和谐在八桂"系列文化活动，与时俱进调整和优化活动内容，办好百色主会场和南宁、崇左分会场活动；选送优秀剧（节）目进京展演，讲好民族团结进步的广西故事；制定系列规范性文件，推动少数民族传统体育规范化发展，办好第十五届全区少数民族传统体育运动会。开展"科普边疆行"活动，配合做好民族医药有关工作。探索开展中华民族共有精神家园建设试点工作，结合乡村振兴，选择若干个基础较好的村屯开展试点。继续推动"同心文化载体"建设，完成300个以上"同心文化载体"建设，并将其打造成为铸牢中华民族共同体意识教育实践（体验）基地。全面推广普及国家通用语言文字。贯彻落实好《国家语言文字事业"十四五"发展规划》精神，制定相关工作规划并抓好落实；配合有关部门推动民族地区全面加强国家通用语言文字推广普及；严格规范少数民族语言文字翻译管理与服务，开展好壮语文水平考试（测试）工作，组织审定发布 2022 年壮语新词术语；参与协调民族语广播电视节目译制播放工作，办好民族广播影视译配播栏目；配合开展少数民族语言语音技术研发应用调查评估，建设广西少数民族语言资源数据库；开展边境语言文化安全状况调查和对策研究；持续开展好全国双语和谐乡村（社区）、全国双语学习特色村镇（实践基地）等工作；开展全国边境民族地区双语科普工作。

（四）积极推动各民族为全面建设社会主义现代化国家共同奋斗

主动服务和融入新发展格局。支持少数民族聚居区找准把握新发展阶段、贯彻新发展理念、融入新发展格局、实现高质量发展、促进共同富裕的切入点和发力点，用好东西部协作等机制，在广西建设面向东盟开放合作高地等方面发挥作用，不断夯实铸牢中华民族共同体意识的物质基础。助力少数民族聚居区高质量发展。在自治县、边境县中遴选一批乡村作为民族乡村特色产业试点，引导、鼓励试点乡村发展特色优势产业项目。落实好民贸民品优惠政策，举办民族手工艺品技术培训班，引导民贸民品企业带动特色产业发展。调整完善少数民族发展资金分配，优化资金使用，推动资金向改善民生、促进共同富裕倾斜，加强农村基础设施补短板、发展特色优势产业、民族特色村寨与文旅整合发展支持力度。推动有关部门大力支持少数民族聚居区、边境地区加快补齐基本公共服务短板。推进直属学校高质量发展，积极推进广西民族职业学院筹建工作。推动巩固拓展脱贫攻坚成果同乡村振兴有效衔接。积极配合健全防止返贫动态监测机制和精准帮扶机制，与有关部门对接，利用信息系统开展少数民族聚居区防止返贫动态监测。以德保县作为监测点开展防止返贫动态监测，深化定点帮扶工作，确保不发生规模性返贫。着力推进民族乡村振兴，筹备召开全区民族特色村寨与乡村旅游融合发展试点现场推进会，组织开展第三批广西民族特色村寨命名挂牌工作，不断提升民族特色村寨保护与开发水平。深入开展固边兴边富民行动。研究制定广西贯彻落实"十四五"兴边富民行动实施方案。建设边境地区民族团结进步模范长廊。

（五）积极促进各民族交往交流交融

创新推进各民族交往交流交融的平台和抓手。会同有关部门积极组织实施"各族青少年交流计划""各族群众互嵌式发展计划""旅游促进各民族交往交流交融计划"。建立跨部门协调联动机制，会同共青团广西区委、教育厅联合印发共同开展铸牢中华民族共同体意识示范创建实施方案，聚焦各族青少年，联合开展"石榴花开青春梦"同心营等工作；会同自治区发展改革委，聚焦各族群众互嵌式发展，在全区易地搬迁集中安置点共同开展创建铸牢中华民族共同体意识示范点工作，召开现场会和经验推介会。推动民族团结进步创建提质扩面。着力深化内涵，更加突出铸牢中华民族共同体意识主线，打造创建工作升级版；丰富创建形式，推动创建向社区、家庭、岗位延伸，融入经济社会发展全过程；创新创建方法，加强分类指导，严格动态管理，扩大群众参与。开展第十批全国民族团结进步示范区示范单位评审推荐工作，指导桂林、北海、防城港、百色、贺州市做好全国民族团结进步示范市迎接核验工作。开展第六批自治区民族团结进步示范区示范单位评审命名工作。筹备召开全区民族团结进步创建工作经验交流会。健全民族团结进步创建工作机制，开展补助市县相关经费申报评选活动，修订相关评审命名管理办法和测评指标。在部分市、县（市、区）开展铸牢中华民族共同体意识示范创建试点工作。努力营造各民族交往交流交融的社会环境和条件。指导5个自治县（含2个享受自治县待遇县）以铸牢中华民族共同体意识为主线，筹办成立逢十周年庆祝（纪念）活动。认真总结广西成功举办新时代县庆活动的成功经验和做法，在全国推广。筹建铸牢中华民族共同体意识广西促进会。会同有关部门深化拓展海峡两岸少数民族交流与合作，配合有关方面开展相关外宣工作。做好城市民族工作。拟在桂林市召开全区城市民族工作经验现场交流会。与广东省签订少数民族流动人口服务管理协议。推进国家民委城市民族事务依法治理基层联系点工作，将南宁市打造成为深入贯彻习近平法治思想、依法治理民族事务的示范城市。

（六）积极推动民族事务治理体系和治理能力现代化

建立完善民族工作政策法规体系。推进《广西壮族自治区铸牢中华民族共同体意识工作条例》立法调研及草案的起草工作。调整完善民族语言文字法规，对全区涉及少数民族语言文字的政策法规进行逐一梳理，提出相关政策法规的修改建议稿。配合修订自治县自治条例。制定铸牢中华民族共同体意识模范带头作用党员干部行为规范。推进民族领域法治建设。统筹全区民族宗教系统加强习近平法治思想学习宣传和教育培训，深入开展民族领域法治建设，指导全区各地依法依规做好公民的民族成份登记管理和清真食品生产经营的监督管理工作。把民族事务纳入共建共治共享的社会治理格局。建立健全民族领域风险隐患防范化解机制。

百年辉煌：民族区域自治制度的发展、成就与前瞻

——兼议广西践行民族区域自治制度的经验与启示

黄仲盈[*]

我国是一个统一的多民族国家，民族问题始终关系着国家的前途和命运，关系着国家的长治久安和各民族的权益福祉。1921年，中国共产党诞生，掀开了中国近代史上崭新的一页。2021年，中国共产党成立100周年，民族区域自治制度作为具有中国特色解决民族问题正确道路的重要内容和制度保障，也历经了长达百年的探索、实践与发展过程。

一、民族区域自治制度的探索、发展及实践

1949年9月，中国人民政治协商会议第一届全体会议召开，会议通过了起到临时宪法作用的《中国人民政治协商会议共同纲领》，规定"各少数民族聚居的地区，应实行民族的区域自治，按照民族聚居的人口多少和区域大小，分别建立各种民族区域自治机关"，从法律上确认了以民族区域自治为解决中国民族问题的基本政策。1952年8月，中央人民政府颁发了《中华人民共和国民族区域自治实施纲要》，为民族区域自治的贯彻落实提供了政策保障和践行依据；1954年9月，第一届全国人民代表大会通过了中华人民共和国的第一部《宪法》，明确规定："各少数民族聚居的地方实行区域自治。各民族自治地方都是中华人民共和国不可分离的部分。"在以上相关法律政策的推动下，民族区域自治在全国范围内得到了很大的发展：1955年9

---

[*] 黄仲盈，广西民族研究中心副研究员。

月，新疆维吾尔自治区成立；1958年3月，广西壮族自治区成立；1958年10月，宁夏回族自治区成立；1965年9月，西藏自治区成立。此外，还根据民族地区的发展实际，相继建立了一批自治州、自治县等民族自治地方，以及作为民族区域自治制度有效补充的民族乡等。虽然，"文化大革命"十年动乱期间，民族区域自治制度遭到严重破坏，但民族区域自治的原则和精神已深入民心。党的十一届三中全会后，民族工作得到了恢复和发展。1981年4月，党的十一届六中全会召开，会议通过了具有拨乱反正性质的《关于建国以来党的若干历史问题的决议》，强调："必须坚持实行民族区域自治，加强民族区域自治的法制建设，保障各少数民族地区根据本地实际情况贯彻执行党和国家政策的自主权。"❶ 1982年12月，第五届全国人民代表大会第五次会议通过了我国第四部《宪法》，《宪法》根据时代的发展要求和民族工作所面临的实际情况，重新梳理和确立了我国的民族政策，对民族区域自治制度进行了新的、更为完善的规定。1984年5月，六届全国人大二次会议审议通过了我国第一部关于民族区域自治的专门法律——《中华人民共和国民族区域自治法》，全面总结了我国实行民族区域自治制度以来所取得的成效、经验和教训，使民族区域自治的基本原则得到了进一步法律化、制度化。1991年12月，《国务院关于进一步贯彻实施〈中华人民共和国民族区域自治法〉若干问题的通知》印发，要求制定和完善民族区域自治制度的相关配套法规。2001年2月，九届全国人大常委会第二十次会议针对民族工作和法制建设所面临的新形势和新阶段，对《民族区域自治法》作了适当修改。2005年5月31日，《国务院实施〈中华人民共和国民族区域自治法〉若干规定》施行，这是中央政府实施《民族区域自治法》以来制定的第一部法规，在坚持和完善民族区域自治制度上具有里程碑的意义。自此，民族区域自治制度得到了深入而广泛的发展。截至2021年中国共产党成立100周年，全国共建立了155个民族自治地方，❷其中包括5个自治区、30个自治州、120个自治县；此外，还在少数民族聚居的地方建立了1000多个民族乡。所

---

❶ 国家民族事务委员会，中共中央文献研究室.新时期民族工作文献选编[M].北京：中央文献出版社，1990：109.

❷ 中华人民共和国国务院新闻办公室.中国共产党尊重和保障人权的伟大实践[N].人民日报，2021-06-25（02）.

有这些成就，充分体现了我国实施民族区域自治制度的正确性和优越性。

百年的发展实践证明，民族区域自治制度是符合我国民族实际、能够正确解决我国民族问题的重要制度保障。1997年9月，党的十五大召开，会议第一次明确将民族区域自治制度与人民代表大会制度、中国共产党领导的多党合作与政治协商制度并列为我国的三大政治制度。2005年5月，中央民族工作会议召开，会议强调民族区域自治制度的"三是"和"三不容"："三是"即民族区域自治制度是我国的一项基本政治制度，是发展社会主义民主、建设社会主义政治文明的重要内容，是党团结带领各族人民建设中国特色社会主义、实现中华民族伟大复兴的重要保证；"三不容"即民族区域自治作为我们党处理民族问题的一条基本经验不容置疑，作为我国的一项基本政治制度不容动摇，作为我国社会主义的一个重要优势不容削弱。2014年9月，中央民族工作会议再次强调，民族区域自治制度是我国的一项基本政治制度，是中国特色解决民族问题正确道路的重要内容和制度保障，在维护国家统一、领土完整，在加强民族平等团结、促进民族地区发展、增强中华民族凝聚力等方面都起到了重要作用。2017年10月，党的十九大报告再次强调，必须坚持和完善民族区域自治制度。当前，在第三次世界民族主义浪潮的影响下，中国不仅经受住了考验，还强化了同呼吸、共命运、心连心的中华民族命运共同体，中华民族的凝聚力、向心力不断增强，这既是中国特色社会主义的伟大胜利，也是中国共产党的民族政策尤其是民族区域自治制度的巨大成功，"为各国正确处理民族问题提供了一种'中国模式'，为人类解决民族问题的政治活动贡献了一种'中国智慧'"[1]。

二、典型实例：民族区域自治制度在广西

1949年年底，广西获得了全境解放，开始了民族区域自治实践与探索的过程。1951年，以费孝通为团长的中央访问团广西分团深入广西民族地区进行慰问活动，向各族人民宣传党的民族平等和民族团结政策，为民族区域自治的实施营造了舆论氛围，奠定了政治基础。在中央访问团的政策宣传和广泛动员下，广西各族人民群众要求当家作主和进行民族区域自治的热情

---

[1] 国家民族事务委员会研究室. 中国共产党民族工作九十年 [M]. 北京：民族出版社，2011：179.

高涨，纷纷要求成立民族自治地方。1951年，广西省人民政府发出《关于少数民族工作的指示》，在少数民族聚居或散杂居的地方，逐步建立起民族自治地方、民族乡或民族民主联合政府。

在以上政策和文件的指导下，广西民族区域自治工作得到了顺利开展：1951年至1952年，广西先后成立了龙胜、大瑶山（今金秀瑶族自治县）、大苗山（今融水苗族自治县）、三江、隆林5个县级民族自治区，其中，1951年8月成立的龙胜各族联合自治区，是全国成立最早的5个县级民族区域自治地方之一，也是中南地区、广西第一个县级民族自治地方。1952年9月，在广西省人民政府召开的桂西地区各专区、县负责干部会议一致认为，壮族作为人口最多的少数民族，其聚居区应该和其他民族聚居区一样，平等享有民族区域自治的权利，因此，会上讨论制定了《桂西壮族实行区域自治筹备工作方案》，提出"拟在桂西地区成立以壮族为主的民族区域自治区"。经过3个多月的筹备，1952年12月10日，桂西壮族自治区人民政府成立大会在南宁隆重举行，宣告桂西壮族自治区正式成立。1953年3月，桂西壮族自治区改为桂西壮族自治州。桂西壮族自治区（州）的成立，是我国人口最多的少数民族——壮族第一次拥有自主管理本民族内部事务的权利，实现了当家作主的愿望，也是中国共产党民族平等、民族团结政策和民族区域自治制度继内蒙古自治区、新疆维吾尔自治区成立之后的又一次伟大实践。它的成立，为我国多民族地区建立民族自治地方提供了宝贵的经验，促进了广西各族人民的大团结，对加快广西经济文化事业的发展有着重要的意义。截至1956年年底，广西成立了桂西壮族自治区（州），龙胜、大瑶山、大苗山、三江、隆林、都安、巴马7个民族自治县及200多个民族乡，充分实现各少数民族当家作主的权利。

桂西壮族自治区（州）的成立，虽然满足了广西壮族当家作主的愿望，但是，作为全国人口最多的少数民族，到1954年已有662万人口，只在宜山、百色、邕宁三个专区41个县❶成立桂西壮族自治州。而且，桂西壮族自治州名义上辖41个县，占全省县份总数的55.4%，但实际上只管15个县，

---

❶ 1953年，桂西壮族自治区（州）的行政区域有了调整，在原来的基础上，增加了宜山专区的柳城、融安、柳江、石龙（今属象州县）、来宾5个县和邕宁专区的宾阳、横县2个县。

另有2个专署归省直接领导。❶ 同时，到1956年，全国已经建立了内蒙古自治区和新疆维吾尔自治区，西藏也建立了自治区筹备委员会，所以，"壮族必须建立一个省一级的自治地方，才能同他们在祖国大家庭中的地位相适应"❷。筹建省一级的广西壮族自治区的工作得到了党中央和当时广西省党委、政府的高度重视，并进行了一系列的筹建工作。在筹建过程中，也出现了不同的声音：一是"合"抑或"分"的问题，"合"的方案即把广西全省改建为壮族自治区；"分"的方案，即保留广西省的建制，管辖当时广西省的东部，大体上包括桂林、平乐、容县3个专区和梧州、桂林2个市，另把广西省西部以壮族为主的少数民族聚居地区划分出来建立壮族自治区，管辖的区域大体上包括宜山、百色、邕宁3个专区和南宁、柳州2个市。❸ 二是称呼的问题，有人提出取消广西省，可以依照内蒙古自治区、西藏自治区的形式，称为"广西自治区"，抑或"广西省自治区""广西各族自治区""南粤自治区""广西壮、汉族自治区"，不在前面加上"壮族"二字。❹ 对以上问题，经过多方讨论，从各民族共存共荣、民族发展、民族团结的角度出发，最终采取了"和"的方案，"合则两利，分则两害"，只有实行"合"的方案，才能使汉族、壮族和其他少数民族更好地发展起来，更好地促进经济、文化及社会各方面的发展。❺ 根据1952年颁发的《中华人民共和国民族区域自治实施纲要》中"各民族自治区的名称，除特殊情况外，由民族名称冠以地方名称组成之"的规定，一致赞同用"广西壮族自治区"这个名称，因为"根据我国的情况和经验，在以往讨论中所提到的各种名称里面，'广西壮族自治区'是一个通常的、合理的、站得住脚的名称"❻。1958年3月，广西壮族自治区宣告成立。广西壮族自治区的成立，标志着党和国家确认了壮族在祖国多民族大家庭中应有的地位，开创了壮族享受民族平等权利的新纪元；

---

❶ 江平.关于建立广西壮族自治区的几点回忆[J].民族工作研究，2002（5）.

❷ 广西民族工作档案选编：上[Z].南宁：广西壮族自治区民宗委、档案局编印，1998：454.

❸ 覃乃昌.广西民族区域自治研究[M].南宁：广西民族出版社，2007：154.

❹ 《广西壮族自治区概况》修订本编写组.广西壮族自治区概况[M].北京：民族出版社，2008：118.

❺ 江平.关于建立广西壮族自治区的几点回忆[J].民族工作研究，2002（5）：462.

❻ 江平.关于建立广西壮族自治区的几点回忆[J].民族工作研究，2002（5）：454.

标志着广西各民族平等、团结、互助、合作的社会主义民族关系进入了一个新的发展阶段；也标志着党的民族平等、民族团结和民族区域自治政策又一次伟大的胜利。

1966开始的"文化大革命"运动使广西的民族工作遭到了严重破坏，民族区域自治名存实亡。党的十一届三中全会召开后，党和国家对全国民族工作进行了拨乱反正，广西的民族工作得到了全面恢复和发展，民族自治地方的建制工作逐步恢复，如从1984年起，又相继成立了富川瑶族自治县、罗城仫佬族自治县、环江毛南族自治县、大化瑶族自治县等自治地方。随着1990年2月恭城瑶族自治县的正式成立，广西建立民族自治地方的任务全面完成，还先后批准苗族、瑶族人口较为集中的西林县和凌云县从1992年起享受自治县政策待遇，资源县从1995年起享受自治县政策待遇。截至2021年年底，广西全区共建立自治县12个，享受自治县待遇县3个，11个世居少数民族中，壮、瑶、苗、侗、仫佬、毛南、彝、仡佬8个民族拥有自治地方，实行区域自治的少数民族人口占全区少数民族人口的92%以上。此外，广西还陆续建立了59个民族乡，其中瑶族乡47个，苗族乡8个，回族乡、侗族乡、仫佬族乡、瑶族苗族乡各1个，作为民族区域自治的有效补充形式，充分保障少数民族当家作主的权利。为给民族区域自治顺利发展保驾护航，一直以来，广西加快建立健全民族自治地方法制体系，初步形成了以民族区域自治法为核心，地方性法规和自治县自治条例、单行条例相配套的具有广西特色的民族法规体系。截至2021年年底，广西现行有效的地方性民族法规、自治条例和单行条例主要有：12件自治县的自治条例；23件自治县单行条例，主要涉及森林管理、道路管理、水库移民、旅游管理、野生植物保护、脐橙产业保护、民族特色村寨保护发展、传统村落保护、饮用水水源保护及开发、非物质文化遗产保护等方面；20件涉及民族因素的地方性法规，包括《广西壮族自治区发展中医药壮医药条例》《广西壮族自治区非物质文化遗产保护条例》《广西壮族自治区少数民族语言文字工作条例》等。❶ 这些地方性民族法规政策措施为解决广西民族问题、发展社会主义新型民族关系、推进广西民族团结进步事业等构筑了法律保障。

---

❶ 根据广西人大网（www.gxrd.gov.cn）立法聚焦专栏进行统计。

民族区域自治制度在广西的具体实践，极大地促进了广西政治、经济、文化和社会等各方面的繁荣与发展，使广西各族人民长期以来心连心、同呼吸、共命运，巩固和发展了平等、团结、互助、和谐的社会主义民族关系，形成了各民族和睦相处、和衷共济、和谐发展的民族团结格局。广西民族团结进步事业得到了党中央和国家领导人的高度评价，为我国民族团结进步事业提供了"广西经验"和生动经典的案例。2010年5月，习近平在广西考察工作时就充分肯定了广西的民族关系："广西作为全国少数民族人口最多的自治区，长期以来各族人民亲如一家，民族关系十分融洽，堪称我国民族团结进步的典范。"[1] 2017年4月，习近平总书记在广西考察工作时对广西民族团结创建工作进一步作出了指示："希望你们总结好、运用好、发展好民族团结进步的成功经验，深入开展民族团结进步创建活动，像爱护自己的眼睛一样爱护民族团结，使各民族心连心、手拉手的好传统代代相传。"[2] 2021年4月，习近平总书记在广西考察时又强调："广西是全国民族团结进步示范区，要继续发挥好示范带动作用。"[3]

三、经验启示：不断铸牢中华民族共同体意识

"中华民族共同体"理论是党的十八大以来中国民族理论的创新和发展，其提出蕴含了深邃的国家与民族一体的思想和理论，而"铸牢中华民族共同体意识"，就是从政治理论到国家战略、从理论构想到具体实践、从内地到边疆、从民族认同到国家认同过程中所形成的一整套宏大的国家治理体系；就是要通过一系列政策、措施和制度安排来促进国家的整合，最终实现国家

---

[1] 中共广西壮族自治区委员会，广西壮族自治区人民政府.高举伟大旗帜 共圆伟大梦想 奋力谱写新时代富民兴桂的壮美华章——庆祝广西壮族自治区成立六十周年[N].人民日报，2018-12-06（010）.

[2] 广西日报评论员.团结创大业 和谐奔未来——以优异成绩迎接自治区成立60周年（二）[N/OL].（2018-12-06）[2021-06-01].http://www.gxnews.com.cn/staticpages/20181206/newgx5c085afb-17872431.shtml.

[3] 廖志荣，王春楠，等.发挥好全国民族团结进步示范区带动作用——习近平总书记视察广西激发全区人民巩固发展民族团结社会稳定边疆安宁新担当[N/OL].（2021-05-02）[2021-06-01].http://sub.gxnews.com.cn/staticpages/20210502/newgx608ded4e-20244611.shtml.

政治、经济、文化上的一体化。就我国的历史实践和具体国情来看，民族区域自治制度正好提供了这样的基础和平台。

费孝通指出："中华民族作为一个自觉的民族实体，是近百年来中国和西方列强对抗中出现的，但作为一个自在的民族实体则是几千年的历史过程形成的"。❶ 2019年，习近平总书记在全国民族团结进步表彰大会上的讲话中，强调了各民族共同开拓疆域、共同书写历史、共同创造文化、共同培育精神的"四个共同"，并指出，中国的历史是由各民族交融汇聚而成的、多元一体的，是各民族共同缔造、发展、巩固统一的历史，各民族文化上兼收并蓄、经济上相互依存、情感上相互亲近，是各民族团结融合、多元一体、追求统一的内生动力。❷ 由"自在"到"自觉"，由"多元"聚为"一体"，这既是中华各民族的历史发展规律，也是历朝历代民族政策调控的结果。作为多民族国家，无论是前国家时期、王朝国家体系时期，还是近代民族国家时期，中华民族的发展，始终遵循着大一统的原则和脉络。在羁縻制、土司制、改土归流、开化政策等"以故俗治"的基础上，中国共产党依据中国的历史传统和民族实际，制定和贯彻落实了民族区域自治制度，目的就是要通过国家的顶层设计，强化各民族共建意识、共担意识、共享意识，将各民族打造成一个集命运、责任、利益于一体的共同体。

一是要强化民族区域自治制度中的"共同体"元素。民族区域自治制度的成功实践说明民族区域自治制度是中国共产党妥善、正确解决我国现实民族问题的基本政策，是符合我国国情和民族实际的一项基本政治制度。2018年，习近平总书记为广西壮族自治区成立60周年题词："建设壮美广西，共圆复兴梦想"。从2010年到2021年，习近平总书记在广西考察工作的讲话中，从"典范"到"心连心、手拉手"，再到"共圆"，其中所贯穿的，就是广西各族人民长期以来所形成的交往、交流、交融，和睦相处、和衷共济、和谐发展，心连心、同呼吸、共命运的情感共同体、责任共同体、利益共同体、命运共同体的中华民族共同体意识。中华民族共同体，是"多元一体"的共同体。但相对而言，这种"一体"倾向的共同体是名副其实的共同

---

❶ 费孝通. 中华民族多元一体格局 [M]. 北京：中央民族学院出版社，1989：1.

❷ 习近平. 在全国民族团结进步表彰大会上的讲话 [N/OL].（2019-09-27）[2021-06-01]. http://www.gov.cn/xinwen/2019-09/27/content_5434024.htm.

体,是对"一体"意识的不断强化。就我国的现状而言,是在强化对国家的认同,这有三个方面的表现:第一,强调"共同体"的意识。在多民族国家内部,强调"共同体"实质上是在强化国家认同,进而巩固"一体"局面,这亦是共同体的根本所在。第二,强调"中华民族大家庭"的意识,是认可各民族在长期的发展过程中都做出了自己应有的贡献,都为中华民族共同体发挥了积极作用,形成了当前"你离不开我、我离不开你"的民族大团结格局。第三,强调个体对"国家的整体认同"。认同向来有明确的对象,也涉及不同的层次,强调中华民族共同体的认同,就是强化居住在我国境内56个民族对中华民族共同体的整体认同。

二是要强化民族区域自治制度中的"同心圆"元素。"同心圆"是习近平新时代中国特色社会主义思想的热词之一,习近平总书记多次运用于军民融合、网络连线、家庭和睦、统战工作等不同场合,目的就是凝聚共识、统一思想,"找到最大公约数,画出最大同心圆"。习近平总书记对广西壮族自治区成立60周年的题词,就是对广西遵循"同心"原则、构建中华民族共同体经验的充分肯定和殷切期盼,也是对中央与地方统一、同质关系的一种形象诠释。改革开放尤其是进入21世纪以来,随着我国政治、经济、文化、社会等各方面发生深刻的变革,以及社会主要矛盾的转化,如何实现国家治理层面与人民现实需求的同一性,协调政治需求与经济发展的一致性,避免由两者发展不平衡而带来的一系列负面效应,就成为我国当前要面对乃至必须妥善解决的现实问题。就我国的实际情况而言,民族区域自治制度的成功实践,实际上就破解了这一难题。长期以来,中华各民族秉承着和睦相处、平等团结、共同繁荣发展的轨迹,交往、交流、交融,同呼吸、共命运、心连心,形成了水乳交融、唇齿相依、休戚相关、荣辱与共的命运共同体。究其原因,就是中华各民族在长期的发展过程中,始终遵循着"最大公约数"的理念要求,尊重差异,谋求共识,包容多元,汇聚一体,最大限度地寻求各民族利益的共同点,维护共同的价值观,在"汉族离不开少数民族,少数民族离不开汉族,各少数民族也相互离不开"的"同心圆"范围内,建设共存、共建、共荣、共享、共赢的命运共同体,为中华民族强起来、实现中华民族伟大复兴聚力、筑基。

三是要强化民族区域自治制度中的"和谐"元素。就民族区域自治范畴来说,"和谐"元素,主要指的是和谐的民族关系。2005年5月,胡锦涛在中央民族工作会议上的讲话中指出:"坚持巩固和发展平等、团结、互助、和谐的社会主义民族关系,大力弘扬爱国主义精神,牢固树立汉族离不开少数民族、少数民族离不开汉族、各少数民族之间也相互离不开的思想观念,促进各民族互相尊重、互相学习、互相合作、互相帮助,始终同呼吸、共命运、心连心。"❶自此,"和谐"成了社会主义民族关系的重要内容之一,这也是社会主义民族关系在21世纪初期中国共产党将各民族共同团结奋斗、共同繁荣发展作为新时期民族工作主题和2021年中央民族工作会议将铸牢中华民族共同体意识作为新时代党的民族工作的时代背景下展现出来的新的时代特征,同时也是当前中华民族共同体构建工作的现实写照:一方面,各族人民在长期的历史发展过程中,交往、交流、交融,共生、共存、共荣,联系紧密、关系胶着、统一而不能分割,"已具有高一层次的民族认同意识,即共休戚、共存亡、共荣辱、共使命的感情和道义"❷;另一方面,各民族在长期相互接触、碰撞、交流的过程中,也"出现了竞争机制,相互吸收比自己优秀的文化而不失其原有的个性"❸。当前,我国各民族共同团结奋斗、共同繁荣发展,有着内在的、统一的追求和目标,但随着改革开放的深入发展和社会结构的深刻变革,文化多样化、利益多元化、思想复杂化等因素也深刻影响着民族的发展,且在新时代新形势下与民族的发展相生相伴。因此,促进和发展和谐的民族关系,旨在维护民族平等、民族团结的基础上,承认和尊重各民族发展的多元化,强调各民族的共同利益和共同目标,追求各民族的同一性,在多元中凝聚一体,从而促进各民族和睦相处、和衷共济、和谐发展,进而增强各民族的中华民族认同和国家认同意识,铸牢中华民族共同体意识。

---

❶ 胡锦涛.在中央民族工作会议暨国务院第四次全国民族团结进步表彰大会上的讲话[N/OL].(2005-05-28)[2021-06-02].https://www.gmw.cn/01gmrb/2005-05/28/content_240705.htm.

❷ 费孝通.简述我的民族研究经历与思考[J].中央民族大学学版(哲学社会科学版),2020(1).

❸ 费孝通.中华民族的多元一体格局[J].北京大学学版(哲学社会科学版),1989(4).

构建铸牢中华民族共同体意识宣传教育体系的思考

韦秀观　黄浩云[*]

2021年4月，习近平总书记视察广西时指出，广西是全国民族团结进步示范区，要继续发挥好示范带动作用。在中央民族工作会议上，习近平总书记强调，要构建铸牢中华民族共同体意识宣传教育常态化机制，纳入干部教育、党员教育、国民教育体系，搞好社会宣传教育。牢记领袖嘱托，发挥好示范带动作用，需要我们及时总结好经验、好做法，树立示范品牌，加强宣传推广，加快构建铸牢中华民族共同体意识理论研究体系和宣传教育体系，讲好中国故事，特别是要深入开展民族团结进步宣传教育，讲好民族团结进步故事，引导各族群众牢固树立正确的国家观、历史观、民族观、文化观、宗教观，增进对伟大祖国、中华民族、中华文化、中国共产党、中国特色社会主义的认同。

一、把构建铸牢中华民族共同体意识宣传教育体系作为一项重大政治任务和基础性长期性工作

充分认识构建铸牢中华民族共同体意识大宣教格局的重大意义。党的十八大以来，习近平总书记着眼中华民族伟大复兴战略全局和世界百年未有之大变局，以马克思主义政治家、思想家、战略家深邃的政治远见、卓越的政治智慧、巨大的政治勇气、非凡的政治担当，创造性提出新时代民族工作

---

[*] 韦秀观，广西民族报社社长，中国作家协会会员，广西作家协会理事，文学创作二级；黄浩云，广西民族报社汉文版编辑部主任。

的新理念、新思想、新战略，形成了以铸牢中华民族共同体意识为核心内容的习近平总书记关于加强和改进民族工作的重要思想，为做好新时代党的民族工作指明了前进方向，提供了根本遵循。我们必须充分认识宣传教育工作的极端重要性，必须充分发挥宣传教育的传家宝和生命线作用，切实增强责任感、使命感，把构建铸牢中华民族共同体意识宣传教育体系、实现宣传教育全覆盖作为一项重大政治任务和经常性、基础性工作抓紧抓好，汇聚各族人民的智慧和力量，打牢中华民族共同体建设的思想根基，形成"中华民族一家亲·同心共筑中国梦"的磅礴伟力。

充分把握构建铸牢中华民族共同体意识宣传教育体系的紧迫性。面对新时代新使命，铸牢中华民族共同体意识宣传教育工作还存在许多不容忽视的薄弱环节，如有些地方思想认识不到位，工作覆盖面不够，工作针对性不强，重大问题研究不深入、办法和抓手少，工作合力不够，基层基础薄弱、力量保障不足，等等，特别是一些地方和单位不同程度存在着不愿做、不会做、不敢做，甚至工作流于表面、忽视铸牢中华民族共同体意识宣传教育工作的问题，必须引起足够重视，切实加以解决。

精准把握中央关于构建铸牢中华民族共同体意识宣传教育体系的新部署新要求。中央关于构建铸牢中华民族共同体意识宣传教育体系的精神主要体现在2021年召开的中央民族工作会议及出台的系列意见、文件中。这些意见、文件明确提出，要建立铸牢中华民族共同体意识理论研究体系，要在世界范围、在民族理论政策及实践中，形成我们的话语体系，构筑话语权，发出中国的声音；要完善铸牢中华民族共同体意识宣传教育体系，宣传教育要面向各族干部群众，要面向青少年，面向领导干部，面向全社会，做到既要面向少数民族和少数民族聚居区，又要面向汉族和散居地区，使中华民族共同体意识深入人心；要全面推进中华民族共有精神家园建设，通过弘扬中华民族伟大精神、增强中华文化认同、全面推广普及国家通用语言文字、营造各民族共同走向现代化的社会氛围等措施，准确认识中华文化是各民族优秀文化的集大成，准确认识中华民族和中华文化的多元一体，推动各民族在文化上相互尊重、相互欣赏、相互学习、相互借鉴，用共同理想信念凝心铸魂，形成人心凝聚、团结奋进的强大精神纽带，让各民族人心归聚、精神相依；要坚决防范民族领域重大风险隐患，守住意识形态阵地，积极稳妥处理涉民族因素的意识形态问题，持续肃清民族分裂、宗教极端思想流毒。

二、全面落实好构建铸牢中华民族共同体意识宣传教育体系重点工作

加快构建铸牢中华民族共同体意识宣传体系。要着眼于建立长远的宣传常态化机制，把铸牢中华民族共同体意识贯穿于日常形势宣传、成就宣传、主题宣传、典型宣传和舆论引导中，广泛开展"铸牢中华民族共同体意识"主题宣传，引导各族群众深刻认识到中华民族是命运共同体，促进各民族广泛交往交流交融，形成中华民族共同体建设的坚实社会基础。

着眼效果，创新宣传的理念和方式。要利用自治区、自治县、民族乡成立逢十周年庆祝活动和民族特色节日，深入开展民族团结进步宣传教育，引导各族群众牢固树立正确的国家观、历史观、民族观、文化观、宗教观，增进"五个认同"。要充分运用新技术新媒体，多用群众喜闻乐见的形式和群众听得懂的语言，使中华民族共同体意识深入人心。运用公益广告传播铸牢中华民族共同体意识，加强内容创意，注重形式多样，形成公益广告传播铸牢中华民族共同体意识的强大声势。运用互联网和手机媒体宣传，扩大铸牢中华民族共同体意识的影响力。创新传播载体手段，运用视频网站、手机客户端等传播平台，通过新技术新媒介把宣传产品转化为网民易于接受的形态进行推送，生动活泼开展网上铸牢中华民族共同体意识教育。加强民族类新闻媒体建设，推动民族类报刊在民族地区广覆盖，不断增强传播力、引导力、影响力。鼓励各地结合实际开展民族团结宣传周、宣传月等主题宣传活动。建设新型网络传播阵地，遵循网络传播规律，拓展民族团结进步宣传教育网络空间，推进"互联网+民族团结"行动，打造网上文化交流共享平台。加强意识形态安全建设，牢固树立总体国家安全观，正确引导涉民族因素的网上舆论舆情，加快网络评论体系和网络人才队伍建设，健全涉民族因素网络舆情管控引导机制，及时利用网络阵地发布权威声音，引导网民自觉抵制不利于中华民族共同体建设的错误言行，营造良好的网络氛围，坚决防范化解民族领域重大风险隐患。

着眼话语权建立理论研究体系。国际上，历史虚无主义、"普世价值"

论、新自由主义、民粹主义等极端、狭隘的民族主义言论一直存在，西方民族理论思想和话语体系主导的"一国一族""民族自决"及所谓的"内亚史观""新清史观""征服王朝论"等极端思想仍有市场。从国内看，一段时期以来，我们对少数民族相关问题研究多、研究深，民族学科越分越细，但对民族之间的联系性和中华民族共同体的研究少，对中华民族的共同性、对各民族文化之间的紧密联系和互鉴交融研究不够，不利于中华民族共同体建设。中央民族工作会议明确要加快建设中国特色社会主义民族理论，大力开展习近平总书记关于加强和改进民族工作的重要思想研究，加强铸牢中华民族共同体意识智库建设，深化重大理论和实际问题研究，提升铸牢中华民族共同体意识宣传教育工作科学化水平。建立铸牢中华民族共同体意识学术研究体系，深化中华民族共同体重大基础性问题研究，加强中华民族共同体学科建设，努力形成完整的史料体系、话语体系、理论体系。坚持正确的中华民族历史观，加强中华民族史研究，实施中华民族交往交流交融史编纂工程，编撰中华民族通史，做好古籍整理出版工作。推动高等学校相关学科建设，优化民族学学科设置，调整研究机构和研究方向，加强铸牢中华民族共同体意识研究基地建设，逐步解决我国民族学研究中存在的西方民族理论思想和话语体系主导的问题。广西作为全国民族团结进步示范区，在这方面进行了有益探索和先行先试，如举办全国首个省级铸牢中华民族共同体意识论坛；成立全国首家铸牢中华民族共同体意识教育传播中心；设立铸牢中华民族共同体意识专项课题，实施《广西古籍文库》编纂工程；组建专家团队，建立工作机制，构建铸牢中华民族共同体意识广西话语体系和理论研究体系等，着力出经验、出思想、出理论、出话语体系，更好地发挥全国民族团结进步示范区的示范带动作用。

加快构建铸牢中华民族共同体意识教育体系。铸牢中华民族共同体意识，教育是重要途径。要将铸牢中华民族共同体意识纳入干部教育、党员教育、国民教育体系，搞好社会宣传教育，深化国家观、历史观、民族观、文化观、宗教观宣传教育，形成教育常态化机制。突出青少年这个重点，充分发挥学校课堂教学的主渠道作用，把铸牢中华民族共同体意识融入国民教育全过程。全面推行使用国家统编教材，推动铸牢中华民族共同体意识进课堂、进教材、进头脑，融入道德与法治、思想政治、语文、历史、地理等学科教材编写和教育教学中。突出领导干部这个重点，将铸牢中华民族共同体意识纳入干部教育、党员教育体系。搞好社会教育，打造一批铸牢中华民族共同体意识教育实践基地，既面向少数民族和民族地区，又面向汉族和中东部地区，有针对性地做好铸牢中华民族共同体意识工作。加快推进教育体制相关改革，办好大中小学民族班和高校预科班，推动不同民族学生混学、混吃、混住，增加公共课教学，拓宽不同民族学生视野，积极营造有利于各族学生共同学习生活的环境。推进教材建设和人才培养，统筹大中小学铸牢中华民族共同体意识教育课教材建设，建设铸牢中华民族共同体意识教育网络教学资源库。

发挥精神文化产品育人化人的重要功能。要提升宣传教育效果，需要有好的宣传产品。长期以来，由于存在资金投入不足、人才队伍缺乏等短板，导致优秀的宣传教育内容和产品供给不足。要深入培育和践行社会主义核心价值观，坚持面向各族群众、聚焦青少年，大力弘扬伟大建党精神、以爱国主义为核心的民族精神和以改革创新为核心的时代精神，大力培育和推介具有中华民族伟大精神的形象、先进典型和优秀作品。要着力增强中华文化认同，深入实施中华优秀传统文化传承发展工程、红色基因传承工程、文化惠民工程、重点文物保护工程、中华民族视觉形象工程、铸牢中华民族共同体意识主题出版工程等，把中华优秀传统文化教育、革命文化教育系统融入课程、教材、宣传体系，树立和突出各民族共享的中华文化符号和中华民族形象，让不同类型文化产品都成为铸牢中华民族共同体意识的生动载体。要精心打造宣传教育产品，突出汇报工作、咨政辅政、宣传交流、咨询监督、预警防灾与应急处置等功能，做好信息上报和舆论宣传工作。从上级决策部署切入，反映落实的情况；从上级领导需求点切入，反映地方上的情况；从问题导向切入，反映地方上的解题方案；从地方实情切入，反映地方的特色。从"点"上切入，引出"面"上的价值和意义；从"时政"切入，及时捕捉动态性信息，跟进落实的最新情况。

大力营造中华民族一家亲的浓厚社会氛围。要旗帜鲜明突出主线意识，推进民族团结进步创建扩面提质，推动铸牢中华民族共同体意识进机关、进企业、进社区、进乡镇、进学校、进连队、进宗教活动场所等，强化民族团结进步示范区示范单位在促进民族团结、铸牢中华民族共同体意识方面的示范引领作用。发挥各类阵地铸牢中华民族共同体意识宣传教育作用，科普、国防、爱国主义等教育基地，图书馆、文化馆、博物馆、纪念馆、科技馆、青少年活动中心等公共文化设施，要结合各自功能特点，充实展陈内容，有针对性地开展铸牢中华民族共同体意识宣传教育。建设一批主题突出的基地，纳入免费开放财政补助范围，优化结构布局，加强内容和导向鲜明、内涵丰富的铸牢中华民族共同体意识宣传教育基地建设，为社会各界群众参观学习提供服务。开展铸牢中华民族共同体意识示范区创建试点工作。推进建立相互嵌入式的社会结构和社区环境，组织实施"各族青少年交流计划""各族群众互嵌式发展计划""旅游促进各民族交往交流交融计划"，打造"中华民族一家亲"系列实践教育活动平台。推动宣传教育与文化旅游深度融合，系统梳理人文景观、历史名胜古迹蕴藏的丰富教育资源，寓中华民族共同体意识于游览观光之中，引导人们在潜移默化、润物细无声中增进对中华民族、中华文化的认同。实施传统村落保护工程、少数民族特色村寨工程，把铸牢中华民族共同体意识纳入旅游景区规划、建设、评定等各项工作中。加强对讲解员、导游等从业人员的管理培训，加强对解说词、旅游项目等的整理和规范，丰富思想内涵，提升教育功能。建设一批国家文化公园，使之成为中华文化重要标识。

营造各民族共同走向现代化的氛围。现代化不等同于经济上高质量的发展和科技上的全面进步，更应注重精神层面的现代意识、现代理念、现代方式、现代行为。要更加重视共同体意识的培养，深入实施文明创建、公民道德建设、时代新人培育等工程，深化拓展新时代文明实践中心（所、站）、文明城市和文明村镇建设，大力传播现代理念和行为方式，积极引导各族群众全方位融入现代社会的生活。加强马克思主义唯物论和无神论宣传教育，依法管理宗教事务，积极引导各族群众移风易俗。全面加强国家通用语言文字教育，积极引导各族群众融入整个国家乃至跨区域的发展。总之，要引导各族群众树立现代的生活理念，学会现代的生活方式，在各方面融入现代的社会，增强现代生活的归属感，形成中华民族一家亲的社会氛围。

加强互联网等领域意识形态安全建设。网络时代，互联网已成为意识形态斗争的主战场之一，而网络舆情就是前沿阵地的战斗。要深刻认识到舆情工作的特殊性与重要性，牢固树立总体国家安全观，真正把舆情工作作为重点工作抓紧抓好，引导网民自觉抵制不利于中华民族共同体建设的错误言行，牢牢守住不发生区域性系统性风险的底线。要坚持组织保障与职责分明原则，通过建立组织机构，明确职责分工，形成舆情工作有人管、有人做、有人负责的局面。坚持健全机制与依法管理原则，建立健全舆情工作规章制度，落实工作经费与改善条件，走法治化道路，保障工作规范有序开展，依法管理和处置舆情。坚持整合资源与合作共管原则，建立相关主管部门与技术部门的协作机制，形成民宗、网信、公安、国安、统战等相关部门和网企等单位定期通报会商舆情信息、共同研究解决舆情问题的局面。坚持积极预防原则，采取加强正面宣传引导和及时排除舆情隐患等措施，通过占领宣传舆论阵地、掌握话语权、传播正能量、弘扬主旋律，让负面舆情无可乘之机和传播市场。坚持全面监测收集信息原则，通过建立舆情监测收集的工作机制与平台，全天候全面监测收集舆情，并第一时间汇总上报舆情，为处置应对舆情提供第一手材料与依据，确保不误事。坚持准确研判定性原则，对网络言论进行客观分析、深入研判并作出准确定性，为科学决策和有效应对处置舆情提供科学依据和参考意见。坚持快速应对、正确处置原则，根据舆情实际（性质、影响及危害性）作出决策，采取妥善办法迅速处置应对，该回应的回应、该澄清的澄清、该落地追究责任的追责，使舆情得到迅速平息。坚持谨慎客观和口径一致原则，加强部门之间和单位内部的沟通会商并达成共识，严谨客观、统一口径，切忌相互矛盾、授人以柄。坚持问题导向，讲求实效与质量原则，通过抓住要害问题和关键环节，对症下药，有针对性地开展工作，提高工作实效与质量。坚持发挥媒体、专家和第三方作用原则，通过加强与媒体沟通，得到舆论支持；邀请专家、权威人士和网评员发表评论、宣讲政策、解答疑问。

三、加强领导、转变作风，构建铸牢中华民族共同体意识大宣教格局

坚持从政治高度强化理论武装。要以习近平总书记关于加强和改进民族工作的重要思想为引领，提高政治站位，强化宣传教育的政治功能，善于从政治上看待民族问题、处理民族关系、做好民族工作，加强舆论宣传引导，不断提高政治判断力、政治领悟力、政治执行力。

完善领导体制和工作机制。铸牢中华民族共同体意识的提出，意味着民族工作的要求、对象、范围、任务、职责、机制都发生了重大战略调整。我们要在各级党委统一战线工作领导小组领导下，在大统战工作格局中，完善民委委员制，建立健全民族工作机制，形成党委统一领导、政府依法管理、统战部门牵头协调、民族工作部门履职尽责、各部门通力合作、全社会共同参与的新时代党的民族工作格局。各级党委要切实负起民族领域意识形态工作政治责任和领导责任，把铸牢中华民族共同体意识宣传教育摆上重要日程，纳入意识形态工作责任制，加强阵地建设和管理，抓好各项任务落实。党员干部要以身作则，牢记初心使命，发挥模范带头作用，做铸牢中华民族共同体意识的坚定弘扬者和实践者，同一切违背铸牢中华民族共同体意识的言行作坚决斗争。各级各部门要解决缺人、缺钱、缺机制等保障问题，加强工作队伍建设，安排工作经费，搞好培训，建立健全工作制度与激励机制。

夯实基层宣传教育工作基础。民族工作涉及各族群众，涉及社会方方面面，城乡基层是铸牢中华民族共同体意识的重要依托。农村、企业、社区、机关、学校等基层单位要重视铸牢中华民族共同体意识宣传教育工作，使之融入基层党组织建设、基层政权建设中，融入城乡居民自治中，融入人们生产生活和工作学习中，努力实现全覆盖，推动铸牢中华民族共同体意识宣传教育不断转化为社会群体意识和人们自觉行动。

柳州市民族团结进步创建工作经验研究

罗柳宁[*]

柳州是一个有故事的城市，其"山水城市中工业最强，工业城市中山水最美"的称号每提及一次，柳州春天的树梢就攒了一朵花。柳州位于广西中北部，是西南地区重要的交通枢纽城市，湘桂、黔桂、焦柳线在此交汇，特殊的地理位置，奠定了柳州"西南工业重镇"和"广西最大的工业城市"的地位。然而，柳州却又是最不像工业城市的工业重镇，既有工业城市的坚毅与高效，又兼具旅游城市的舒适与包容。山水与工业相偎相依、和谐共生之城，总能给人无限的遐想与惊喜。近年来，柳州市深入贯彻习近平总书记对广西工作的系列重要讲话要求，全面融入国内国际双循环新发展格局，奋力建设现代制造城，积极打造广西高质量发展先行区、制造业高质量发展示范区，取得了显著成效。

一、柳州各民族世代交往交流交融，形成民族团结庚续的好传统

柳州自古以来就是多民族聚居地区，有壮、汉、侗、苗、瑶、仫佬、回、水 8 个世居民族和 36 个其他民族成份。其中，壮族人口 141.58 万人，是人口最多的少数民族，占总人口的 36.3%，占少数民族人口的 64.1%，主要分布在柳城、鹿寨、融安等县和市区；汉族人口 169.68 万人，柳州市区和各县均有分布，其中市区 100.67 万人，约占 59.33%；侗族人口 32.27 万人，主要分布在三江侗族自治县、融水苗族自治县和融安县；苗族人口 32.87 万人，主要分布在三江侗族自治县、融水苗族自治县和融安县；瑶族人口 8.50

---

[*] 罗柳宁，广西民族研究中心副研究员。

万人，主要分布在融水苗族自治县、三江侗族自治县、鹿寨县和融安县；仫佬族人口3.10万人，主要分布在柳城县古砦仫佬族乡、鱼峰区等地；回族人口0.65万人，主要分布在市区和鹿寨县；水族人口0.57万人，主要分布在融水苗族自治县同练瑶族乡、滚贝侗族乡和永乐乡。

在长期的历史发展进程中，柳州各族人民深入交往交流交融，共同建设美好家园。约5万年前，中国最早古人类之一"柳江人"就繁衍生息在柳州大地上。先秦时期，柳江流域为百越民族的西瓯、骆越两大部族杂居之地。西瓯、骆越部族毗邻而居，互通有无，日后逐渐发展形成了壮、布依、傣、侗、水、仫佬、毛南等少数民族。秦统一岭南后，柳州属桂林郡。其时，秦朝大力推行"和揖百越"的民族亲和政策，从中原地区向岭南迁徙50万人，"与越杂处"，各民族和睦相处，关系融洽。唐代，古桂柳运河通航，使柳州和中原地区陆路、水路交通大为改善，极大便利了柳州与中原地区经济文化交流和人员往来，各民族群众交往交流增多。两宋时期，柳州教育事业进一步发展，各族人民日益受到中原文化的浸润，并涌现出一大批土生土长的文人学士。明朝嘉靖年间，柳州商业得到较快发展，各族群众往来频繁，经济依存度增加。

中华人民共和国成立后，中国共产党创造性地把马克思主义民族理论同中国民族具体实际相结合，确立了党的民族理论和民族政策，建立了民族区域自治制度，真正消除了阶级压迫和民族压迫，柳州也迎来了各民族交往交流交融的新高潮。1951年7月和10月，中央民族访问团先后到访融水、三江，把党中央对各族人民的亲切关怀带到村村寨寨。访问团跋山涉水，访贫问苦，送医送药，发放布匹、食盐、粮食等救济物资，让各族群众倍感温暖。1960年，柳州人口由1957年的21.73万人增长至35.43万人，各民族在共同的生产生活中，相互交流生产技术，相互交流传统文化习俗，留下了一个个感人至深的民族团结"柳州故事"。

改革开放后，随着经济社会持续高速发展和交通基础设施的日益完善，柳州同我国其他地方一样，进入了各民族跨区域大流动的活跃期，少数民族人口流动更加频繁，各民族广泛交往、全面交流、深度交融，中华民族共同体意识不断增强。

（一）柳州各民族在文化上互鉴通融、兼收并蓄、交融交汇、历久弥新

文化是一个民族的魂，文化认同是民族团结的根脉。柳州自秦以来就逐步接受中原儒家文化的辐射，并在2000多年的历史发展进程中逐渐形成了以儒家文化为主导、各民族文化和谐共生的地域文化结构。党的十八大以来，随着学校教育和报纸、广播电视、互联网的广泛普及，柳州进入史无前例的文化大融合大发展时期，呈现出差异性越来越小、共同性越来越多的趋势，各族人民对中华文化的认同不断提高。柳州倾力打造的民族音画《八桂大歌》融合了广西12个世居民族的文化元素，充分展现了广西民族和谐的斑斓画卷，是柳州各民族文化交融创新的典型缩影。该剧于2003年4月成功首演。2014年3月，《八桂大歌》升级版隆重推出，在原有表现壮、瑶、苗、侗、京5个民族的基础上，增加了汉、仫佬、毛南、回、水、彝、仡佬7个民族的节目，成为第一部完整呈现广西12个世居民族艺术精髓和民族风情的经典剧目。十多年来，该剧常演不衰、历久弥新，曾荣获"国家文华大奖""国家舞台艺术十大精品工程"和"中国艺术节观众最喜爱剧目"等国家级大奖，成为广西各民族共享的文化符号。

（二）柳州各民族在经济上共生互补、相互依存、有机融合、共同发展

历史上，柳州属于典型的农业社会，经济上自给自足，各民族经济相互依存度较低。改革开放以来，我国市场经济蓬勃发展，社会分工日益细化，柳州各民族经济联系越来越密切。柳州积极主动融入国内国际双循环新发展格局，被列入国家物流枢纽布局承载城市、西部陆海新通道重要节点城市；不断提升粤桂黔高铁经济带合作试验区广西园承载力，加快建设国家外经贸商事服务综合改革示范区，加快全国性综合交通枢纽建设。融水苗族自治县是国定贫困县，也是滇黔桂石漠化片区县，在精准扶贫中需要易地扶贫搬迁人口3201户13695人，通过与新农村建设和旅游开发相结合，让贫困户走上了共同致富的道路，也促进了各民族交往交流交融。融水县梦呜苗寨已安置苗族、侗族建档立卡贫困户1617户6610人。他们和当地汉族群众一起成立大冷农业观光专业合作社，共同发展民族旅游农业观光，打造了一台苗族风情剧《苗魅》，不仅实现了当地人口全部就业，还引来了大量外来人员到苗寨就业。

(三)柳州各民族在情感上相互亲近、不分彼此、携手共进、亲如一家

柳州鱼峰区大龙潭社区有居民 8000 多人,壮、回、瑶、苗、侗等 13 个少数民族,少数民族人口约占全社区人口的四分之一。每逢农历"二月二"、"三月三"、清明节等传统节日,大龙潭社区都组织"油茶会",邀请辖区居民一道品味民俗,拉家常。通过一碗油茶、一首山歌、一场竹竿舞、一把五色糯米饭,拉紧各族居民之间的感情纽带,让各族居民在这里共同生活、共同奋斗、共同追梦。不同民族间"打老庚"现象普遍存在,"老铁"只讲兄弟情谊不问民族成份。"打老庚"又称"打老同"或"结同年",就是与自己年纪相当、同一年庚出生的人认亲戚,是柳州民间一种普遍存在的社会交往形式。近年来,打老同还成为融水苗族自治县村寨之间的集体交流活动。全寨男女老幼举家出动,少则几十人,多则数百上千人,场面蔚为壮观。融水苗族自治县杆洞乡党鸠村群众和来自贵州省从江县雍里乡高加村、污扭村的苗族同胞们每年春节期间都开展"打同年"民俗文化联谊活动,唱苗歌、吹芦笙、打篮球、拔河,两省区的群众欢聚一堂,共度佳节。

(四)柳州各民族在精神上守望相助、团结统一、爱国奉献、心向中央

柳州是民族地区,也是一座具有光荣革命传统的城市,拥有柳江、柳城、鹿寨、融安和融水 5 个革命老区县。长期以来,柳州人民始终对伟大祖国和中华民族怀有强烈的归属感、自豪感,始终把维护民族团结、维护祖国统一作为共同的精神追求。柳州市委、市政府始终坚持国家统一和民族区域自治的有机结合,既充分保障三江、融水两个自治县自治机关依法行使自治权,又毫不动摇地坚持国家集中统一领导,不折不扣贯彻落实党和国家的决策部署,坚决维护国家团结统一;不断加强民族团结和爱国主义教育,让各族人民自觉像爱护自己的眼睛一样爱护民族团结,像珍视自己的生命一样珍视民族团结,共同肩负起维护民族团结、祖国统一的神圣使命。

二、柳州各民族共同唱响铸牢中华民族共同体意识的柳州赞歌

党的十八大以来,习近平总书记在继承我们党民族理论和民族政策的基础上,紧紧围绕什么是中国特色解决民族问题的正确道路、怎样坚持和完善这一正确道路、如何为实现中华民族伟大复兴凝心聚力等重大理论和实

践问题，如何加强和改进民族工作，创造性提出了一系列新思想新论断新要求，形成了习近平总书记关于加强和改进民族工作的重要思想。习近平总书记反复强调，要把铸牢中华民族共同体意识作为党的民族工作的主线。在2014年召开的中央民族工作会议上，习近平总书记强调，"建设各民族共有精神家园，积极培养中华民族共同体意识"，并将其作为中国特色解决民族问题正确道路的核心内涵。2017年在党的十九大上，习近平总书记正式提出"铸牢中华民族共同体意识"，并推动其写入党章。2019年全国民族团结进步表彰大会上，习近平总书记明确强调，"以铸牢中华民族共同体意识为主线做好各项工作"。同年在十九届四中全会上，习近平总书记深刻指出，坚持各民族一律平等，铸牢中华民族共同体意识，实现共同团结奋斗、共同繁荣发展，是我国国家制度和国家治理体系的显著优势之一。党的十九届五中全会通过的《中共中央关于制定国民经济和社会发展第十四个五年规划和二〇三五年远景目标的建议》，把"中华民族凝聚力进一步增强"列入"十四五"时期经济社会发展主要目标，对铸牢中华民族共同体意识进行了战略性部署。在2021年8月召开的中央民族工作会议上，习近平总书记强调，"铸牢中华民族共同体意识是新时代党的民族工作的'纲'，所有工作要向此聚焦"。习近平总书记关于加强和改进民族工作的重要思想，科学回答了民族工作举什么旗、走什么路等根本问题，是马克思主义民族理论中国化的最新成果，为我们以铸牢中华民族共同体意识为主线做好新时代民族工作，指明了前进方向，提供了根本遵循。

近年来，柳州深入学习贯彻习近平总书记关于加强和改进民族工作的重要思想，以铸牢中华民族共同体意识为主线，团结带领全市各族人民共同团结奋斗，共同繁荣发展，走出了一条独具特色的西部民族地区工业城市民族团结进步创建之路。特别是2019年开展创建全国民族团结进步示范市工作以来，柳州紧紧围绕"中华民族一家亲，同心共筑中国梦"总目标，坚持以人民为中心的创建理念，持续增强全市各族人民的获得感、幸福感、安全感，让各民族像石榴籽一样紧紧抱在一起，手足相亲，守望相助，共同唱响了铸牢中华民族共同体意识的柳州赞歌，团结成"一块坚硬的钢铁"。

（一）柳州各族群众唱响红色赞歌，坚定听党话跟党走的信心和决心

长期以来，柳州市党委始终坚持党对民族工作的全面领导，团结带领各族人民砥砺前行，开拓创新，夺取了改革发展的一个又一个胜利。柳州各族人民增强"四个意识"、坚定"四个自信"、做到"两个维护"，更加自觉地在思想上政治上行动上同以习近平同志为核心的党中央保持高度一致，更加坚定了听党话跟党走的信心决心。

（二）柳州各族群众坚持以党建引领脱贫致富，各族群众获得感幸福感安全感节节攀升

"感谢党的好政策，党的恩情似海深；日子好比嚼甘蔗，一节更比一节甜。""感谢党和政府，让我们一家人住上了这么好的房子，小孩读书也一直得到很多帮助，我和我妻子都找到了工作，收入稳定，生活真是比以前好太多了。"柳州如愿实现脱贫奔小康梦想的各族群众，纷纷以唱山歌、讲变化的形式，畅谈着自己的感受，细数家里获得的帮扶，讲述脱贫后新生活的变化与幸福，表达自己对党和政府的感恩之心。"十三五"以来，柳州始终把扶贫开发同基层组织建设有机结合起来，充分发挥基层党组织战斗堡垒作用和党员先锋模范作用，全力打好打赢"四大战役""五场硬仗"，用心用情用力解决与贫困群众息息相关的教育、医疗、住房、饮水和出行等揪心事、烦心事，成功夺取脱贫攻坚战的全面胜利，做到以党建引领脱贫攻坚，以脱贫攻坚增强各族群众对党的认同，取得了显著成效。

（三）中国共产党人民至上的理念浸润柳州各族群众的心田

三江侗族自治县同乐苗族乡高洋村是远近闻名的"红旗村"。该村家家户户房前屋顶都飘扬着五星红旗，亮丽的"中国红"成为村里最美的风景线。1982年年底，村里一场寨火，让不少人失去家园。三江县党委政府坚持人民至上，迅速拨发资金和物资帮助受灾村民重建家园。为了在寒冬里尽快完成建设任务，村民们不再像以前那样要请风水先生看日子定时辰才破土动工，他们插上国旗就直接开工。从此，"国旗飘起来，新房就建起来"成了高洋村的新风尚。如今的高洋村，新建洋房的村民越来越多，每一家都会专门在房顶留下一个"国旗位"。这些外化于行的举动，凝聚着大家心底对

国旗的热爱、对国家的感恩、对国家的忠诚。高洋村村民张进华说:"现在党的政策那么好,我们只相信党和国家。"

(四)唱响高质量发展的时代之歌,柳州各族群众生活越来越红火

发展是解决民族地区各种问题的金钥匙。近年来,柳州坚持以人民为中心的发展思想,深入实施"实业兴市,开放强柳"战略,持续打好"三大攻坚战",扎实做好"六稳"工作,不断改善民生,不断满足各族群众对美好生活的向往。统筹发展和安全,将改善民生、凝聚人心作为民族地区经济社会发展的出发点和落脚点,赋予所有改革发展彰显中华民族共同体意识、维护统一、反对分裂和改善民生的意义。

(五)柳州各族群众积极投身中华民族共有精神家园建设

中华文化是各民族优秀文化的集大成,各民族优秀传统文化都是中华文化的组成部分。柳州正确把握中华文化和各民族文化的关系,坚持以社会主义核心价值观为引领,推动中华优秀传统文化创造性转化、创新性发展,树立和突出各民族共享的中华文化符号和中华民族形象,着力构建各民族共有精神家园。第一,现代公共文化服务体系日益完善。基本建成全市、县(区)、乡(镇)、村(社区)四级文化设施网络,11个公共图书馆、11个文化馆(群众艺术馆)、86个乡镇综合文化站、1083个农家书屋、236个社区书屋、15个连队书屋实现全覆盖,建成776个村级公共服务中心,222个社区文化活动中心,社区文化活动中心和村级公共服务中心覆盖率均达80%以上;建成48个乡镇无线发射台站,广播综合人口覆盖率达96.93%,电视综合人口覆盖达99.18%。建成10个"文化信息资源共享工程"县、区级支中心,697个行政村有"文化信息资源共享工程"服务点,基本形成市、县(区)、乡(镇)、村(屯)四级"共享工程"服务网络。第二,文化精品层出不穷。狠抓艺术创作生产和舞台艺术精品打造,20多部舞台剧获得国家级、自治区级大奖。2018年,民族舞台剧《白莲》、民族音画《八桂大歌》和舞蹈诗《侗》3部剧目在国家大剧院连演4场,开创了由一个城市举办"文化艺术周"并进行3剧联展联演的先河。"柳州精品剧目全球巡演计划"足迹遍布9个国家和国内31省(区、市),《八桂大歌》累计演出近5000场,成为柳州与国内外文化沟通的桥梁。第三,群众文化丰富多彩。坚持举办"中外优秀剧目月月演"惠民演出,让市民群众和广大宾客在家门口享受到国内外精品盛宴。持续打造"柳江之夏""龙城金秋""农民文化艺术展演""鱼峰歌圩"全国山歌邀请赛及"书香龙城·文化柳州"、公益电影放映等群众文化品牌,"鱼峰山下对山歌,雀儿山脚吹芦笙,龙潭公园跳瑶舞,艺术中心看大戏"成为柳州各族群众文化生活常态。支持成立柳州市芦笙协会,每年定期举办芦笙协会年会暨苗年活动,芦笙协会从成立时的9支队伍发展到32支。第四,各民族的情感纽带不断拉伸。民族团结是我国各族人民的生命线。柳州市委、市政府始终坚持传承团结融合的优良传统,精心呵护各民族共居共学共事共乐的社区环境,不断深化各民族交往交流交融,让各民族心连心、手拉手的好传统代代相传。历史上,柳州各民族在分布上形成了大杂居、小聚居的特点。中华人民共和国成立以来,作为"小聚居"主要载体的小村庄,正日益成为多民族交错杂居的和谐大家庭。特别是党的十八大以来,柳州始终将民族团结贯穿于脱贫攻坚、乡村振兴和城市建设全过程,在易地扶贫搬迁、美丽乡村建设和城市工作中更加注重引导搬迁群众、外来群众尽快融入当地群众,让各族群众在生产生活实践中,交得了知心朋友、做得了和睦邻居、结得了美满姻缘。柳州市各个民族之间的族际通婚十分广泛,呈现出各民族相互交融的状态,这也是长期保持稳定和谐的重要社会文化根基。柳州把推广普及国家通用语言文字作为加强民族团结、维护国家统一和铸牢中华民族共同体意识的基础性工程,着力通过推普促进各民族交往交流交融。2019年,结合推普扶贫和民族团结进步创建工作实际,柳州决定在全市范围内创新开展"双语双向"活动,对存在普通话交流困难的少数民族群众进行普通话培训,对不会说当地少数民族语言的县(区)乡(镇)干部和驻村工作队员进行少数民族语言培训,取得了良好效果。2020年,柳州市的普通话普及率达到93%,不仅大大高于全国80.72%的平均水平,也高于全自治区85%的平均水平。

三、以法治建设为抓手,依法治理民族事务能力不断提高

习近平总书记指出,坚持依法治国,增强各族群众法律意识,提高运用法治思维和法治方式解决民族问题的能力,是实现民族团结的重要保障。依法治理民族事务,确保各族公民在法律面前人人平等。柳州牢固树立法治意

识,坚持各民族在法律面前人人平等,用法律保障民族团结。

(一)注重法治宣传教育的方式方法创新,结合柳州本土需求走深走实

柳州市不断创新方式和载体,以各族群众喜闻乐见的方式,将"看得见"的法治形式,内化为根植于内心的法治信仰。在七个普法五年规划的推动下,与各族群众密切相关的法律知识被唱成了山歌、编成了舞蹈,法治成为各族群众的普遍共识。通过把党的民族理论、政策、法律法规纳入全市普法规划并认真抓好普及教育,引导各族群众牢固树立遵纪守法的公民意识、法律面前人人平等的法律意识,引导柳州市内少数民族自觉遵守国家法律和城市管理规定。

(二)注重推进立法形式,为民族团结进步提供法制保障

良法是善治的基础,完备的民族工作法律法规体系是依法治理民族事务的重要前提。柳州坚持科学立法,不断推动形成完备的民族工作法律法规体系。出台《柳州市传统村落保护条例》《柳州市历史文化名城保护条例》等;指导融水、三江两个自治县修订完善自治条例,出台《三江侗族自治县少数民族特色村寨保护与发展条例》《融水民族自治县少数民族特色村寨保护和发展暂行办法》;三江侗族自治县人大常委会成为广西首个国家级基层立法联系点,三江侗族自治县也成为全国人大常委会法制工作委员会新增的五个基层立法联系点中唯一的民族自治县。

(三)推进基层民族事务治理常态化

抓好综合治理,指导三江、融水等县区开展亲情边界工作,2020年在融水成功召开了第七届湘黔桂接边地区维稳工作联席会议,在做好接边地区的民族维稳工作上取得共识和重大进展。与湖南怀化市、贵州省黔东南自治州建立了"矛盾联防、纠纷联调、组织联建、普法联宣、法律联援"的湘黔桂省际边界民族地区人民调解"五联"工作机制。在民族地区法院、司法所实行双语服务,畅通少数民族群众办事渠道。湘桂将王屯联合人民调解委员会获司法部授予的"全国模范人民调解委员会"称号。融水良寨乡人民调解委员会和三江独峒镇干冲村人民调解委员会被七省(区市)司法厅评为"化解边界矛盾纠纷模范人民调解委员会"。

（四）探索形成特色鲜明的民族团结进步创建工作"柳州经验"

建立部门共同参与的处理涉及少数民族矛盾纠纷的联席制度，定期开展民族关系分析研判，坚持各民族一律平等，做好法律援助工作，依法保障各族公民的合法权益，有效地维护了柳州民族团结和社会稳定，"平安柳州"成为各族群众放心、暖心的城市名片。

通过广泛深入持久的民族团结进步创建，各族人民深刻认识到，中华民族是一个命运共同体，一荣俱荣，一损俱损。广大干部群众积极参与创建工作，涌现出了一大批民族团结进步示范单位和民族团结进步模范集体、模范个人，形成了全民共建、人人争先的良好氛围。2020 年年底，柳州全市共有全国民族团结进步示范区示范单位 8 个，自治区民族团结进步示范区示范单位 26 个，自治区民族团结进步教育基地 5 个，另有市级民族团结进步教育基地 51 个、民族团结进步示范区示范单位 212 个。

通过多年努力，柳州民族团结进步创建工作取得了令人瞩目的成效，在全社会唱响了铸牢中华民族共同体意识的"柳州赞歌"，休戚与共、荣辱与共、生死与共、命运与共的共同体理念日益深入人心。长期以来，柳州各级党委、政府深刻把握新时代民族工作的历史方位，以全市各族群众为主体，以铸牢中华民族共同体意识为根本方向，以加强各民族交往交流交融为根本途径，突出抓好民族团结融合，突出抓好民族团结进步创建进机关（单位）、进企业（园区）、进乡镇（村）、进街道（社区）、进学校、进连队、进宗教活动场所、进窗口单位、进景区、进"两新"组织"十进"活动，探索并形成了一整套坚持本色、突出特色、可参考可复制可借鉴的民族团结进步创建工作"柳州经验"，有力促进了新时代全区民族工作的高质量发展，为全区、全国、全世界贡献柳州民族团结范本。

四、创新推进党群融合，团结带领各族人民感党恩听党话跟党走

习近平总书记指出，中国共产党领导是做好民族工作的保证，是维护中华民族大团结的根本保证。柳州不断加强和改善党的领导，创新推进党群融合发展，让各族群众深刻体会到中国共产党的初心使命，不断坚定感党恩听党话跟党走的信心决心。正如三江侗族自治县群众自创山歌所唱的："改革开放好得很，民族复兴更富强；党的政策得民心，城市农村新气象；不忘初心跟党走，脱贫致富感党恩。"

（一）加强民族团结进步创建工作的组织领导，注重成效走深走实

柳州市党委政府高度重视民族团结进步创建工作，坚持和加强党对民族工作的全面领导。一是提高思想认识。民族团结是各族人民的生命线，民族团结进步创建工作是新时代民族工作的重要任务。2019年，时任柳州市委书记的郑俊康指出，柳州是一个多民族的大家庭，民族团结工作无论从柳州经济的发展、社会的稳定，还是全面建成小康社会来说都是至关重要的，"创建全国民族团结进步示范市，是贯彻落实中央、自治区决策部署的具体行动，是柳州必须担负起来的使命责任，是推动柳州经济社会发展的自身需要"。他要求，全市必须增强做好示范市创建工作的责任感、使命感，激发创建热情，不断丰富创建内涵、拓展创建领域、提升创建层次，把示范市创建作为战略性、基础性、长远性工作抓实抓细抓牢。二是做好顶层设计。研究提出了"工业辐射带动，城乡携手共建，交往交流交融，共同繁荣发展"的创建工作思路，明确了"围绕中心、统筹推进，因地制宜、科学谋划，立足基层、夯实基础，以民为本、讲求实效"的基本原则，制定实施了《柳州市创建全国民族团结进步示范市实施方案》，提出了具体目标任务，有效推动示范市创建工作各阶段任务的落实。三是成立组织机构。成立以市委书记和市长为双组长、各部门"一把手"为成员的创建全国民族团结进步示范市领导小组，负责创建示范市的指导工作。创建领导小组办公室设在市民宗委，负责创建示范市的日常工作。在机构改革中给市民宗委增加了3个行政编制，核定12名编外聘用人员专门从事示范市创建工作。各县区及柳东新区、北部生态新区（阳和工业新区）也分别成立相应的领导机构，建立工作机制，健全创建工作网络。四是落实经费保障。2020年市级财政安排266万元资金用于创建工作，各级财政部门安排创建全国民族团结进步示范市专项经费，列入同级财政年度预算予以保障。五是完善绩效考评和监督检查。把示范市创建工作纳入全市经济社会发展的全过程，作为各级各部门的基本任务，纳入各级各部门领导班子、领导干部年度工作绩效管理考评和述职报告内容，推动示范市创建有效开展。把民族团结进步示范市创建情况列入各级各部门监督检查内容，采取专题检查、重点检查等方式开展督促检查工作，及时掌握建设过程中出现的新情况新问题和存在的薄弱环节，深入分析原因，着力加以解决，进一步推动示范市创建工作健康有序开展。对贯彻落实不到位、打折扣、出偏差的县区和部门要依法依规进行问责，限期整改。

（二）抓好基层党组织建设，建立健全民族地区现代化乡村社会治理体制

柳州市将基层党组织作为促进党群融合的坚强堡垒，出台推进全面从严治党开展党的基层组织高质量建设三年规划，实施"党旗耀龙城"七大行动，推动全市基层党组织全面进步、全面过硬。柳州市委书记吴炜强调，做好基层党建工作意义重大、责任重大。要压紧压实基层党建主体责任，以更加扎实有效的举措推进各领域基层党建工作，建设政治过硬、具备现代化建设能力的领导班子和干部队伍。近年来，柳州市大力建立"新时代党员群众讲习所"，在全市999个村级党组织中按照15%的比例评选出"红旗村"，整顿99个软弱涣散村级党组织，实施村党组织书记"头雁引领"工程实现全市村党组织书记全员培训，做到"真正把党员组织起来、把人才凝聚起来、把群众动员起来"。融水苗族自治县安陲乡江门村党总支部书记、村委主任杨宁组织留守妇女成立"苗阿嫂"种养专业合作社，牵头成立融水苗族自治县大学生村官创业联盟，建立"苗村倌"农产品电商服务中心，带领江门村94户326人成功脱贫，全村脱贫摘帽。杨宁曾先后被评为"全国三八红旗手""全国乡村创富好青年""广西脱贫攻坚先进个人"和"柳州市优秀共产党员"等荣誉称号，2021年2月荣获"全国脱贫攻坚先进个人"称号。

（三）加强党群服务中心建设，提高民族地区的团队凝聚力

近年来，柳州把党群服务中心作为党群融合的重要阵地，不断加大建设力度，先后成立了柳州市"不忘初心、牢记使命"主题展馆及柳州市党群服务中心、柳州互联网党建联盟指挥中心及城中区互联网党群服务中心等党群服务机构，为党员、基层干部、入党积极分子和周边群众提供党务政策咨询、党内业务办理、党建理论知识传播等服务。2020年，三江侗族自治县投入1880多万元新建、扩建20个村级组织活动场所，面积全部达到300平方米以上，努力把党群服务中心打造成为"党员活动中心、村民议事中心、为民服务中心"，为接续推进乡村振兴凝聚起各民族群众团结奋斗的磅礴力量。

（四）抓实少数民族干部队伍建设，夯实民族团结进步的干部人才基础

高度重视发挥少数民族干部联系少数民族群众的重要桥梁和纽带作用，坚持德才兼备的原则和"明辨大是大非的立场特别清醒、维护民族团结的行动特别坚定、热爱各族群众的感情特别真诚"的标准，着力建设高素质少数民族干部队伍，进一步打牢民族团结进步的干部人才基础。自治县县长、民族乡乡长全部由少数民族公民担任；全市各级党委、人大、政府、政协领导班子及其职能部门，都配有一定数量的民族干部。各级党政机关少数民族干部占比与少数民族人口比例大体相当。

（五）创新开展"党建+"活动，促使民族团结宣传方式灵活多样

面向基层、面向群众，以党员群众喜闻乐见的形式开展党建活动，通过丰富多彩的"党建+"活动教育党员，凝聚群众。三江侗族自治县依托侗族鼓楼、风雨桥、戏台等载体，组织党员群众以"鼓楼议事""鼓楼讲坛"形式，灵活开展百姓宣讲、"侗感党课"等活动，不断增强党支部的政治功能和服务功能，不断提升基层党组织的组织力、战斗力和凝聚力。2020年，三江独峒镇举行了以"党建引领，非遗文化促脱贫"为主题的庆祝建党99周年暨侗感党建活动，自编自导自演党建主题耶歌、侗戏、款词等作品，以一曲曲悦耳动听的侗族耶歌、一幅幅栩栩如生的侗族农民画、一张张精美亮丽的侗族绣品，向各族群众展示党的伟大成就，宣传党的方针政策，收到良好效果。

此外，柳州还大力打造党建文化主题园，推动全面从严治党向基层延伸。作为首个以党建文化宣传为主题的公园，整个主题园占地约8000平方米，共设5大主题区，涵盖党的方针政策、社会主义核心价值观、统一战线和民族团结、廉政文化、综治维稳五大内容。该主题园设在人员聚集的鱼峰公园，通过群众喜闻乐见的形式宣传和展示党建文化，让群众参与其中，让党的各项方针政策、党建的成果、党建文化融入人民群众的日常生活，得到了各族群众的广泛好评。

五、创新推进城乡融合，激发柳州各民族携手共建美好家园的热情

习近平总书记指出，全面建设社会主义现代化国家，一个民族都不能少。没有各民族共同团结奋斗就难以实现社会主义现代化，没有各民族共同繁荣发展也不是社会主义现代化。柳州以各族人民对美好生活的向往为目标，创新推进城乡融合，不断缩小城乡公共服务水平差距，让各族人民共创中华民族美好未来，共享民族复兴伟大荣光。

（一）加快深入推进新型城镇化建设步伐，提升各族居民幸福指数

2014年12月，柳州被列入第一批国家新型城镇化综合试点，成为广西2个试点城市之一。2017年，柳州又被列为自治区2个空间规划试点城市之一。国家新型城镇化综合试点方面，柳州坚持以人的城镇化为核心，围绕产业集聚、以产促城，不断推动产城融合发展；围绕要素集聚、以城兴产，不断夯实实体经济发展基础；围绕人口集聚、以人为本，不断提升居民幸福指数。着手于"产"、着眼于"城"、落脚于"人"，让转移人口进得来、融得进、能就业、住得下，走出一条"产、城、人"全面融合发展的城镇化道路，形成了具有广西特色的"柳州模式"；创新设立城镇化政府引导基金，由财政出资4亿元设立政府投资引导基金，带动金融机构和社会资本超过50亿元；坚持以人为本，持续加大教育、医疗、环保、就业等民生投入，仅2014—2017年就在市区累计新建、改建学校31所，新增学位7.12万个，全市88%的进城务工人员随迁子女就读于公办学校，全市新增、改扩建医疗机构52个，新增床位3571张。空间规划试点城市方面，大力构建以中心城区为主，柳东新区、北部生态新区、柳江新区统一推进的"一江两岸、一主三新、多点支撑"格局，大力推进建设广西面向东盟国际大通道的核心枢纽、建设广西面向西南中南地区开放发展新的战略支点的实业引擎、建设广西"一带一路"有机衔接重要门户的开放高地等"三大建设"，加快建设现代制造城，不断优化空间布局，不断加快新型城镇化步伐。"十三五"期间，柳州全市公路总里程由8137千米提升至9066千米，市区面积由1016平方千米扩大到3355平方千米，市辖区建成区面积由183.9平方千米扩大到248.5平方千米，常住人口城镇化率位居全自治区第一。五县经济总量占全市比重达到21%，较"十二五"末提高了3个百分点，城乡居民收入比由3.04∶1缩小到2.43∶1。

（二）重点加强农村基础设施建设，促使乡村风貌整体性提升

加快实施乡乡通二级公路或三级公路建设、农村公路安全生命防护建设、农村公路"畅返不畅"整治建设、建制村窄路拓宽改造建设、建制村通客车等工程项目，切实做到建好、管好、护好、运营好农村公路，为各族群众脱贫致富奔小康提供更好的保障。率先在自治区内开展农村公路养护市场化改革，20户以上自然村（屯）通道路硬化实现全覆盖，乡乡通二级（或三级）公路覆盖率达到77.9%，柳城县成为全国深化农村公路管理养护体制改革试点地区。深入实施乡村风貌提升三年行动，实施"三清三拆"千村行动大会战。实施"村屯光亮工程"，2019年在柳江区试点实行"企业建、企业管，政府租、村规划、村考核"的路灯建设新模式，2020年在融安县、融水苗族自治县、三江侗族自治县推广实施，当年安装太阳能路灯7万余盏。全力推进农村电网升级改造，编写《柳州市农村电网改造升级攻坚建设实施方案（征求意见稿）》，制定《柳州市加快电网建设管理办法》，建立项目沟通机制，推动地方电网和主电网融合发展，加快提升广大农村供电能力和整体技术水平。

（三）统筹推进城乡义务教育一体化发展，让柳州各族孩子充分享受教育公平

2013年以来，先后启动实施市区义务教育均衡发展学校基本建设三年攻坚、教育项目建设攻坚计划，市区新投入使用学校32所，新增学位8万个。统筹各级资金逾7.7亿元实施"义务教育全面改薄工程"，覆盖全市600余所农村中小学及教学点，受益学生25余万人。大力推行集团化办学，全市共有义务教育集团53个，集团化办学覆盖率46.27%，惠及学生24.54万人，占全市义务教育学校在校生总数的52.06%。在广西率先推行"县属轮教"，由县教育局统一管理教师，按城乡、校际均衡发展的要求统一调配，有效缩小校际办学差距。将贫困县九年义务教育阶段农村学生免费午餐工程，扩大到农村所有义务教育阶段学校，每年受益学生约18万人。坚持教育姓"公"，公办、公益、公平，"让每一个来柳州的孩子都有书读，都能享受九年义务教育阶段的公办教育"，进城务工人员随迁子女就读公办学校占比超过90%。大力抓好职业教育，紧紧围绕全国首批"现代学徒制"试点

城市、广西现代职业教育改革发展示范区、实施职业教育国际化三大试点任务，打造本科、高职、中职全产业链人才培育和产、学、研一体化平台，让各民族学子掌握就业的金钥匙。

（四）统筹推进城乡基本医疗卫生一体化发展，使柳州各族群众充分享受医惠条件全覆盖

积极探索紧密型医联体建设，实现医联体县域全覆盖，让人才、技术、物资、管理等下沉，带动提升县级医疗服务综合实力。在县域内将乡镇卫生院纳入医共体建设，打通市县乡全链条，县乡居民在县域内即可享受到低成本、高质量的医疗服务。在全国首创"农村移动医疗"新模式，稳步实施分级诊疗制度，分级诊疗远程医疗服务覆盖所有公立医疗机构。2020年，柳州共有三甲医院9家，建立了12对紧密型市县医联体、19对紧密型医共体、4个特色专科联盟，县域内就诊率达到90%以上，基本实现"大病不出县"。

（五）推进脱贫攻坚与乡村振兴有效衔接，促进柳州脱贫村寨发展和乡村全面振兴

"十三五"时期，柳州坚持"全面建成小康社会，一个民族都不能少"，把脱贫攻坚作为头等大事和第一民生工程全力推进。5年累计选派4499名工作队员及第一书记进驻脱贫攻坚第一线，投入各级财政扶贫资金98.58亿元，开展好高质量扶贫"三大提升行动"，全力打好"四大战役""五场硬仗"，深入开展湛江—柳州"携手奔小康"扶贫协作行动、"百企扶百村"活动，实现了贫困县、贫困村、贫困人口全部脱贫摘帽，贫困发生率降至0。严格落实"四不摘"要求，保持帮扶政策总体稳定，将扶贫工作重心转向解决相对贫困。建立四级书记抓乡村振兴工作机制，持续强化责任落实、政策落实、工作落实，常态化推进扶贫工作。保持财政投入力度总体稳定，健全农村社会保障和救助制度，建立农村低收入人口和欠发达地区帮扶机制，持续推进脱贫地区基础设施建设和城乡公共服务均等化，促进城乡一体化贫困治理。健全防止返贫监测和帮扶机制，加强易返贫和易致贫人口动态监测，持续开展针对性帮扶。围绕乡村振兴探索推动示范升级，集中支持一批乡村振兴重点帮扶乡镇，增强其巩固脱贫成果及内生发展能力。

（六）积极帮助少数民族流动人口融入城市，促进各民族交往交流交融

公安部门进一步调整完善户口迁移政策，简化落户程序，2019年有9581名少数民族人员迁入柳州，占迁入人员总数45.7%。全市累计登记办理发放居住证64万多张，其中少数民族登记办理发放居住证30万余张。各城区、开发区建立少数民族流动人口管理服务中心，市龙潭公园建立了少数民族流动人员活动中心，柳南区建立飞鹅商圈少数民族流动人口服务站，精心打造嵌入式社会服务管理平台。积极开展少数民族流动人口就业创业技能培训，在柳州城市职业学院和柳州二职校建立少数民族流动人口培训基地，依托两校职业教育职业资源定期开展民族饮食、工艺品制作、茶艺等技能培训。引导飞鹅商城和新时代商业港加强民族手工特色一条街建设，开展非遗蜡染、绣手鞠球等民族手工培训，帮助各民族流动人口顺利就业。

2021年9月11日至14日，国家民委全国民族团结进步示范市评审组到柳州调研指导工作。在实地考察了该市开展民族团结进步创建"进社区""进学校""进乡镇""进企业""进机关""进窗口单位""进景区"等工作情况后，国家民委评审组组长杨广铃指出，柳州坚持以铸牢中华民族共同体意识为主线，把创建全国民族团结进步示范市融入全市中心工作，认真履行守护民族团结生命线的政治责任，以大融合、大智造、大创新为抓手，通过培塑精神标杆、宣传高地、文化品牌和先进典型，大力弘扬新时代柳州精神，唱响民族团结进步主旋律，各族人民心手相牵、团结奋进，谱写了建设新时代中国特色社会主义壮美广西柳州篇章，呈现出民族团结进步基础进一步夯实、经济社会各项事业高质量发展、宜居宜业宜乐宜游城市品牌更加凸显、共建共治共享社会治理格局日臻完善的生动局面。

柳州将认真贯彻落实中央民族工作会议精神，把"当下治"与"长久立"结合起来，建立健全常态长效机制，全面深入持久开展民族团结进步创建工作，奋力谱写柳州民族团结进步事业高质量发展新篇章。

桂林市加强少数民族流动人口服务管理工作的探索和经验

潘文献[*]

桂林市是历史文化名城和国际旅游城市，每年接待游客上亿人次。近年来，桂林市在实践中不断探索、创新工作方式方法，以铸牢中华民族共同体意识为民族工作主线，加强少数民族流动人口服务和管理工作，推进新时代城市民族工作取得新成效，并形成特色鲜明的桂林经验。

一、桂林市经济社会状况

桂林市是广西东北部地区及桂湘交界地区的政治、经济、文化、科技中心。除了壮、汉、瑶、苗、侗、回6个世居民族，桂林市的发展还吸引了许多其他省区民族同胞前来工作、居住，桂林市常住人口的民族成份达到50个。根据第七次全国人口普查数据，2020年桂林市常住人口为493万人，比2010年第六次全国人口普查增加18万人，增长3.86%。桂林市常住人口中，汉族人口411万人，占83.36%；少数民族人口82万人，占16.64%，其中壮、瑶、苗、侗、回5个世居少数民族占97.7%。[❶]

桂林市是广西三大中心城市之一，是广西重要的工业基地和商贸物流中心。在经济发展过程中，桂林市淘汰落后产能，不断加强城市建设和环境保护，逐渐发展成为一个以第三产业为主的城市，旅游业作为支柱产业对经济发展的影响巨大。近两年来，桂林市推动经济社会发展，积极积蓄发展新动

---

[*] 潘文献，广西社会科学院民族研究所副研究员。
[❶] 参见第七次全国人口普查数据。

能,持续改善民生,社会和谐稳定。根据初步核算,2021年,桂林市全市地区生产总值达到2311.06亿元,比2020年增长6.6%。2021年,桂林市城镇居民人均可支配收入达到40 739元,比2020年增长6.8%;农村居民可支配收入18 993元,比2020年增长9.5%。城乡居民收入差距进一步缩小。2021年全年全市城镇居民人均消费支出23 335元,比2020年增长8.5%;农村居民人均消费支出12 358元,比2020年增长11.7%。2021年桂林市第三产业占比达到54.30%,第三产业对经济增长的贡献率达到52.9%;第一产业占比达到23.80%,第二产业占比为21.90%(图1)。2021年桂林市接待全年接待国内游客1.22亿人次,比2020年增长19.6%,国内过夜旅游者平均停留天数2.42天。2021年桂林市国内旅游总消费额达到1501.79亿元,比2020年增长22.0%。2021年入境过夜游客4.26万人次,下降56.6%;国际旅游消费1570.89万美元,下降55.7%。❶

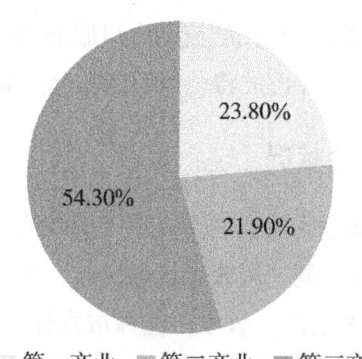

图1 2021年桂林市三次产业构成

二、桂林市吸引少数民族流动人口迁居的原因

(一)桂林市城镇化进程的持续发展

改革开放以来,中国的城镇化进程持续发展,城镇常住人口比重不断提高。第七次全国人口普查数据显示,2020年桂林市常住人口城镇化率达52.58%,常住城镇人口达259万人,乡村的人口为233万人。与2010年第六次全国人口普查数据相比,2020年桂林市城镇人口增加75万人,乡村人

---

❶ 数据来源于《桂林市2021年国民经济和社会发展统计公报》。

口减少 57 万人，城镇人口比重提高 13.82 个百分点，这十年是 1990 年以来城镇化率提升最快的十年，具体如图 2 所示。在城镇化过程中，越来越多的少数民族进入城市发展，一部分外来少数民族流动人口在城市长期工作、生活后也成为当地城镇人口。

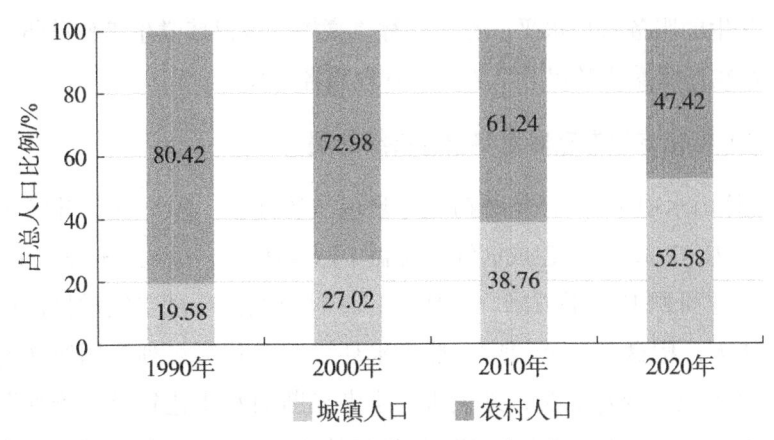

图2 四次全国人口普查桂林市城乡人口结构变化

桂林市持续扩大高水平开放、合作，主动融入国家"一带一路"、粤港澳大湾区建设；与肇庆市、贺州市合作共建"粤桂画廊"；与湖南长沙市签订合作协议，成为广西首个列入长江经济带政务服务"跨省通办"专区城市；举办中国—东盟可持续发展创新合作国际论坛、中国—东盟博览会旅游展等，加强内外合作，全力打造世界级旅游城市。

（二）桂林市深化改革，不断优化营商环境

桂林市强力推进"放管服"改革，拓展深化"跨省通办"和"一网通办"，深入推进"一门通办"和"一窗通办"，创新并联审批流程、压缩审批时限，改革试点"一枚印章管审批"，政务服务能力和为企业办事效率大幅提高。2021 年，桂林市荣获国家发展改革委营商环境"开办企业"指标考评优秀城市。截至 2022 年 6 月 30 日，桂林市实有市场主体 37 万户，比 2020 年初增加 8.5 万户，增长达 30%。

（三）桂林市高等教育不断发展

桂林市有 13 所高等院校，包括广西师范大学、桂林电子科技大学、桂林理工、桂林医学院等。随着桂林高等学校办学规模的扩大，来自各地的少

数民族学生和教师不断增长。广西重视加大少数民族人才培养，2018年11月28日广西壮族自治区第十三届人民代表大会常务委员会第六次会议通过《广西壮族自治区民族教育促进条例》。新疆维吾尔自治区党委从2016年起向桂林市高校大规模选派服务管理教师，以进一步提升桂林市高校新疆籍少数民族学生的服务管理水平，充实桂林市高校少数民族学生工作队伍，细化桂林市高校新疆籍少数民族学生教育管理服务工作。

（四）桂林市生态宜居金字招牌持续加强

"桂林山水甲天下"，桂林市生态环境全国闻名。2021年，桂林市森林覆盖率达71.87%，城市建成区绿化覆盖率达40.91%，绿地率达35.71%，人均公园绿地面积13.9平方米。2021年，桂林市城区环境空气质量优良天数达到344天，优良率达94.2%；地表水环境质量状况名列全国第3名，漓江干流水质稳定保持Ⅱ类，地表水国家考核断面水质达到或优于Ⅲ类水质比例100%；污染地块安全利用率持续保持100%。2021年，国务院第八次大督查通报表扬桂林市"漓江流域生态环境持续向好"。漓江入选生态环境部"美丽河湖"案例；重点行业企业用地土壤污染状况调查工作和优化执法方式典型案例获得生态环境部通报表扬。桂林市下辖的荔浦市荣获"国家生态文明建设示范区"称号。优良的生态环境吸引了全国各地的人来旅游、工作、定居。

（五）民族团结进步不断发展

桂林市不断铸牢中华民族共同体意识，民族团结进步创建工作成效显著。桂林市从战略高度深刻认识建设民族团结进步示范市是桂林市各项事业科学发展、人民安居乐业、社会和谐稳定、边疆巩固安宁的迫切需要，不断创新加强民族团结的方式，深化民族团结进步教育，成效显著。2019年全国第七次民族团结表彰大会，桂林市有3个集体和3位个人受到表彰。龙胜各族自治县教育局、恭城瑶族自治县民族宗教事务局、象山区南门街道办事处获"全国民族团结进步模范集体"荣誉称号；桂林市民族宗教事务委员会政策法规科龙怀益（苗族），龙胜各族自治县扶贫开发办公室党组书记、主任杨艳琼（女），平乐县大发瑶族乡福瑶村支部委员会书记雷荣珍（女，瑶族）获"全国民族团结进步模范个人"荣誉称号。2020年，桂林市象山区城市管理局等9家单位被命名为"第四批自治区民族团结进步示范区示范单位"。

三、少数民族进入桂林城市生活面临的挑战

城市生产与乡村生活最显著的区别就在于城市生产以工商业为主，乡村生活以农牧业为主。大多数少数民族从事的是农牧生产，农牧生产的地域性、时令性和土地依赖性塑造了丰富多样的少数民族文化。少数民族与汉族一样，从农民转变为市民需要经历一个逐步适应的过程。相对而言，少数民族流动人口在城镇化的过程中面临着更多的挑战。

少数民族流动人口进入桂林开始城市生活经常遇到语言困扰，特别是来自少数民族聚居区的群众遇到语言交流困难的可能性更高。除了回族使用汉语，桂林市世居少数民族主要使用本民族语言进行交流，兼用汉语桂柳方言。桂林市世居少数民族中仍有一小部分年龄较大的老年人口对汉语桂柳方言掌握不足，主要使用本民族传统语言如瑶语、苗语、侗语交流。进入桂林市的少数民族流动人口受到民族地区教育水平相对滞后的影响，国家通用语言普通话水平总体不高，又不熟悉汉语桂柳方言，因此，出现语言交流困难的可能性较大。

四、桂林市加强城市民族工作的探索和成效

桂林市在加强城市民族工作的过程中，对于少数民族流动人口的管理经历了一个不断探索、互动、提升的过程。在这个过程中，桂林市积极加强与一些少数民族流入地政府部门的沟通和联系，提高了对少数民族流动人口服务管理的能力和水平。桂林市加强城市民族工作的突出亮点是探索建立了少数民族流动人口一站式服务平台。通过少数民族流动人口一站式服务平台，实现了服务管理精细化和实质化，整合就业、就学、医疗、社保、房屋租赁等相关便民举措，帮助少数民族同胞解决职业培训、就业居住、子女入托入学、汉语学习及婚姻等问题，构筑了以"党委政府领导、各职能部门协作、社会各界参与"为特点的民族团结连心桥，使少数民族群众享受均等化待遇和服务。

一是加强协同推进机制，齐抓共管。首先，建立推进城市民族工作的领

导机制。各区县把民族团结进步创建工作列入了区县党委和政府重要议事日程，形成了统战部主管、有关部门齐抓共管的工作格局及区县、乡镇（街道）、居委会（村委会）民族工作信息三级网络，确保民族工作信息畅通，民族工作逐层落实。其次，强化服务机制。以基本公共服务为导向，立足社区建立基层服务机制。完善少数民族服务中心和联系服务站点，为进入桂林市创业经商的少数民族在租住、就业、子女入学、矛盾调解等方面提供服务。最后，桂林市加强财政保障机制。从2014年开始，桂林市各城区专门设立民族工作财政预算，保障民族工作的组织开展。

桂林市各城区结合自身特点，积极探索城市民族工作的方法。在基层派出所探索和创新的基础上，2019年桂林市七星区成立少数民族服务中心，为新疆籍少数民族群众提供便利和服务管理，其经验做法得到公安部的高度肯定。到2022年，桂林市各城区共设立少数民族服务中心（联络站）82个，社区"民族之家"76个，七星区少数民族服务中心升格为桂林市少数民族服务中心，全市136个社区都配备有专职（兼职）民族工作干部，构建起少数民族流动人口一站式服务平台。此外，社区制作和推广《少数民族流动人口服务联系卡》，加强对少数民族群众的服务管理。象山区积极探索和推广建立微组织、设立微窗口、搭建微平台、开设微课堂的"四微"民族服务工作法，将城市民族工作做实做细。桂林市秀峰区打造智慧社区综合服务平台，将民生政策信息化集成于智慧屏幕，为少数民族群众提供智慧社区服务，智慧社区综合服务平台实现了20个社区全覆盖。雁山区结合高等学校较多，高校中新疆籍学生多的实际，推动设立清真饮食窗口，通过学校团委、工会加强专门服务联系项目。

二是加强各部门信息共享，摸清底数。全面掌握少数民族人口信息，特别是外来少数民族流动人员生产生活现状，是做好城市民族工作的重要基础。在加强信息化建设的基础上，桂林市民族团结进步创建领导小组指导各区县从统计局、辖区公安分局、卫健局、社区等渠道全面了解和掌握少数民族常住人口和流动少数民族人口情况，实现了桂林市辖区内重点少数民族信息的"五明"，即来源地明、民族成份明、居住地明、从事职业明、宗教生活明，增强工作的针对性和有效性。

三是加强组织和平台建设，促进交往交流交融。桂林市以社区为主阵地，积极推动城市民族工作基层"八有"❶规范建设。以各类活动为平台，以流动少数民族为主体人群，积极推动开展"壮族三月三"系列活动；每年按时开展民族团结进步宣传月活动，组织举办山歌王争霸赛、民族体育比赛、邻里节、"百家宴"、民族美食节、民族书画摄影展等活动；桂林市建成城乡90多个"同心文化广场"，使其成为各族群众开展活动的重要场所。通过这些富含民族文化元素的交流活动，大大地促进了桂林市城区各族群众广泛交往、全面交流、深度交融。

四是加强社会保障和服务覆盖，解忧帮困。积极为少数民族流动人口提供子女入学、租住、就业、法律援助、纠纷调解等20余项服务，让外来各族群众享受均等化公共服务。据统计，仅2020年桂林市民宗委、各城区共为少数民族群众租住住房100多起、寻找工作租赁摊位30起、子女上学18起，帮助少数民族维权3起，调解纠纷10起，慰问了382户困难少数民族群众家庭，将桂林市打造成各民族安居乐业的幸福家园。针对部分烧烤摊位烟尘污染扰民问题，桂林市合理规范餐饮街区，引导各民族经营户改进工艺流程，增设必要的除尘设备，落实环保责任。

五是加强涉民族因素舆情监控，防患未然。桂林市加强民族工作队伍建设，不断完善民族关系监测评价处置机制。桂林市与新疆和田地区等少数民族人口流入流出地建立了管理联动机制，加强桂林市少数民族服务管理。近年来，桂林市在处理涉民族因素社会舆情方面积累了工作经验。

六是加强民族团结进步创建，铸牢中华民族共同体意识。桂林市坚持以民族团结进步创建为抓手，突出铸牢中华民族共同体意识这一新时期民族工作主线，大力宣传和塑造"中华民族一家亲、同心共筑中国梦"总目标，不断丰富交往交流交融的途径，把宣传教育"七进"扩展为"十进"，重点强化学校、社区的创建平台作用，推动城市民族工作创建发展。桂林市兴安县红军长征突破湘江烈士纪念碑园建成全国民族团结进步教育基地。近年来，象山区等6个单位荣获全国民族团结进步示范单位称号，15个单位获全国

---

❶ "八有"：指有组织机构、有制度措施、有资料台账、有宣传专栏、有服务标识、有工作电脑、有热线电话、有服务手册。

民族团结进步模范集体荣誉称号，26人被评为全国民族团结进步模范个人，秀峰区、象山区入选第九批全国民族团结进步示范区；桂林市回民小学成为全国首批铸牢中华民族共同体意识试点单位；26个单位被评为自治区民族团结进步示范单位，78个单位被评为自治区民族团结进步模范集体，64人被评为自治区民族团结进步模范个人。

五、主要经验

第一，提高思想认识，不断加强和完善党对民族工作的全面领导。桂林市不断提高思想认识和政治站位，将民族工作的极端重要性从主动担当作为提升到"贯彻落实中央民族工作会议精神，促进中华民族伟大复兴，应对世界百年未有之大变局"的新高度，不断加强和完善党对民族工作的全面领导。印发实施《桂林市创建全国民族团结进步示范市实施方案》，落实领导责任，不断细化测评指标，确保人员和经费，有力提升了民族事务治理体系和治理能力现代化水平。

第二，坚持宣传教育，不断强化铸牢中华民族共同体意识的大宣教工作格局。为了让少数民族群众更好地融入现代城市生活，桂林市坚持抓好媒体宣传，加强文化引导，营造浓厚的民族团结进步氛围。抓好典型宣传，强化示范引领作用，努力打造"建设铸牢中华民族共同体意识示范区精品课程"，使"中华民族一家亲、同心共筑中国梦""五个认同"的理念逐步深入人心。

第三，加强社区建设，不断推进互嵌式社会发展。社区是各族群众日常生活的重要场所，是少数民族群众进入城市的家园。桂林市坚持将社区作为城市民族工作着力点和主战场，不断加强社区建设，充实基层组织力量，配备专职兼职民族工作人员，积极推进社区创新"八有"机制，提高社区基础全方位服务，营造各民族共居共学共事共乐、民族团结进步的氛围，积极引导少数民族群众自我管理和参与社区事务管理、参与社区活动，增强各族群众的主人翁意识和责任感。通过社区建设，不断推进桂林市互嵌式社会结构的发展。

第四，加强法治建设，不断提升民族事务治理体系和治理能力现代化水平。在对少数民族流动人口服务管理工作实践中，桂林市不断加强法治建设，创新工作方法，提高民族事务治理能力。针对一些少数民族群众进入城市后不能很好适应城市生活和管理方式的问题，桂林市加强法律法规宣传教育，优化执法服务，提高执法效能，引导各族群众自觉遵守国家法律和城市管理规定，自觉维护和谐安宁和民族团结的社会环境。桂林市民宗委与公安部门深层次合作，与少数民族输出地政府对接，实现了原籍地与居住地联合、服务管理无缝对接。

那坡县百省乡民族团结进步工作调查报告

刘建文[*]

百色市那坡县百省乡地处那坡县西南部，距离县城60千米，与越南高平省保乐县、保林县及河江省的苗旺县接壤，是一个少数民族连片聚居的边境乡。百省乡下辖13个行政村149个村民小组，共有4481户18 121人，少数民族占97.89%。该乡虽属典型的"老、少、边、山、穷"地区，但是民族团结进步工作具有优良传统，进入新时代后，其将铸牢中华民族共同体意识融入基层工作中，边境地区平安家园建设成绩斐然。

一、脱贫奔小康夯实铸牢中华民族共同体意识的物质基础

百省乡是连片特困群众聚集，贫困程度深、扶贫成本高、脱贫难度大的边境乡。2008年年底，广西开展"兴边富民行动"基础设施建设大会战，全面实施0~3千米项目建设，大会战指挥部先后投入1110.15万元帮助那布村水弄一组、二组，水头，百埃，红埃，百松，规陇，以及面良村弄平、弄苗9个苗族特困屯的水、电、路、广播电视、坡改梯和沼气池等项目建设。地方民政部门实施救助贫困群众项目，在边境0~3千米范围内的边民全部可以享受边民生活补助。2015年，确认了面良、那布、上华、那翁、规六、坡荣6个深度贫困村，识别建档立卡贫困人口共1801户7077人，贫困发生率29.72%。经过几年的脱贫攻坚战，贫困发生率不断下降。2019年全乡贫困发生率降到5.28%，但那布村和面良村两个边境少数民族村的贫困发生率仍然分别高达18.16%和16.25%。2020年，百省乡通过推动就业扶贫、产业扶

---

[*] 刘建文，广西社会科学院民族研究所研究员。

贫、易地扶贫搬迁、危旧房改造、乡村基础设施建设、粤桂扶贫协作等措施帮助贫困户取得稳定的收入来源，实现脱贫攻坚战的最后胜利，贫困人口全部脱贫，贫困发生率清零，摘掉了贫困"帽子"，与全国同步进入小康社会，为铸牢中华民族共同体意识奠定了物质基础。

二、多措并举推进民族团结进步工作

百省乡主要居住有壮、汉、苗、瑶、彝5个民族，民族团结进步工作具有优良传统和基础。进入新时代，百省乡将民族团结进步与铸牢中华民族共同体意识相结合并融入美丽家园、平安家园建设中，进一步增强了各民族中华民族共同体意识。

在长达30多年的扶贫工作中，百省乡始终把改善少数民族群众生产生活放在首位，县乡干部将扶贫工作作为促进民族团结进步的重要措施，着重为少数民族解决实际问题，引导各民族增强国家认同和中华民族认同。

一是想方设法增加边境地区少数民族的收入，着重帮助各民族群众解决生产生活中的实际困难。百省乡有78.5千米的边境线，为满足边境地区公共服务需求和守边稳边固边富边的需要，百省乡开发稳定公益性岗位，解决部分抵边建档立卡贫困户的增收难问题，设置边境护林员、护水员、护路员、护边员及其他涉边工作岗位，安置稳定公益性岗位1100多个，让边境地区各民族群众从守边稳边固边中获得收入。百省乡各抵边村屯的各族群众自觉在自家房屋前悬挂国旗，以淳朴的方式表达对祖国与民族的热爱之情。每当夜幕降临后，边境突击队成员、执勤人员就沿边境夜间巡逻，不分昼夜，忠于职守，践行"守边有我，请党放心"的铮铮誓言，用实际行动建设平安家园，守护美丽家园，保护万家安宁。同时，百省乡还创新非固定性（定岗不定人）扶贫公益性岗位开发模式，做到送就业到户、送政策到家，安置更多"十三五"时期的建档立卡贫困户及脱贫监测户、边缘户就业，为无法外出打工的脱贫劳动力提供就近就业岗位，实现贫困劳动力挣钱顾家两不误的愿望。各族群众切身体会到党和政府对困难群众的关心，从内心感到作为中华民族一员的自豪感。

二是加强边境地区民族意识形态工作，强化"五个认同"。近年来，那坡县公安局、司法局、人力资源和社会保障局、边防办等单位组成联合组

进村入屯办班教学,每月每屯至少开展2次以上的国防、爱国主义教育及法律法规教育、安全生产教育、外出务工与劳动就业知识等教育。百省乡还将民族意识形态工作与构建和谐社会、营造和谐稳定社会结合起来,以边境苗族等少数民族抵御境外意识形态渗透和脱贫攻坚致富为抓手,开展民族团结示范创建工作,让苗族等少数民族深切感受到党和政府的温暖和关怀,增强了他们铸牢中华民族共同体意识的自觉性和内生动力。

三是加强基层党组织建设,为推进民族团结进步工作提供组织保障。那布村地处中越边界,是典型的大石山区,自然条件差,耕地面积少,交通不便,贫困发生率高。尤其是苗族片区,一共8个自然屯,186户924人,其中属于建档立卡贫困户的有183户913人,贫困发生率98.39%。2016年,那坡县"优秀共产党员"蒙华到那坡县委政法委的帮扶村——那布村挂点开展脱贫攻坚战,针对特少数民族意识形态和脱贫致富工作,他组织制定了防范境外意识形态渗透方案、防范意识形态渗透工作要点、非法宗教渗透管控工作办法、城乡初中少数民族学生周末兴趣班等一系列工作措施,为防范境外意识形态渗透和推进脱贫攻坚工作明确了方向。针对苗族村屯党组织建设的薄弱环节,2017年以来,蒙华协调县委宣传部、县民族局、乡镇党委加强指导,在那布村一些偏远村屯成立党小组,保证偏远地区苗族党员组织生活正常化,并鼓励动员苗族群众积极向党组织靠拢。在党组织的带领下,苗族群众生产积极性明显提高,发展产业脱贫致富的热情高涨,主动参与到边境社会综合治理、抵御邪教渗透、防范境外人员渗透破坏活动工作中。

四是铸牢中华民族共同体意识从学校抓起。百省乡中心小学成为创建民族团结进步示范学校以来,成立了百省乡中心小学开展民族团结进步创建工作领导小组,始终坚持以铸牢中华民族共同体意识为主线,以"中华民族一家亲,同心共筑中国梦"为总目标,严格遵循党的教育方针,切实加强对创建民族团结进步"示范学校"工作的组织领导,坚持面向小学、幼儿园,面向农村,面向边疆地区、少数民族聚居区"三个面向"的办学方向,通过多种多样的方式将民族团结进步融入教育教学的全过程,将中华民族共同体意识教育深深植根于办学理念和融入教学内容、校园文化建设中去。

围绕铸牢中华民族共同体意识主线,以"进课堂,铸民族团结之魂""进活动,践民族团结之行""进兴趣小组,展民族团结之彩"的"三进"为载体,百省乡中心小学全面促进各族师生交往交流交融,不断巩固和拓展民族团结进步创建成果。学校以培养学生的"六项民族文化技能"(会唱一首民族歌曲、会跳一支民族舞蹈、会演奏一种民族乐器、会讲一个民族团结故事、会一项民族传统体育运动、会做一件民族民间手工艺品)为抓手,将民族音乐、民族舞蹈、民族技艺、民族传统体育运动等融入课程教学中,将民族文化传承给下一代。2017年9月,百省乡中心小学少数民族励志班顺利开班办学,创办1—6年级边境少数民族励志班,开设6个教学班400多人,并每学期给予少数民族励志班学生1000元的补助,每个教学班分别配备1名特少数民族教师,利用少数民族教师自身懂双语的优势,通过"双语教学"解决教学中师生沟通的语言障碍。

五是举办丰富多彩的民族文化活动,促进各民族交往交流交融。那坡县百省乡面良村坡伍屯地处中越边界线附近,坡伍屯红彝的传统民族节庆活动"祈雨节"于每年的农历三月由当地部族择吉日举行。"祈雨节"当天,男女老少汇集在大榕树下,围成一圈,踏着铜鼓声和竹箫声的旋律,跳起十二套不同风格舞蹈动作,祈求保佑人畜兴旺,风调雨顺。而每年农历八月初十是那坡县百省乡上华村规弄屯蓝靛瑶的传统民族节日——庆丰节,周边的壮族、瑶族、苗族等各民族也都身穿节日盛装参加红彝"祈雨节""庆丰节"。红彝"祈雨节"也成功入选了自治区级非物质文化保护名录。百省乡通过举办百省坡伍红彝"祈雨节"、百省规弄的蓝靛瑶"庆丰节"等民族节庆活动,使少数民族民俗活动成为加强各民族交往交流交融、增进团结的桥梁纽带,从而增进不同民族之间的文化交流,促进边境民族团结和谐稳定。

三、对口支援提升民族团结进步工作

2018年以来,百省乡得到深圳对口帮扶,加快了脱贫攻坚步伐,边境地区各民族也体会到了中华民族大家庭的温暖。

深圳市龙岗区帮扶实施那布村苗族屯危旧房改造。2018年年初,以那布村水弄一社、二社为先行试点,扎实推进深度贫困村屯的危旧房改造,房屋改造工程37栋全部竣工验收入住,成为那坡县脱贫攻坚工作的典型。2018年8月起,对那布村规陇、后卡、红埃、百松、百埃、水头屯其余6个苗族屯实施旧房改造工程,共实施旧房改造138户,其中包括距离边境线0~3千

米曾享受过兴边富民等政策的120户,未享受过兴边富民政策列入2019年4类重点对象改造的18户。2019年,第二批广东帮扶广西扶贫协作资金共下达百省乡555.2万元,补助对象是距离边境线0~3千米曾享受过兴边富民政策又变危房的四类重点改造对象,受益户数为129户311人。其中那布村120户263人,面良村8户44人,百坎村1户4人。

深圳市龙岗区帮扶实施那布村水弄一社、二社巷道硬化。2019年,龙岗区投入粤桂财政帮扶资金58万元,用于实施百省乡那布村水弄屯巷道硬化及排污沟工程,主要铺设屯内水泥混凝土路面4100平方米,新建排水沟400米,新建挡土墙120立方米。2019年11月项目竣工验收投入使用。

深圳市龙岗区"结对村"帮扶实施那布村项目。2019年3月,深圳市龙岗区龙城街道投入结对帮扶资金234.2万元,对口帮扶百省乡那布、面良、那翁、坡荣4个少数民族贫困村,实施人畜饮水、扶贫车间、灯光照明、巷道硬化工程等项目。其中,在那布村投入114.2万元,用于水弄一社、二社亮化工程,百埃屯、水头屯、百松屯巷道硬化和建档立卡户门窗安装等项目建设,全部项目都已竣工投入使用。2020年1月,龙城街道商会给水弄幼儿园捐赠了价值近5万元的滑梯及幼儿园玩具、消毒柜、蒸箱机等设施用具。

深圳市龙岗区对口帮扶实施边境村基础设施建设项目。2020年,深圳市龙岗区投入第一批财政帮扶资金1223.7万元,对口帮扶百省乡那布村规陇屯、后卡屯、百埃屯、百松屯四个苗族屯,以及面良村弄平屯、弄苗两个苗族屯,由县乡村办作为业主单位,实施新建屯内巷道硬化、排水排污沟、片石浆砌挡土墙、牛棚建筑、护栏工程等项目。其中那布村投入630万元,面良村投入593.7万元,项目全部竣工验收投入使用。

那布村水弄一社、二社已成为东西部扶贫协作龙岗对口帮扶那坡实施深度贫困村屯危旧房改造项目的先进典型,成为"户有新居,村有新貌,农民收入有新的增长点,维护国家安全和民族形象有新亮点,边民整体素质和生活有实质性新变化"的"五新"村民小组。苗族群众为表达对龙岗人民的感激之情,以龙岗命名自己的新家园——龙岗新村。如今的龙岗新村凸显新农村建设的现代化气息,水泥路铺至家门口,一栋栋宽敞明亮的楼房整齐排列,路旁竖立着一盏盏崭新的太阳能路灯。村民们把对党和国家的感恩之情化为升国旗的行动，每家每户都自觉升起了国旗。边民们的爱党爱国感情更加强烈，巩固国防的意识更加明显，更好地发挥了"一户一哨所，一人一哨兵"的守边固土作用。

四、对策建议

民族团结进步是一个长期的过程，针对边境地区的实际情况可重点抓好以下工作。

（一）加强铸牢中华民族共同体意识宣传教育工作

从提高百省乡各民族文化自觉、构筑中华民族共有精神家园出发铸牢中华民族共同体意识。从学校教育、社会教育和家庭教育方面不断深化中华民族共同体意识宣传教育，充分利用"壮族三月三"、红彝"祈雨节"、蓝靛瑶"庆丰节"等民族节庆活动，推进各民族深度交往交流交融，提高各民族文化共享和文化认同。加强党对民族工作的领导，不断推进民族事务治理体系和治理能力现代化，使铸牢中华民族共同体意识家喻户晓，坚决防范化解民族领域风险隐患。

（二）夯实铸牢中华民族共同体意识的物质基础

尽管百省乡已经取得脱贫攻坚战的胜利，但是，脱贫群众仍然处于较低的生活水平，一些脱贫户还有返贫的可能。因此，建立可持续、稳定的收入模式仍然是当务之急。要继续完善一批脱贫奔康产业园建设，提升八角、茶油加工工艺和中草药加工的技术水平，实现脱贫群众收入有保障、发展可持续。加快易地扶贫搬迁后续产业扶持力度，通过劳务输出、产业扶贫等方式使搬迁户搬得出、稳得住、能致富。用好用足国家边境地区相关政策，加快百省乡少数民族聚居区发展，推进边境地区民族团结进步模范长廊建设。加强对脱贫边缘户、监测户的跟踪监测工作，对百省乡的边缘户、监测户进行防返贫跟踪监督，并采取相应防返贫举措，巩固脱贫成果，为铸牢中华民族共同体意识奠定丰富的物质基础，推动各民族共同迈向现代化。

（三）推进对口帮扶转型升级发展

全方位推进那坡深圳龙岗边贸扶贫产业园建设和经济协同发展，通过对口帮扶，在园区建设、招商引资、产业转移及产业转型升级等方面展开广泛合作，引进深圳外移的高新技术产业、新材料、新一代信息技术等产业，打造那坡成为深圳的农产品供应链基地。同时，注重赋予对口帮扶工作以"以彰显中华民族共同体意识的意义，以维护统一、反对分裂的意义，以改善民生、凝聚人心的意义"，并作宣传推广，成为激发各民族铸牢中华民族共同体意识的内生动力，为促进各民族共同走向社会主义现代化凝聚精神力量。

践行党的民族政策　打造各族和谐家园

——龙胜各族自治县铸牢中华民族共同体意识的实践

毛逸人　冼　奕[*]

龙胜各族自治县（以下简称"龙胜"）总面积2538平方千米，辖4乡6镇共119个行政村，主要有苗、瑶、侗、壮、汉5个世居民族，总人口17.26万，其中少数民族人口14.14万，占81.92%。2021年11月21日是龙胜成立70周年的县庆日，龙胜把铸牢中华民族共同体意识这一主线贯穿县庆活动的全过程，充分展现民族政策的优越性和70年来取得的伟大成就。

龙胜是中国南方最早成立的民族自治县和全国仅有的两个各族自治县之一，是党的民族政策最早成功实践的地方，长期以来是维护民族团结的典范。多年来，党的民族政策在龙胜开花结果，民族文化百花齐放。近年来，龙胜各族人民奋力建设中国生态旅游强县，打造桂林国际旅游城市的生态排头兵，成功践行"两山"理念，牢固树立"不抓民族工作的领导干部不称职，抓不好民族工作的领导干部也不称职"的观念，深入推进铸牢中华民族共同体意识工作走深走实。

一、龙胜各族群众交往交流交融的历史过程

龙胜自秦代开始有先民为逃避战乱等原因迁徙至此，以至于对和谐共处有着深厚的情怀。龙胜历史上先后属桂林郡、武陵郡、始安郡，因先民沿江种桑养蚕织布穿衣故名桑江。出产于龙胜的滑石，俗称"软玉"，是古代替

---

[*] 毛逸人，原龙胜各族自治县民族宗教事务局局长；冼奕，广西社会科学院民族研究所助理研究员。

代玉器的重要陪葬品,自汉代开始,便作为重要的商品开始流通。现藏于广西合浦博物馆的"滑石双眼灶"等器具,经灵渠、西江传入合浦一带,表明龙胜物产自汉代开始通过"海上丝绸之路"走向世界。清代乾隆六年(公元1741年),龙胜爆发了由侗、苗人民为争取民族平等、反抗清廷暴政的吴金银起义,起义失败后,清政府于桑江司属地设立龙胜理苗事务厅(俗称"龙胜厅"),龙胜始成为县级行政区域。

1933年,在龙胜境内居住的瑶族群众与周边的灵川、兴安、全州的瑶族群众因反抗国民党政府的压迫,爆发了"桂北瑶民起义",但因缺乏正确的思想引领,最终起义失败。各民族在追求民族团结的进程中作出了不懈的努力和流血牺牲。

1941年,为了打通广州连接重庆的交通要道,广西、湖南两省的15万各族群众,同心协力历经艰难险阻,修通了广西桂林至贵州三穗的公路,立下"湘桂金结"纪念碑,寓意着桂湘人民在抗日战争大局面前彰显出的中华儿女的民族大义及兄弟携手用金石凝结出来的伟大抗战精神。

1947年,长征留下来的红军和当地进步青年,在桂林地下党的领导下,发动了小江起义,各族热血青年纷纷加入解放战争。1949年11月21日,龙胜的游击队解放龙胜,并成立了党领导下的党委和政府组织。1951年8月19日,在党中央的关怀下,龙胜成立各族自治区(县级),是我国最早的民族自治区域之一,标志着龙胜各族人民当家作主的权利得以实现,平等、团结、互助、和谐的社会主义民族关系得以健康发展。

二、我国民族政策在龙胜的成功实践

1934年12月5日,中国工农红军经历了惨烈的湘江战役,翻越了长征途中的第一座高山——老山界,进入了龙胜。龙胜是各少数民族聚居的区域,也是进入云、贵、川等少数民族聚居区的咽喉之地。当时的龙胜交通不便、山高林密,给红军提供了一个可以短暂休整的时机。红军一边对第五次反"围剿"和湘江战役的失利进行反思,一边思考长征再出发的方向,更重要的是思考如何团结少数民族群众,如何争取少数民族群众的支持。由此,红军在龙胜对1933年"桂北瑶民起义"失败的首领、龙胜的各民族群众宣传红军的民族政策,对冒充红军纵火的敌特予以严惩,并严格执行"三大纪律六项注意",严格执行 11 月 29 日判定的《关于瑶苗民族中工作原则指示》《关于对苗瑶民的口号》,对群众的利益秋毫无犯,获得各族群众的衷心拥护,标志着党的民族政策首次成功实践,为后来红军长征进入湖南、贵州、云南、四川实施民族政策奠定了坚实的基础。

1934 年 12 月 6 日,红三军团首长曾在龙胜泗水乡周家村白面瑶寨的龙舌岩约见"桂北瑶民起义"的头领和村寨"寨老",宣传党的主张和红军纪律,赠送给群众物资,号召群众与反动派作斗争,并在岩石上镌刻"继续斗争,再寻光明""红军绝对保护瑶民"标语。为了感恩红军,铭记历史,群众把龙舌岩改名为"红军岩"。特别是标语上瑶民的"瑶"字,从过去反犬旁的"猺"到红军第一次写下单人旁的"傜",再到今天王字旁的"瑶",一个字的变化,反映了少数民族从被人歧视到当人看待,再到今天翻身做主人的伟大转变。

位于龙胜江底乡建新村的观音岩、矮岭寨的"瑶民感恩碑",是当地瑶族群众在红军长征离开后的第二年正月竖立的,并镌刻了感恩诗,用最简朴的语言表达对红军帮助瑶胞回归家园的感恩之情。

红军爱民、亲民、为民的红色基因深植于当地人民的心中,为后来党的民族政策在当地实施奠定了思想基础。红军在龙胜期间的民族政策和民族工作,在龙胜各族人民中间播下了民族平等、民族团结、民族自治的种子。1951 年 8 月 19 日,龙胜各族自治县成立之际,时任中央访问团团长的费孝通先生,根据龙胜实际情况撰写的专题报告《广西龙胜民族民主建政工作》为我国正在进行民族识别等系列民族工作起到重要的作用。

近年来,龙胜修订了《龙胜各族自治县自治条例》、新制定了《龙胜各族自治县民族民间传统文化保护条例》,民族区域自治、民族团结进步事业在法制化轨道上阔步前进。龙胜把发扬革命精神、传承红色基因作为推进铸牢中华民族共同体意识工作的出发点之一,对"湘江战役"散落的红军遗骸进行收殓安葬,对红军岩、红军楼等 6 个革命遗址重新进行维护和修缮,建设了"万人界长征体验区""江口长征体验区"等红色传承教育载体,结合党史学习教育、研学教育、中小学思政教育开展了系列"感党恩"活动。2019 年,广西"脱贫感党恩 奋进新起点"现场会在龙胜召开。泗水乡村民陈代军自 1995 年农历正月初一至 2022 年,一直坚持做"家账",27 年来他一共记了18本。账本有每天的工作记录、家庭收支，通过一个普通农村家庭27年的变迁，反映出祖国前进的步伐，被称为"龙胜账本""中国账本"。

三、龙胜铸牢中华民族共同体意识的实践与创新

（一）加强统筹规划和体制机制建设，强化铸牢中华民族共同体意识的组织引领

为进一步探索和实践铸牢中华民族共同体意识工作，把该项工作抓深抓实，龙胜结合历史沿革、优秀传统及现代化治理工作，创造性地提出了铸牢中华民族共同体意识的"四个家园"，即建设"文化融合的精神家园""共建共治的平安家园""守望相助的和谐家园""共同富裕的幸福家园"。每个家园制定了四项可操作性的具体措施，构成"协同"建设方案，如"文化融合的精神家园"包括"同讲红色故事、同唱团结歌曲、同跳团圆之舞、同演一台好戏"；"共建共治的平安家园"包括"同遵村规民约、同守绿水青山、同结互助远亲、同化邻里矛盾"；"守望相助的和谐家园"包括"同组各族家庭、同敬孤寡老人、同聚守望火塘、同庆民族佳节"；"共同富裕的幸福家园"包括"同结互助远亲、同享健康教育、同分发展红利、同建幸福家园"等。各项内容涵盖政治建设、文化建设、法治建设、生态建设、经济建设等，让铸牢中华民族共同体意识工作与龙胜全县的各项工作有机结合、有效衔接，让工作实施开展有章可循。

（二）创新探索"绿水青山就是金山银山"，夯实铸牢中华民族共同体意识的物质基础

龙胜依托生态优势，大力发展精品农业，以"两茶""两果"为代表的种植业发展势头良好，特别是罗汉果，已经成为龙胜重要的品牌产业，第一产业增加值完成15.68亿元。滑石工业产业实现了开采、加工产业链的全覆盖，成为县域经济的支柱。龙胜大力发展清洁能源，依托生态优势发展风电、水电等清洁能源，工业总产值22.86亿元。龙胜以"全球重要农业文化遗产"的梯田风光为主的旅游业成为世界旅游品牌；苗、瑶、侗、壮、汉各民族文化得到活态传承；国家湿地公园、森林公园、红色草原等自然天成的康养资源吸引八方游客，"世界梯田原乡　民族团结之窗"品牌享誉海内外，

2020年龙胜获国家"绿水青山实践创新基地"荣誉称号，2022年累计接待国内游客704万人次，实现旅游总消费85亿元，龙脊镇大寨村成为我国两个入选联合国旅游组织"最佳旅游乡村"之一，真正把绿水青山变成了金山银山。

（三）大力推进民族地区民生事业，厚植铸牢中华民族共同体意识的社会根基

为让龙胜全县各族群众实实在在地享受到实施民族政策的丰硕成果，龙胜千方百计抓好民生工程。2020年，龙胜获生态环境部"绿水青山就是金山银山"实践创新基地荣誉称号。脱贫攻坚以来，龙胜举全县之力加强基础设施建设，改善民生，各族群众的生活水平跃上了新的台阶。龙城大力建设高速公路，同时5年内修建乡村公路1200多条1600多千米，实现村村通公路，道路硬化已经走进自然屯。实施城乡集中供水工程及农村饮水安全巩固提升工程，解决城乡群众安全饮水和农村消防用水问题。新建和改造农村电网线路，99.98%的农户有电用。稳步推进人居环境改善工程、农村危房改造工程、易地扶贫搬迁工程、公共服务设施建设工程，打造宜居乡村、幸福乡村。2022年，龙胜实施重点项目69项，实施了龙城高速、教育园区、民政园区、中医院、乡村公路建设、名优特产展销中心等一批民生工程，总投资483.96亿元，使各族人民群众充分感受到党的民族政策的优越性，切实享受到了改革发展的伟大成果。

龙胜均衡教育发展资源，办好人民满意的教育，实现全县初中集中县城办，小学集中乡镇办，各民族适龄儿童均能够享受到优质的教育资源。同时，社会保障、平安建设、民族体育等各方面水平均得到质的飞跃。

（四）注重挖掘中华文化符号资源，丰富铸牢中华民族共同体意识的精神内涵

千百年来，各民族创造了丰富多彩的建筑文化、饮食文化、服饰文化和民族艺术，这些构成了铸牢中华民族共同体意识的文化基础。

在龙胜诸多地方刻于桥亭上的"三鱼共首"图，有的为纪念兄弟之间团结一心，艰苦创业的丰功伟绩；有的是为了纪念姓氏家族联谊交往，和睦共处；有的是象征村寨之间和不同民族之间的团结和谐。当地民众自古以来都将代表团结和谐的石板路、凉亭、水井、风雨桥、鼓楼、戏台置于首要位置，把建设公益设施的意义最大化。2011年修建的"揽胜楼"，巧妙地融合了龙胜苗、瑶、侗、壮、汉各民族建筑的特点。文化的建构、民众的选择、历史的积淀，形成了象征民族团结和谐的文化表征，体现出民族团结是各族人民的共同心愿。

家庭和睦是社会和谐的重要组成部分。火塘是家庭的重要活动区域，更是老人向年轻人开展家庭教育、口传心授文化的场所。"讲款"是实施村民自治管理的教育课堂。"款"是以地缘为纽带的民间自治组织，共同制定出来的自治管理约定叫"款约"，与"村规民约"异曲同工，各村寨都会在特定时间特定地点开展"讲款"活动，使村寨的款约深入人心。龙胜将铸牢中华民族共同体意识和优秀的传统习俗融入村规民约，倡导文明新风，有效维护村寨良好的社会秩序。此外，结拜异姓兄弟的"认老庚"、互换劳动的"打背工"、体现团结和热情的"百家宴"、集体出访交流的"团访"活动，以及各类民族节庆等，都是跨区域、跨宗族、跨民族的文化联谊活动，促进了各民族之间的思想交流、和谐发展，最终形成了水乳交融、你中有我、我中有你的大融合局面。

多民族融合聚居促进了各民族群众团结互助、交往交融文化的形成，为铸牢中华民族共同体意识奠定了文化基础。民合屯原是一个汉族群众聚居的自然屯，称为"苏家屯"，后来，苏家屯陆续接纳了苗族、瑶族群众前来成家立业，村寨里团结和谐，大家一致同意把"苏家屯"改为"民合屯"。在龙胜，一个人会多种少数民族语言，不同语言之间畅快交流亦成为一道别致的风景。

为维护省级、县际之间的平安和谐，龙胜与周边的湖南省城步苗族自治县、通道侗族自治县，柳州市的三江侗族自治县等常态化联合举办"桂湘原生态风情节""民族团结共建"等文化交流活动。

在党的领导下，各族人民艰苦奋斗，砥砺前行，在龙胜大地上全面建成了小康社会，历史性地解决了绝对贫困问题。龙胜各族群众以铸牢中华民族共同体意识为主线，切实推动各民族"共同团结奋斗、共同繁荣发展"的伟大事业，坚持"生态立县、绿色发展"的理念，聚焦乡村振兴、工业振兴、文旅振兴"三大振兴"，初步形成了新时代民族工作高质量发展的"龙胜样板"。

广西民族地区发展报告
2022年广西蓝皮书

高质量发展篇

广西少数民族聚居区高质量发展报告[*]

谢国雄　覃　娟　张　健　刘建文　潘文献[**]

高质量发展是全面建设社会主义现代化国家的首要任务，也是确保全面建设社会主义现代化一个民族也不能少的必由之路。2021年4月，习近平总书记在广西视察时作出了"在推动边疆民族地区高质量发展上闯出新路子"的重要指示；同年8月，习近平总书记在中央民族工作会议上强调："民族地区要立足资源禀赋、发展条件、比较优势等实际，找准把握新发展阶段、贯彻新发展理念、融入新发展格局、实现高质量发展、促进共同富裕的切入点和发力点。"广西是中国少数民族人口最多的自治区，少数民族聚居区能否实现高质量发展，直接关系着国民经济发展、国家安全、民族团结、社会稳定和边疆安宁。因此，立足新发展阶段，分析广西少数民族聚居区高质量发展现状、困难和问题、优势和机遇，提出针对性对策建议，对于铸牢中华民族共同体意识、推动新时代党的民族工作高质量发展和新时代壮美广西建设具有重要意义。

一、广西少数民族聚居区发展概况

少数民族聚居区是指少数民族人口占总人口30%以上的县区。目前，广西共有少数民族人口聚居区64个，其中包括12个少数民族自治县，3个享受自治县待遇的县，8个边境县及5个享受边境县待遇的县。

---

[*] 本报告是2021年广西壮族自治区民族宗教事务委员会委托课题"广西少数民族聚居区融入国家和全区发展格局及重大政策、重大规划和重大项目研究"成果。

[**] 谢国雄，广西社会科学院新型智库建设处副处长；覃娟，广西社会科学院民族研究所研究员；张健，广西社会科学院民族研究所副研究员；刘建文，广西社会科学院民族研究所研究员；潘文献，广西社会科学院民族研究所副研究员。

（一）人口、面积和分布

广西 64 个少数民族聚居区地域面积 15.67 万平方千米，占广西全区面积的 65.95%。12 个民族自治县地域面积 3.52 万平方千米，占广西全区面积的 14.81%。2020 年年末，64 个少数民族聚居区常住人口 2500.86 万人，占全区常住人口的 49.81%。其中，少数民族人口为 1689.84 万人，占全区少数民族人口的 89.74%；12 个少数民族自治县常住人口 355.89 万人，占全区常住人口的 7.09%（图 1）。

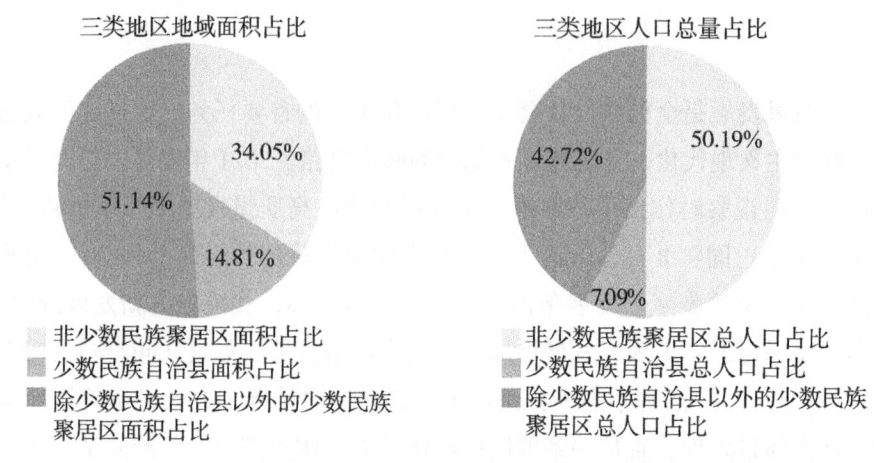

图1　2020年三类地区地域面积占比图和人口总量占比图

数据来源：《广西统计年鉴 2021》（中国统计出版社，2022 年）。

（二）经济发展情况

2021 年，少数民族聚居区地区生产总值 12 382.39 亿元，比上年增长 11.29%，占全区总量的 50.05%；人均地区生产总值 49 513 元，为全区平均水平的 100.6%。全年财政收入 1032.78 亿元，比上年增长 0.37%，占全区的 34.11%；人均财政收入 4130 元，为全区平均水平的 68.46%。❶

2021 年，全区少数民族自治县生产总值 1008.8 亿元，比上年增长 11.38%，占全区总量的 4.1%；人均地区生产总值 28 345 元，为全区平均水平的 57.61%。全年财政收入 74.1 亿元，比上年增长 2.06%，占全区的 2.45%；人均财政收入 2082 元，仅为全区平均水平的 34.5%（图 2）。❷

---

❶ 数据根据各县 2021 年统计公报综合整理。
❷ 数据根据各县 2021 年统计公报综合整理。

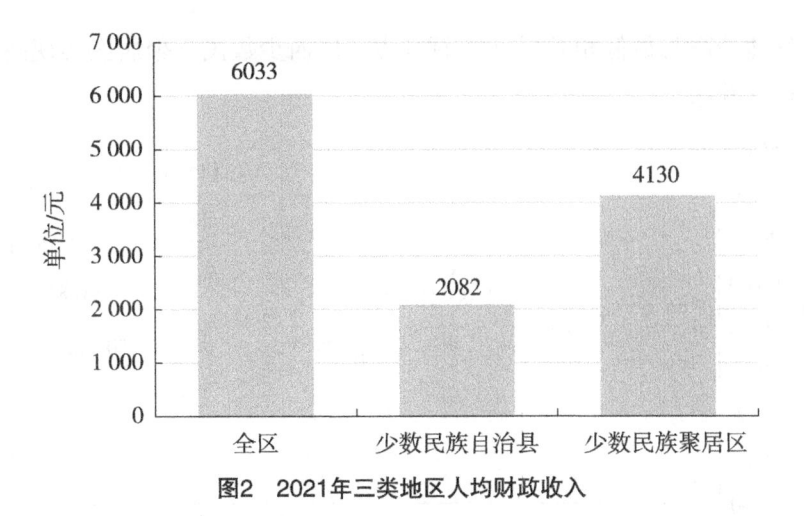

图2 2021年三类地区人均财政收入

数据来源：《2021年广西壮族自治区国民经济和社会发展统计公报》及2021年各县国民经济和社会发展统计公报。

从地区生产总值来看，少数民族聚居区地区生产总值增加较快，2021年比2020年增加了1256亿元，占全区增量的48.6%，人均产值略高于全区平均水平，这说明少数民族聚居区经济增长较快；但自治县2021年的地区生产总值比2020年增加了103亿元，仅占全区增量的4%，可见自治县的经济增长还是较慢。从财政收入看，2021年少数民族聚居区和自治县的人均财政收入均低于全区平均水平，分别相当于全区平均水平的68.46%和34.5%。

从自治县的发展来看，2021年，地区生产总值最高的是融水苗族自治县（图3），达到了142.79亿元，增速最快的是环江毛南族自治县，为13.9%（图4）；比全区平均水平高出约6.4个百分点，但因其发展基础较差，总量不高，只有72.36亿元。在12个自治县中，有4个县的地区生产总值增速低于全区平均水平，其中最低的是大化瑶族自治县，其增速仅为0.8%。

总的来说，广西64个少数民族聚居区近两年经济发展较快，地区人均生产总值与全区水平相当，增速高于全区平均水平；有一半左右的县（区）的城乡居民收入水平与全区平均水平相当或高于全区平均水平，总体发展令人期待。但是，从各县区发展情况看，发展不平衡不充分的问题依然比较突出，特别是12个少数民族自治县，总体水平在全区处于落后的状态，虽然大部分自治县增速高于全区增速或者与全区增速持平，但因基础较差，所有自治县的居民收入水平均低于全区平均水平，且自治县之间的发展也不平衡，增速最高与最低相差13.1个百分点。广西少数民族聚居区实现高质量发展任重道远。

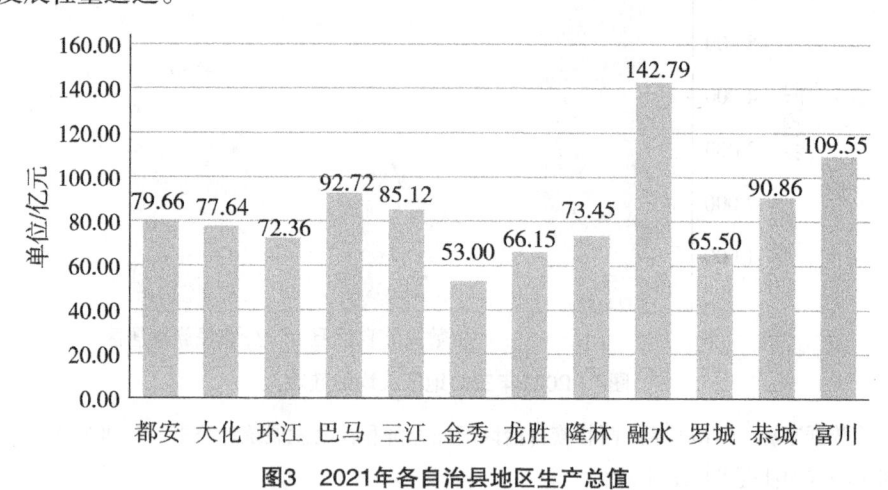

图3 2021年各自治县地区生产总值

自治县	地区生产总值（亿元）
都安	79.66
大化	77.64
环江	72.36
巴马	92.72
三江	85.12
金秀	53.00
龙胜	66.15
隆林	73.45
融水	142.79
罗城	65.50
恭城	90.86
富川	109.55

数据来源：2021年各自治县国民经济和社会发展统计公报。

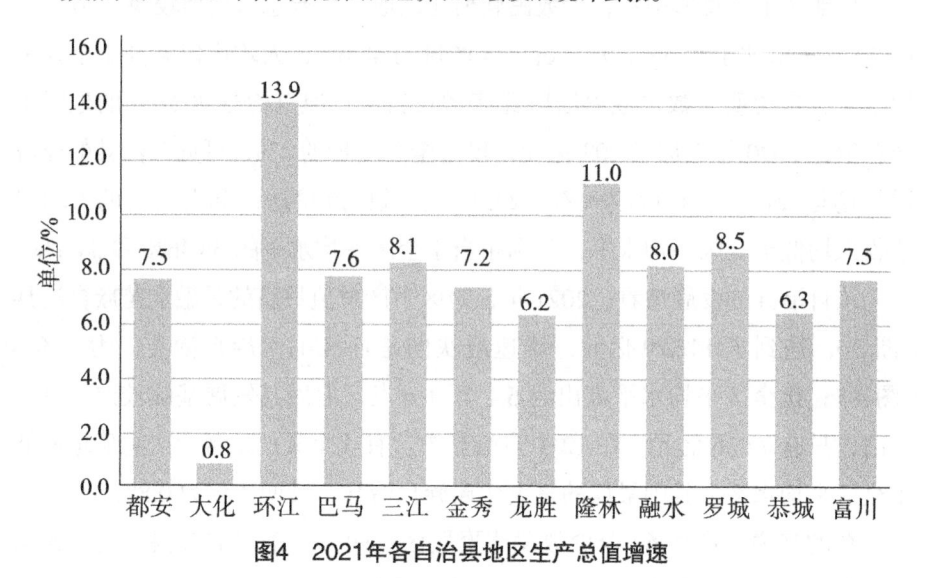

图4 2021年各自治县地区生产总值增速

自治县	增速（%）
都安	7.5
大化	0.8
环江	13.9
巴马	7.6
三江	8.1
金秀	7.2
龙胜	6.2
隆林	11.0
融水	8.0
罗城	8.5
恭城	6.3
富川	7.5

数据来源：2021年各自治县国民经济和社会发展统计公报。

二、广西少数民族聚居区实现高质量发展的优势和机遇

立足新发展阶段，完整、准确、全面贯彻新发展理念，积极主动融入国家和全区发展格局，把握国内国际双循环发展格局、建设铸牢中华民族共同

体意识示范区、践行"两山"理论推动高质量发展等带来的机遇，有助于挖掘广西少数民族聚居区实现高质量发展的优势。

（一）积极融入"双循环"国家新发展格局，发展优势更为凸显

当今世界正经历百年未有之大变局，"双循环"是大变局的必然选择，广西少数民族聚居区中有很大一部分是边境地区，只有更好地融入国家新发展格局，才能肩负起富边稳边守边固边的历史使命。

在"双循环"国家新发展格局中，广西少数民族聚居区的发展优势愈发凸显。广西是中国西南地区唯一沿海的省区，位于中国大陆东、中、西三个地带的交汇处，与越南陆路接壤，与菲律宾、马来西亚、新加坡等国隔海相望，是中国对接东盟最重要的枢纽门户、我国对外开放的前沿，是国内国际双循环的重要对接点。广西边境地区均是少数民族聚居区，在融入"双循环"新发展格局上有显著的区位优势。同时，"双循环"发展格局也给广西的旅游业带来了重大发展机遇。广西少数民族聚居区的自然旅游资源和人文景观资源非常丰富，既有喀斯特地貌，又有滨海风光、边境风貌，还有浓郁的地方风情和人文特色，要充分发挥少数民族聚居区的区位和资源优势，抓住《区域全面经济伙伴关系协定》（RCEP）扩大合作的机遇，加大国际大循环力度，推动国内国际双循环互动发展，提高综合竞争力，实现边疆地区经济社会繁荣发展。

（二）巩固拓展民族团结进步示范区成果，努力建设铸牢中华民族共同体意识示范区

2021年，中央民族工作会议明确提出铸牢中华民族共同体意识是新时代党的民族工作的主线。同年，广西壮族自治区党委第十一届第十次全体（扩大）会议通过《关于解放思想担当实干凝心聚力建设新时代中国特色社会主义壮美广西的决定》，明确提出要"巩固深化全国民族团结进步示范区建设，创建铸牢中华民族共同体意识示范区"。2021年11月召开的广西第十二次党代会把建设铸牢中华民族共同体意识示范区作为广西重点工作进行部署，并将其纳入建设新时代中国特色社会主义壮美广西"1+1+4+3+N"目标任务体系，出台《关于建设中华民族共同体意识示范区推进新时代全区民族工作高质量发展的实施意见》，在全国范围内率先提出建设铸牢中华民族共同体意识示范区。

民族团结是民族发展进步的基石,广西少数民族聚居区在民族团结和谐、中华民族共同体意识牢固方面具有无可比拟的优势,也是长期以来经济社会发展的重要基础。2021年4月27日,习近平总书记在视察广西时,强调"广西是民族团结进步的示范区,要继续发挥好示范带动作用",这为广西少数民族聚居区的发展注入了强大的动力。广西少数民族聚居区应当聚焦当前发展的新形势、新任务,紧紧围绕铸牢中华民族共同体意识这一主线,在巩固发展民族团结、社会稳定、边疆安宁上彰显新担当,推动广西少数民族聚居区率先实现高质量发展,与全区、全国同步实现迈向现代化和共同富裕。

(三)践行"两山"理论推动高质量发展,彰显生态优势

党的十八大以来,以习近平同志为核心的党中央高度重视生态文明建设,始终把生态文明建设摆在治国理政的突出位置,生态文明体制改革全面深化,生态文明建设取得显著成效。习近平生态文明思想为新时代生态文明建设提供了根本遵循。"两山"理论是对马克思主义生态思想的创新发展,是习近平生态文明思想的科学内核和鲜明特色,为地区经济社会高质量发展指明了方向。

广西少数民族聚居区自然地理环境独特、风景秀丽、气候宜人、物产丰富,拥有丰富的自然资源、优美的生态资源和良好的生态环境,这些地区既是我国的资源富集区、生态保障区、水系源头区,又是生态脆弱区、后发展地区,保护与建设并重。践行"两山"理论推动高质量发展是广西少数民族聚居区主动服务大局、融入大局的需要,是把广西命运同国家和民族的命运紧紧联系在一起、把建设新时代中国特色社会主义壮美广西融入中华民族伟大复兴历史进程的重大举措,体现了贯彻新发展理念的思想自觉、政治自觉和行动自觉。践行"两山"理论、走高质量发展之路,是党和人民赋予的重要任务和使命,也是对党和人民高度负责的鲜明体现,成为推动建设新时代中国特色社会主义壮美广西的必然要求和贯彻"四个新"总要求的重要举措。践行"两山"理论、走高质量发展之路,坚持生态优先、绿色发展不动摇,严守生态环境安全底线,积极探索和创新"两山"理论的实践路径,率先走出一条民族地区高质量绿色发展之路，既可为广西未来发展奠定坚实的生态环境基础，夯实"绿色家底"，又为推动生态优势转换为经济优势提供有效路径，让优美的生态环境成为经济发展的增长点。可见，积极践行"两山"理论是推动广西少数民族聚居区高质量发展的基本要求和重要途径，更是广西少数民族聚居区高质量发展的重大机遇。

三、广西少数民族聚居区实现高质量发展的主要困难和问题

近年来，广西把自治县、民族乡和边境县作为乡村振兴和新型城镇化的重点支持对象，实施新时代兴边富民行动，加快推动少数民族聚居区发展取得新成效，但距离高质量发展的要求还有不小差距。

（一）发展基础薄弱，巩固拓展脱贫攻坚成果同乡村振兴有效衔接的工作难度大

广西少数民族聚居区与欠发达地区高度重叠，发展基础差、底子薄。脱贫攻坚阶段，少数民族聚居区大多属于扶贫开发重点县，其中，广西认定的4个极度贫困县和20个深度贫困县中的19个属于少数民族聚居区（只有昭平县不属于少数民族聚居区），它们曾经是贫中之贫、困中之困。少数民族聚居区虽然完成了艰巨的脱贫攻坚任务，交通等基础设施有了翻天覆地的变化，但横向相比，少数民族聚居区发展的总体水平不高，基础不稳。国家确定的广西20个乡村振兴重点帮扶县与2018年广西确定的20个深度贫困县高度一致，受制于发展基础和现实条件，少数民族聚居区巩固拓展脱贫攻坚成果同乡村振兴有效衔接面临更大的困难。

（二）全面小康水平较低，发展不平衡不充分的问题相对突出

广西少数民族聚居区经济发展呈现出明显的不均衡不充分的特点，两极分化严重且整体上低于全区平均水平。以南宁市和柳州市为核心的区域发展较快，在核心城市的辐射带动下，全面小康的水平略高于全区平均水平，而崇左市、百色市、河池市、来宾市范围的县市则大多是经济发展相对滞后的地区，全面小康的各项指标普遍低于全区水平。从指标类别上看，总体上少数民族聚居区全面小康的实现水平较低。地区生产总值增速、人均可支配收

入增速、城镇登记失业率等关键指标达到目标值，但恩格尔系数、医师数、养老床位等指标数值不理想。除了南宁市和柳州市附近区域，其他少数聚居县（市）的城镇化率较低，影响相关指标的提升。2021年，河池市户籍人口城镇化率只有25.68%，常住人口城镇化率也仅为45.93%，远低于广西平均水平。综上所述，广西少数民族聚居区与全国全区共同走向现代化、实现高水平小康仍面临较大困难。

（三）产业发展可持续性差，群众稳定增收瓶颈尚难破解

受到区位远离中心、交通条件差和资本积累不足等因素影响，广西少数民族聚居区大部分县市经济总量小、工农业较为薄弱、第三产业发展不足，工业化和城镇化处于相对较低的水平。少数民族聚居区大部分县（区）以农业为基础，工业以矿产、水电和林木加工为主导产业。主导产业的资源禀赋特征和产业链分工层次使其普遍缺乏定价权，同质化竞争普遍存在，市场应变能力较弱，稳定性和竞争力不足。少数民族聚居区创新驱动能力较弱，创新对主导产业高质量发展的支撑力不足，工业技术和装备对外依赖度极高，没有形成显著的制造业中心和制造业集群，只有少数旅游资源禀赋优异的县市真正将旅游业发展成为具有影响力的支柱产业。产业发展后劲不足导致少数民族聚居区开放型经济水平不高，开放合作潜能未能很好地转化为经济竞争优势。

（四）生态保护压力较大，新旧动能转换面临诸多障碍

广西27个国家重点生态功能区中有24个是少数民族聚居区，广西少数民族聚居区对保障国家生态安全具有重要意义，并因其具有生物多样性保护、水源涵养、土壤保持、洪水调蓄等重要生态功能，生态保护压力较大。"绿水青山就是金山银山"，但目前"绿水青山"变成"金山银山"的有效途径不多，民族地区新旧动能普遍转换不畅。广西民族地区生态环境优势显著，但生态补偿机制不够健全，全国性市场缺乏资源环境价格实现方式。碳达峰、碳中和目标和更加严格的环境保护措施对少数民族聚居区诸多传统产业发展形成制约，仅国家重点生态功能区第二批负面清单就涉及26个行业406类项目的限制和禁止，未来负面清单可能还会继续扩展。这迫使少数民

族聚居区传统产业必须加快转型升级的步伐。

（五）传统民族文化传承存在困难，文化软实力亟待提升

广西少数民族聚居区传统文化资源非常丰富，是构筑中华民族共有精神家园的源泉。但广西少数民族聚居区快速现代化对传统民族文化的传承造成巨大的冲击，少数民族聚居区传统文化的传承发展遭遇当代社会普遍面临的难题，许多民族传统文化不断式微，一些非物质文化遗产濒危，少数民族语言传承面临巨大挑战。少数民族聚居区总体上比较重视非物质文化遗产的保护和传承，特别是少数民族自治县努力做好非物质文化遗产普查登记工作，建设县级非物质文化遗产保护工作平台，聚焦非遗代表性传承人和项目申报，大力推进非物质文化遗产展示，积极开展民族文化和非遗文化进校园活动。但少数民族聚居区地方财力普遍较弱，缺乏专业人才，没有专项资金支持民族文化进校园，也无法有效资助传统文化组织开展常态化活动。此外，部分少数民族聚居区对民族文化传承存在观念偏差，不够重视。

（六）人才短板明显，高质量发展人才支撑力量不足

发展靠人才，实现高质量发展更要靠人才，尤其是高素质的人才。然而，广西少数民族聚居区教育基础相对薄弱，高等院校少，高中教育不够普及、中小学义务教育不平衡的现象还十分突出，这些都限制了少数民族聚居区人力资源的有效开发，人才培养的数量不足。另外，受经济发展环境的影响，地区支柱和主导产业稳定性差，就业机会相对不充裕，收入水平相对较低，造成大量中高端人才、产业工人和青壮年劳动力外流。对比近三次全国人口普查数据，少数民族聚居区仍存在一定程度的人口流失。大量青壮年劳动力流向外地导致少数民族聚居区人才总体缺乏。村干部中青壮年比例近年有所提升，但比例仍较低。少数民族聚居区的产业和人才没有形成相互促进的良性循环，人才短板问题将长期困扰地方经济社会发展。

四、广西少数民族聚居区实现高质量发展的思考

高质量发展是今后一个发展阶段的主题，也是实现共同富裕的前提基础和必然路径。广西少数民族聚居区实现高质量发展，必须在工作思路、推进

路径、政策措施等方面做好顶层设计、部署安排。

（一）传承优秀传统文化，建设中华民族共有精神家园

习近平总书记强调，"文化认同是最深层次的认同，是民族团结之根、民族和睦之魂"。少数民族聚居区实现高质量发展，必须建设中华民族共有精神家园，各民族形成文化认同，打好经济社会发展的文明基础。广西有12个世居民族，长期以来，各族人民和睦相处，各民族在交往交流交融中互动发展，形成了广西多元共生的文化景观和和谐发展优良传统，这是先辈留给我们的宝贵遗产，也是广西建设中华民族共有精神家园的宝贵财富。建设中华民族共有精神家园，离不开各民族的优秀传统文化，在少数民族聚居区，尤其离不开优秀的少数民族传统文化。广西少数民族聚居区集中了全区近90%的少数民族人口，其中产生了不少优秀的民族传统文化，如壮瑶地区为老人"添粮补寿"的习俗等，都是值得传承的优秀传统文化。建设中华民族共有精神家园，实现文化层面上的认同，有助于形成共同实现现代化的强大合力。

（二）坚持以人民为中心理念，建设共同富裕幸福家园

广西少数民族聚居区实现高质量发展，要促进各民族共同走向社会主义现代化，实现共同富裕。广西的少数民族聚居区集资源富集区、生态保障区、水系源头区、生态脆弱区、后发展地区于一身，保护与发展的任务都很重，始终坚持以人民为中心的发展思想，必须平衡好、协调好经济发展与环境保护，城乡发展与产业发展之间的关系，闯出一条绿色发展、产业结构协调的高质量发展之路。坚持高质量发展，要牢固树立大局意识，主动把广西少数民族聚居区的发展放在全国和全区的发展大局中来考虑，在大格局大视野中明确自身发展的方位和方向；坚持高质量发展，还要牢固树立底线思维，牢牢守住经济发展的底线、环境保护的底线和不发生系统性风险的底线。

（三）构建互嵌式社会结构和社区环境，建设守望相助和谐家园

广西少数民族聚居区实现高质量发展，必须跳出少数民族聚居区，积极融入全国和全区发展格局，用更宽广的眼光，用更高层次的视野和意识规划本地区的发展。少数民族聚居区的发展离不开与全区和全国其他地方的交往交流，民族间风俗习惯的差异是客观存在的，文化上的冲突也在所难免，这要求我们必须求同存异，推动构建互嵌式社会结构和社区环境，营造各民族共居共学共事共乐的社会氛围，形成各民族亲如一家的良好局面，让少数民族聚居区与全区和全国其他地方一起成为密不可分的共同体，各族人民团结一心，共同为美好生活努力奋斗，共同走向现代化，建设守望相助和谐家园。

（四）实施新时代兴边富民战略，建设边疆稳定平安家园

边疆稳定是国家安全的重要保障，边疆安宁，国家才平安。作为边疆民族地区，稳边固边是广西义不容辞的责任。广西边境线漫长，共有8个边境县及5个享受边境县待遇的县，这13个县都是少数民族聚居区。因此，实施新时代兴边富民战略，既是稳边固边的要求，也是推动少数民族聚居区实现高质量发展的重要途径。广西既是少数民族人口最多的省区，也是我国面向东盟开放合作的前沿和重要窗口，建设边疆稳定平安家园是落实习近平总书记关于边境地区建设和管理重要论述精神的具体体现。边疆稳定平安，靠的是高质量发展；边境繁荣稳定，才能使边境各族人民的获得感、幸福感、安全感不断提升。在加强边境经济建设的同时，还要加强边境地区管理，加强法治建设、意识形态建设，维护边境安全稳定。

五、广西少数民族聚居区实现高质量发展的创新思路

加快推动广西少数民族聚居区高质量发展，要针对少数民族聚居区不同的发展阶段、发展环境，实行因地制宜的差别化政策，重点对基础设施、产业、文化教育和医疗卫生等领域补短板。

（一）对少数民族聚居区发展实施差异化扶持政策

广西少数民族聚居区分布广，生产生活环境各异，有沿海地区、边境地区、大石山区、生态功能区、少数民族自治县等不同的自然环境和社会环境，因此，对少数民族聚居区要实行差异化的发展政策，切忌实行"一刀切"的政策。对沿海地区，着重转型提升产业结构，提高人民生活品质；对边境地区，着重创新落实开放发展政策，通过边境贸易和发展落地加工业提

高边民收入水平；对大石山区和生态功能区，着重保护生态环境，通过绿色产业稳定提高少数民族的收入；对少数民族自治县，要进一步建设完善基础设施，发展具有当地少数民族特色的优势产业。

（二）对少数民族聚居区实施专项扶持政策

建立健全少数民族聚居区防止返贫机制，以帮扶脱贫自治县为重点，在资金分配上继续向脱贫县倾斜，健全完善有利于自治县、民族乡和边境县高质量发展的差别化区域支持政策，保持现有帮扶政策、资金支持、帮扶力量总体稳定，严格落实教育、住房、基本养老、基本医疗保险、饮水等民生保障普惠性政策。

1. 高质量发展基础教育

将少数民族聚居区全部纳入国家助学金政策覆盖范围，享受广西普通高中国家助学金，脱贫户家庭子女、低保户子女免学费、住宿费、教材费，按规定享受广西普通高中一等国家助学金；库区移民子女免学费；家庭经济困难学生按规定享受国家助学金。

2. 提高城乡居民基本医疗保险的标准

不断提高城乡居民基本医疗保险人均财政补助标准，逐年扩大少数民族聚居区门诊特殊慢性病病种范围。

3. 对少数民族聚居区基本养老实行倾斜政策

依据城乡居民收入增长等情况适时调整城乡居民基本养老保险缴费档次及补贴标准，逐步增加政府财政补贴标准。给予少数民族聚居区灵活就业人员参加职工基本养老保险的政府补贴。提高少数民族聚居区新型农村社会养老保险的政府补贴。

（三）建立县级铸牢中华民族共同体意识示范区

根据少数民族聚居区的特点，建立各具特色的县级（市、区）铸牢中华民族共同体意识示范区，重点示范各地赓续民族团结进步好传统，发扬红色传统、传承红色基因，赓续共产党人精神血脉的成功经验；示范县域在新发展格局下将铸牢中华民族共同体意识和经济发展相结合的创新模式；示范县域将铸牢中华民族共同体意识和社会民生事业发展相结合的成功经验；示范各地因地制宜创新推进各民族共同现代化的成果。广西争取建成一批各具特色的县级铸牢中华民族共同体意识示范区。

（四）建立少数民族聚居区发展人才支持机制

1. 建立少数民族聚居区高级人才培养和引进机制

根据当地经济社会发展的需要，健全和完善公务员、高级专业技术人才继续教育制度，强化专业人才继续教育学习结果应用考核，稳定专业人才队伍；建立专业人才轮岗制度，自治区、市、县（市、区）直属专业技术人才轮流到乡镇的医院、学校工作一两年，或担任村委第一书记；创新粤桂对口支援，广东省派高级人才到广西的对口支援单位挂职，派专业技术人才支援广西的企事业单位；建议国家和自治区财政每年给少数民族聚居区拨付紧缺人才引进资金用于引进急需的专业技术人才。

2. 大力发展职业培训和职业教育

加强少数民族聚居区基层医疗和教育人才培养，重点加强全科住院医师规范化培训、助理全科医生培训、城乡基层医疗卫生机构中的中医药人员岗位培训，以及乡镇教师的定期培训。支持少数民族聚居区发展职业教育，增加各级财政投入，扩大医疗、农林业和师范专业乡镇农村订单定向培养规模，培养乡镇农村留得住的科技人才。

（五）建立和完善少数民族聚居区生态补偿和生态价值实现机制

广西林业资源在全国排名前列，生态植被质量连续多年名列全国第一，少数民族聚居区林业碳汇资源丰富，建立和完善生态补偿机制对少数民族聚居区融入国家新发展格局意义重大。

1. 创新跨区域生态补偿机制试点

广西作为珠江上游重要生态功能区，在区内外生态补偿机制试点经验的基础上，创新出台税收、生态补偿等激励机制，推动生态保护补偿与西部大开发、珠江—西江经济带发展、左右江革命老区振兴等重大战略有机结合，形成覆盖区域内、跨区域的多元化生态保护补偿机制，扩大转移支付与生态补偿的有机结合，充分调动市场、社会参与生态保护的积极性。按照"谁受益、谁补偿"的原则，建立中央、省、市共同筹集流域生态环境保护资金模式，推动区域内生态补偿制度落地，推动与广东形成更为紧密的生态补偿机制，形成边疆民族地区与东部发达地区生态补偿的稳定机制。

2. 建立跨区域碳汇交易市场

碳汇交易不仅可以有效降低温室气体浓度，保护生物多样化，改善生态环境，而且可增加少数民族聚居区林农的收入，提高卖方生产林业碳汇的动力，还能促进买入方减少污染排放，双向实现碳中和。因此，应加快广西碳市场建设和林业碳汇发展，制定、完善区内碳交易的实施细则，制定、完善林业、海洋、湿地碳汇的相关标准和规范，创新不同类型碳汇监测技术，推进一体化碳汇体系发展，完善碳汇交易经济业务的标准与核算方式，筛选高碳企业通过交易平台进行碳汇指标的托管和交易，鼓励区内控排企业认购碳汇项目。在此基础上，加快跨省碳汇交易试点探索，提高碳汇项目流动性，进一步拓宽碳汇项目融资渠道。

（六）对边境地区实行特殊支持政策

中越边境地区是少数民族聚居区，由于边境地区的特殊性，对边境少数民族聚居区要采取特殊的支持政策。

1. 对边境地区基础设施建设投资实行倾斜政策

增加对广西边境地区的基础设施投资，建设和改造一批沿边的铁路、公路项目，建设一批国际公路和铁路，改善边境地区的交通条件。建议边境地区交通建设项目由国家投资建设，取消或降低边境地区县市对交通基础设施建设的配套资金额度。支持广西边境口岸（互市点）及口岸园区基础设施重大项目建设。国家统筹安排支持口岸（互市点）及口岸园区建设的资金，加强"一带一路"基金、亚洲开发银行、亚洲基础设施投资银行的融资或贷款对广西边境地区口岸（互市点）及口岸园区基础设施重大项目建设的支持。继续落实兴边富民口岸建设专项资金。

2. 支持广西创新边贸政策

对广西以边境小额贸易方式进口且落地加工的商品给予税收优惠扶持，对广西以边境小额贸易方式进口并进行落地加工的农产品减半征收增值税。将凭祥市、东兴市出口商品采购中心纳入"市场采购"贸易方式并列入国家试点范围及给予相应的政策，给予凭祥市、东兴市参照浙江海宁、义乌等地跨境电商"征三退三政策",促进广西跨境电商发展。把广西边境地区海关代征的进口环节消费税和增值税等税收收入的部分返还地方,用于口岸基础设施建设。

3. 支持边境地区民生基础设施建设

中央和自治区一级财政增加财政专项资金用于边境地区的民生设施建设,重点建设完善边境地区的教育、医疗、乡镇道路、基本公共服务等民生设施。加强边境地区传统民族村寨的保护和少数民族特色村寨建设,完善特色村寨服务设施建设,促进边民集中聚居点适度扩大规模。

4. 提高边境地区居民的收入水平

针对边境地区制定特殊人才政策,提高边境地区公务员、教师、医生等工作人员的待遇,支持边境地区教育和医疗卫生发展,对到边境地区工作的紧缺专业人才在个人待遇和成长上给予倾斜。同时,提高边境地区边民生活补助尤其是贫困户的生活补助标准,且逐年递增。在边境地区设立护边员、护林员、护路员等公益性岗位,稳步增加边民的收入。

六、广西少数民族聚居区实现高质量发展的重大项目建议

加快推动广西少数民族聚居区高质量发展,要把重大项目建设作为第一抓手,补短板、强弱项、增后劲,重塑高质量发展动能。

(一)实施西南边海疆交通基础设施高质量提升工程,建立边境交通网,畅通循环路径

广西地处祖国南疆,边境线漫长且地形复杂,边民生活水平整体较低。随着兴边富民行动的深入开展,边民生产生活条件得到了较大改善,各民族群众的凝聚力和向心力不断增强。但在交通基础设施方面,仍需进一步提升,以满足经济社会发展需求。

一是加快推动中越铁路建设。作为中国—东盟命运共同体的重要组成部分和西部陆海新通道互联互通重要项目,应抓紧实施凭祥—河内高铁项目,促进中越边境人员和物资流通。二是推动桂滇段沿边铁路建设。沿祖国西南边境线建设一条铁路,把广西和云南的主要边境城市连接起来,建议起点为广西防城港,终点云南瑞丽。项目建成后,将大大方便沿线边民出行,促进

边境居民人员和经济交流。三是推动桂滇段沿边公路建设。沿边境线建设广西凭祥—云南富宁的边境公路，连接凭祥、龙州、大新、靖西、那坡、富宁等边境城市，改善边民出行条件。四是加快海港、内河港口、平陆运河等相关设施配套建设。进一步完善北部湾港口群的相关设施配套建设，完善提升南宁港等内河港口，加快推进平陆运河建设工程，连接珠江水系与北部湾港口群，实现西部陆海新通道与北部湾的水路连接。五是推动口岸公路升级。对连接边境口岸与腹地的口岸公路进行改建、扩建和升级，国家级口岸的公路等级达到一级公路以上，为边境贸易发展、国际循环提供基础保障。六是推动交通基础设施智能化提质升级。利用大数据和信息技术，推动智能化交通。

（二）实施广西边海地区特色产业发展工程，推动民族地区产业兴旺

广西少数民族聚居区实现高质量发展，要充分挖掘自身优势，发展地区特色产业，积极参与国内国际两个循环。广西沿边沿海，矿产资源、地方特色物产丰富，对外开放程度较高，外贸优势明显，我们应当大力发展广西边海地区特色产业，打造边海地区产业集群。一是发挥矿产资源丰富的优势，发展锰铝产业，如研发高端锰酸锂电池、高产铝材加工等，促进桂西资源富集区加快发展；二是利用好沿边开放优势，开展桂越产业合作，在海洋产业、蔗糖产业等方面加强与越南的合作，通过对外合作进一步打通"国内大循环"；三是振兴传统产业，如南珠产业、物流及出口加工产业、生物医药产业等。

（三）实施广西文旅产业高质量发展工程，打造世界级旅游目的地

广西旅游资源丰富，文化底蕴深厚，特色优势产业是文旅产业。发挥广西文旅资源优势，打造国家全域旅游示范区和世界级旅游目的地，对刺激消费动能产生积极作用，有利于畅通国内经济大循环。

一是实施旅游基础设施提升工程。继续深入推进桂林国际旅游胜地建设，完善提升相关基础设施，打造桂林世界级旅游城市；着眼全域旅游，完善交通基础设施，建设环广西国家旅游风景道，畅通各旅游城市、旅游景区间的联系；完善酒店、景区服务等相关配套，提升旅游体验。二是发展边海丝绸之路文旅产业。深入挖掘广西作为海上丝绸之路的起点之一的文化遗产，发展北海、钦州、防城港等地相关文旅产业。三是打造铸牢中华民族共同体意识文化旅游示范带。深入挖掘广西的红色文化、民族文化、历史文化和地方特色文化，在边海疆、桂中、桂北、桂西北、桂东南分别打造铸牢中华民族共同体意识文化旅游示范带。四是实施特色乡村旅游发展工程。大力发展特色乡村旅游，按照山区、海区、边区、库区分类打造特色民宿群；建设乡村非遗传承展示工坊；开发传统节庆旅游项目。五是实施重点旅游区非遗传承集中展示点（中心）建设项目。建议在桂林东西巷景区、三江程阳风雨桥景区、崇左德天瀑布景区、北海银滩景区、巴马长寿国际旅游区、南宁三街两巷景区等重点旅游区建设一批广西非物质文化遗产项目展示中心，向游客集中展示国家级、自治区级非物质文化遗产项目。

（四）实施边疆民族地区自治县现代化振兴示范工程，实现共同富裕

实施自治县现代化振兴项目，以12个自治县及享受自治县待遇的凌云县、西林县和资源县为试点，健全和完善有利于自治县发展的差别化支持政策，在基础设施建设、产业发展、科技教育、人才引进、资金分配、铸牢中华民族共同体意识与文化发展等方面予以倾斜，补齐发展短板。在示范试点的基础上，适时把政策范围扩大到乡村振兴重点帮扶县，支持相对落后县区的发展，与全区全国一起实现现代化。

（五）实施南疆生态屏障保护与绿色产品价值实现工程，实现绿色崛起

广西是南方重要的生态屏障，良好的生态是广西的优势，也是金字招牌，要继续保护好这块金字招牌，创新体制机制，协调区域发展，让"绿水青山"变成"金山银山"。一是实施西江流域（郁江、左右江、红水河、柳江等）和中越边境界河生态保护，包括沿岸退耕还林还草、植树造林、沿岸工业污染治理等。二是对生态屏障保护实施生态补偿，按照"谁受益，谁补偿"的原则，补偿流域利益相关者。三是实施沿边地区、重点林区、跨省流域生态补偿机制创新试点。四是探索建立南疆生态产品价值实现机制，发展碳汇交易、生态农业、生态工业、生态旅游等绿色经济模式，实现绿水青山向金山银山的转化。

（六）实施共建"五个家园"工程，推动中国—东盟命运共同体建设

习近平总书记在中国—东盟建立对话关系30周年纪念峰会上指出，中国与东盟要共建和平家园、安宁家园、繁荣家园、美丽家园、友好家园。广西与东盟国家山海相连，文化相通，是面向东盟国家开放合作的前沿和窗口，在与东盟国家交流合作上应走在前列。强化与东盟国家的开放合作，是实施新时代兴边富民战略的重要举措。一是建立中国—东盟联合大学（含中国—东盟国际健康养生学院），与东盟国家一同培养高端人才。二是实施中国—东盟文化交流合作工程，重点建设百越文化园（南宁）、中越老泰缅铜鼓之路、中国—东南亚"那"文化带、中越跨境文化遗产保护区等，加强刘三姐文化、叶限（壮族灰姑娘）文化、侬峒文化的传播等。三是在中国东兴—越南芒街创建两国一城合作项目，推动中国—东盟命运共同体城建一体化建设，两个边境城市可对基础设施建设统一规划，分国实施；支持两国边民相互选择两国一城就业；通过开通两国一城公交车、建立贸易市场等，打造中越命运共同体示范城市。四是实施中国—东盟跨境旅游合作工程，建设中越老缅泰跨境旅游圈，推动建设中新旅游走廊。

（七）深化铸牢中华民族共同体意识示范区建设，充分发挥示范带动作用

少数民族聚居区实现高质量发展，必须在铸牢中华民族共同体意识、推动民族团结进步上多下功夫。一是构建中华民族共同体意识教育体系，形成中华民族共同体意识大宣教格局。二是实施边海跨境民族"五个认同"工程，以铸牢中华民族共同体意识为切入点，加强中越跨境民族研究，开展边境"五个认同"工程建设，充分发挥跨境民族在构建中越命运共同体的桥梁纽带作用，筑牢南疆安全屏障。三是建设边海防一线"民族团结进步模范长廊"，重点建设100个民族团结进步示范点。四是以桂湘黔三省坡地区和滇黔桂隆林、西林、兴义为中心，建设铸牢中华民族共同体意识精神家园示范项目，以文化旅游为抓手，推动广西与湖南、贵州、云南各省边区共同创建我国南方铸牢中华民族共同体意识示范项目。五是建设边疆民族地区高质量发展先行区，充分发挥广西绿色生态优势，挖掘特色民族文化，发展绿色产业，实现经济发展的绿色转型和边疆民族地区高质量发展。

广西"两山"实践创新基地发展报告

张 健[*]

绿水青山就是金山银山，生态优势也是发展优势，山清水秀生态美是广西的金字招牌。"十三五"期间，广西坚持将生态优先的绿色发展之路贯穿经济建设全过程，扎实推进生态环境保护建设，推动"两山"转化，生态文明建设成效显著，有力促进全区经济社会高质量发展，涌现了一批具有广西特色的"两山"转化的典型代表。2017年以来，为深入贯彻习近平生态文明思想，我国生态环境部先后命名了五批共136个"绿水青山就是金山银山"实践创新基地。截至2021年年末，广西有4个县入选，分别是南宁市邕宁区（第二批）、来宾市金秀瑶族自治县（第三批）、桂林市龙胜各族自治县（第四批）和河池市巴马瑶族自治县（第五批），各个实践创新基地对"两山"理论进行了一系列实践探索，积累了经验。

一、邕宁区探索生态促脱贫创富的实践

邕宁区位于广西壮族自治区南部、首府南宁市的东南部，地貌以丘陵为主，富硒土地达到50%以上，邕江长年保持Ⅲ类水质，森林覆盖率为46.5%，生态优势是邕宁区经济发展的金字招牌。近年来，邕宁区践行"绿水青山就是金山银山"理念，提升生态环境治理水平，在广西率先引进"环保管家"服务，先后共投入700余万元建设了大气、噪声环境网格化精准监控系统和水质监测系统，借助预警平台实现对邕宁区内大气、噪声环境及辖区重点水域断面的实时动态监控。邕宁以生态促脱贫，以生态促创

---

[*] 张健，广西社会科学院民族研究所副研究员。

富,探索出了一条适合邕宁发展的"绿水青山"转变为"金山银山"的实践路径。

(一)"邕宁自造"推动生态农业蓬勃发展

邕宁区大力推进农业供给侧结构性改革,着力发展特色生态农业,积极打造现代农业示范园,减少农药化肥使用量,加大有机肥推广力度,发展循环农业,实施生态种养模式。截至2021年年底,邕宁区累计培育形成了香樟、桑蚕、百香果、火龙果等104个特色生态农业示范区,创建示范区数量保持在南宁市前列。品牌培育成效显著,累计获得20个无公害农产品、2个绿色食品和1个地理标志登记农产品。邕宁区创新实施"1+N"生态产业发展模式,推动农民发展特色产业,让农民、农业、农村享受到绿色发展带来的益处;创新成立"邕宁自造"扶贫产业信息中心,建立贫困户农产品信息App大数据平台,实现"线下""线上"融合发展。通过电商销售平台,增加农民收入,推动了地区经济社会发展。2021年,邕宁地区生产总值170.95亿元,按可比价格计算,比上年增长2%。三次产业中,第一产业增加值40.68亿元,增长5.1%;第二产业增加值45.86亿元,增长2.7%;第三产业增加值84.42亿元,增长0.4%。"邕宁自造"品牌影响力大幅提升。

(二)"前港后园"助推生态工业优化升级

邕宁区坚持工业强区战略,围绕打造"前港后园"发展布局,持续开发龙岗商务区、新兴产业园、五合临港产业园三个园区,新兴产业园区获评自治区A类园区、自治区"两化"(工业化、信息化)融合试点园区,是发展生态绿色工业的理想之地。为了加强生态环境保护,邕宁区严把准入关,以主导产业助推传统工业优化升级;着力培植"工业树"、打造"产业林",打造新能源汽车、轨道交通装备制造等五大百亿元产业集群,加快构建先进制造业基地;全面实施清洁生产审核,主动提高行业生态环保要求,加快完善环保基础设施建设,打开"两山"转换通道,开辟绿色发展新境界;引进天际新能源汽车、广西申龙汽车、南南铝、国人通信等一批成长性好、带动力强、效益高的新兴工业龙头企业,华润装配式建筑、牛湾物流园、广州宝供等临港产业项目纷纷进驻,形成先进制造业和临港产业集聚发展的态势。

2020年，高端装备制造、新能源汽车产业和铝精深加工三大主导产业产值占全部规模以上工业总产值的72.02%；培育亿元企业18家，规模以上企业35家。城区两次被列为自治区、南宁市年中工作会议现场观摩点。

邕宁区积极培育新型经营主体，延长产业链，促进一、二、三产融合发展。邕宁区已有农业龙头企业多家，建成了多个农业冷库仓储及精深加工项目，以及多个田园观光型农家乐和休闲农业乡村旅游点等。

（三）"壮乡福地"打造特色生态旅游业

邕宁区以创建广西特色旅游名县为契机，将境内的山水、生态、田园、文化等资源优势进行优化组合，大力发展以健康养生、民俗休闲、农业观光、文化体验等为主的生态特色健康旅游业态，成功打造了园博园、万达茂等一批独具特色的AAAA级、AAA级国家旅游景区，树立了"壮乡福地·生态邕宁"旅游品牌，成功举办了第十二届中国（南宁）国际园林博览会，园博园成为首府南宁绿色新地标。这些都生动展现了"两山"建设成效，邕宁区荣获2019年广西旅游创新发展十强县、自治区级生态县等称号。

二、金秀探索"瑶山瑶水立县、瑶俗瑶宿稳县、瑶药瑶茶强县"的实践

金秀瑶族自治县（以下简称"金秀"）地处广西中东部地区，县域内水网纵横、森林覆盖率高、珍稀物种繁多、矿产开采潜力巨大，水资源、林业资源、生物资源、矿产资源、人文和旅游资源都很丰富，是国家级重点生态功能区之一、珠江流域下游重要的水源保护地、珠江流域防护林建设源头示范县，以及广西最大的水源林保护区和保留最完整的天然林区，在珠江下游生态屏障建设中的具有重要作用。金秀的生态环境直接关系到广西的水资源涵养、生物多样性保护、生态安全及生态文明建设，甚至关系到珠江下游、珠江三角洲的经济发展和生态环境，成为2019年生态环境部命名的第三批"绿水青山就是金山银山"实践创新基地。

金秀以"保护生态环境促进绿色产业发展"为发展理念，以"瑶山瑶水立县、瑶俗瑶宿稳县、瑶药瑶茶强县"为发展主线，以生态发展和改善民生为引领，坚持生态产业化、产业生态化，完善"两山"建设体制机制，加强

生态环境保护修复，以生态旅游为主体，带动生态农业、生态工业发展，探索金秀县"绿水青山就是金山银山"典型经验和转化模式。

（一）不断完善"两山"体制机制建设，落实"两山"转化保障

2003年党中央、国务院作出林业由以木材生产为主向以生态建设为主转变的重大决策，2008年金秀将"林业立县"转变到"生态立县"，先后制定了《广西金秀瑶族自治县生态县建设规划》《广西金秀瑶族自治县生态保护、建设与发展总体规划》《大瑶山国家级自然保护区总体规划》《金秀瑶族自治县森林资源管理条例》《金秀瑶族自治县野生植物保护条例》等系列规划及地方性法规，严格执行森林资源保护管理制度，深化集体林权制度改革，不断完善林业生态建设保障体系。同时，建立产业准入负面清单、环境质量监测评估、生态环境质量综合评估、财政转移支付、重点生态功能区绩效考评制度，深入落实重点生态功能区监管制度；推动领导干部树立绿色政绩观，切实履行生态文明建设职责。

（二）聚焦生态经济，提升生态旅游影响力

金秀因地制宜，坚持把加快绿色经济发展作为生态文明建设的根本要求，利用得天独厚的生态资源优化产业结构，发展特色产业，大力发展品牌农业，提高特色产品规模。金秀大力推进"5+2"特色产业发展，按照"山上种药、山下制药、山中康养"的发展思路，将中草药林下种植作为重要支撑产业，打造"三品一标"等品牌农业，已形成以金秀红茶为主，柑橘、姜、猕猴桃等为辅的产品品牌系统。同时，积极引导和帮助组建各类专业合作社和股份公司，形成"市场牵头、龙头基地、基地连农户"的现代农业发展模式，推动绿色农业蓬勃发展；全面发展乡村旅游，统一规划，重点突出，推动乡村旅游融合发展；充分发挥乡村生态景观资源优势与瑶族民俗文化特色优势，利用创建国家全域旅游示范区、中国"天然氧吧"示范县等重大机遇，将生态优势、文化优势和旅游优势转化为经济优势和发展优势，大力发展"绿水青山之中、蓝天白云之下"的全域旅游，重点打造了"自然生态""瑶族文化""长寿养生"三大品牌；积极打造特色旅游名村，以点带面促进乡村旅游发展，创建了一系列中国少数民族特色村寨，打造了一批民宿旅游精品，一批集吃、住、购物、休闲娱乐和体验瑶族风情为一体的特色文化旅游名村蓬勃发展，"一村一品一特色"的乡村旅游带发展格局逐步形成。据统计，自2016年至2021年5月，当地累计接待游客2518.53万人次，实现旅游收入218.4亿元。

（三）深耕瑶都文化，培育生态文明

金秀是中国最早成立的瑶族自治县，也是世界瑶族支系最多的县份和瑶族主要聚居县之一。这里瑶族风情多彩浓郁、瑶族文化底蕴深厚、瑶医瑶药古老神奇，素有"世界瑶都"的美誉。瑶族群众与自然依存关系牢固，生态意识强烈，崇尚自然，追求天、地、人之间的平衡与和谐。近年来，金秀深耕瑶族瑶都文化，整理民风民俗资源，加强瑶族民俗文化、村寨保护，加强瑶族博物馆宣教人才队伍建设、陈列展览及藏品管理；不断践行习近平生态文明思想，通过举办杜鹃花节、盘王节等旅游节庆活动，加强生态文明宣传教育，传播生态文化和生态理念，倡导人与自然的和谐。

三、龙胜探索文旅融合促发展、生态旅游促增收的实践

龙胜各族自治县（以下简称"龙胜"）是中南地区最早成立的民族自治县，位于广西壮族自治区东北部，地处越岭山脉西南麓的湘桂黔边陲，具有得天独厚的生态资源。全县境内为山地，平均海拔700~800米，最高点福平包海拔1916米，为广西第二高峰；森林覆盖率80.48%，有花坪国家级自然保护区、温泉国家森林公园、建新自治区级自然保护区，是国家级重点生态功能区。龙胜的"龙脊梯田"被联合国粮农组织评为"全球重要农业农化遗产地"，先后获得了"中国文化旅游大县""中国生态旅游县""广西特色旅游名县""全国休闲农业和乡村旅游示范县""全国森林旅游示范县"等称号。龙胜落实节约优先、保护优先、自然恢复为主的方针，坚定保护好赖以生存的绿水青山，积极把自然的生态优势转化为发展的经济优势，充分发挥龙胜在自然环境方面的资源优势，将其转化为龙胜经济社会发展的资本，在生态农业和旅游业上做好文章，以绿色发展引领龙胜经济社会可持续发展，努力实现生态富民、生态惠民。

(一)发展生态农业,推动生态品牌建设

龙胜依托丰富的自然资源优势及良好的气候条件,扎实推进特色生态农业发展,农业基础进一步夯实;以"两茶一果+特色养殖"和"一品两带三区"作为特色农业发展思路,确立"有机食品大园区",农业产业稳步发展,特色品牌创建成效显著,大力培育新型农业主体。"十三五"以来,龙胜全县建成现代农业示范基地97个。同时,以特色生态养殖为抓手,大力发展茶叶、油茶、罗汉果等生态经济作物种植,以及凤鸡、翠鸭等特色养殖,形成种植养殖区域化,其中有机耳等农产品相继获得有机农产品认证,龙脊茶、龙脊辣椒、龙胜凤鸡、龙胜翠鸭、地灵红糯、地灵花猪等农产品获得国家农产品地理标志认证。

(二)依托旅游资源,打造生态文化旅游品牌

龙胜依托境内的旅游资源,确定了"全县大景区,全域大旅游"及"全域一区一线"的规划思路和"以山养山、以山养人"的发展模式,积极推进特色旅游建设,打造生态文化旅游品牌。依托龙胜山水文化、农耕文化、民族文化、红色文化、康养文化等资源禀赋,坚持以文促旅、以旅彰文、文旅融合,构建全域旅游新业态、新格局。全面打造特色旅游品牌,全面推进龙胜旅游向品牌化、生态化、高端化和国际化发展,旅游品质全面提升。近年来,龙胜梯田国际越野挑战赛、富有民族特色的"三月三"、开耕节、晒衣节及龙脊梯田文化节等品牌活动已经成为龙胜旅游项目中的特色节庆文化项目,搭建了民族文化交流与展示平台,旅游品牌进一步打响。

(三)推动工业产业转型升级,生态优势转化为经济优势

龙胜坚持以科学规划为先导、以产业培育为基础,注重产业创新,大力发展绿色产业,持续深化"千企改技"平台建设,积极开展"三企入桂"招商活动,引进大唐桂林新能源龙胜南山风电场项目、中国长发科技馆康寿民族文化园项目,形成了富硒纯净水产业、风电产业等一批绿色生态工业。

四、巴马"长寿康养创品牌、三产融合促民富"的实践

巴马瑶族自治县(以下简称"巴马")地处广西西北部,属亚热带季风

气候，气候温暖、水热资源丰富、冬短夏长，森林覆盖率高，素有"天然氧吧"的美誉。巴马是国家重点生态功能区，素有"八山一水一分田"之称，拥有清爽宜人的气候、纯净的空气、独特的水质，以及高地磁、绿色食材等独特的长寿养生资源，是举世闻名的长寿之乡。

（一）抓好顶层设计，将生态优势转为发展优势

长期以来，巴马县委、县政府在工作中秉持"以生态优势为发展的强大动力"的理念，出台了一系列文件和科学规划，坚守生态底线，扎实推进生态环境综合治理，大力开展封山育林、退耕造林、石漠化综合治理、大气污染防治等重点生态工程；将《广西壮族自治区巴马盘阳河流域生态环境保护条例》落到实处，加强对域内盘阳河流域生态环境的重点保护；坚持把科学规划作为前置门槛，先后开展《城区总体规划修编》《旅游总体规划修编》《交通发展规划编制》及赐福湖、命河、龙洪等重点旅游区域规划编制。同时，编制完成甲篆、那社等6个乡镇和60个重点村屯规划，逐步形成科学完整、布局合理、相互衔接的规划体系。

（二）利用长寿养生金字招牌，打造巴马品牌

巴马是我国第一个"世界长寿之乡"，早在20世纪90年代就率先在全国打响了长寿品牌。近年来，巴马充分利用长寿养生的金字招牌，大力开发长寿资源，发展长寿养生产业，做实长寿经济，取得了明显的品牌效应。几年来，巴马以长寿品牌为依托，围绕健康食品、健康服务、健康科技等核心业态，在长寿旅游、天然饮用水、长寿食品、特色医药、特色医养、生物科技等领域形成了明显的优势，并先后在长寿之乡、生态旅游、全域旅游、休闲旅游、生态农产品、环境质量、生态文明等方面荣获多个国家荣誉称号。此外，巴马全县有盘阳河景区、仁寿源景区、长寿岛景区、洞天福地景区、水晶宫景区5个国家AAAA级景区；宾达斑斓乡村旅游区、仁寿乡舍乡村旅游区被评为广西五星级乡村旅游区。

（三）推进三产融合，做大生态产业

多年来，巴马积极探索，寻求将天然优质的生态环境和长寿养生资源转化为经济发展优势的生态产业化路径，持续保护和优化生态环境，大力发展

三产融合的生态产业，积极探索东西部扶贫协作新模式，走出了一条偏远地区开放发展、高质量发展的跨越之路，对生态良好的贫困地区具有重要示范作用。以长寿招牌为契机，巴马抓住生态优势发展的大好机遇，大力发展现代化农业，巴马猪、火麻、山茶油等特色农产品已成为知名品牌；以康养旅游为基础，巴马深入挖掘长寿文化、特色民俗，推动传统旅游产业转型升级，多个大健康产业项目落地，不断拓展巴马长寿国际旅游区的产业链；以大项目为抓手，巴马培育龙头产业，以长寿品牌为核心形成产业生态圈发展周边产业，巴马矿泉水已成为巴马的支柱产业。同时，该县大力推进二、三产业融合，通过探索和发展"公司+基地+集体经济（农户）""景区+能人+农户""党建+旅游扶贫"等发展模式，打造形成"长寿巴马"县域公共商标，县域经济增速持续保持全区前列，自然资本真正转化为产业资本，实现了生态产业化。

五、广西"两山"实践创新基地典型经验及不足之处

从广西"绿水青山就是金山银山"实践创新基地践行"两山"理论的经验和模式来看，主要经验是从创新转化机制体制、因地制宜发展生态经济、打造生态产业品牌等方面探索"两山"转化模式，从而推动地方经济社会发展，将绿水青山变成实实在在的"金山银山"。

（一）典型经验总结

1. 创新"两山"转化机制体制，强化制度保障

广西通过不断完善"两山"转化体制和机制，深化生态文化建设制度改革，形成重点生态功能区监管制度、目标责任制和评估机制、环境治理和生态保护市场化机制、生态补偿制度、自然资源资产离任审计和损害赔偿制度等为核心的生态文明制度体系，为"两山"理论的实践转化提供制度保障，使公民既能享受生态权益，也能够尽到生态保护的义务，"两山"转化逐步市场化、法治化和制度化。

2. 突出地方特色，因地制宜发展生态经济

"两山"转化的基础是本地区的绿水青山，其转化要依靠本地独特的自然资源禀赋和丰富的民族文化底蕴，深耕民族文化，因地制宜，以本地区的

优势为抓手,从生态农业、生态工业、生态旅游、生态文化等方面切入,发展具有地方特色和文化优势的"生态+"产业,并通过三产融合,延长产业链条,形成优势产业之间的叠加效应,从而实现整体效益的最大化。

3. 打造生态产业品牌,提升品牌影响力

综合各地的资源禀赋、产业基础、文化特色、发展潜力等,培育打造具有地方特色的生态产业品牌,"长寿巴马""龙胜梯田""世界瑶都""邕宁自造"等已成为广西生态产业的响亮品牌,通过加强品牌建设、提升品牌影响力,实现高品质生态产品溢价,加速新旧动能转换,助推民族地区经济社会高质量发展。

(二)不足之处

从广西"两山"实践创新基地的调研结果来看,"两山"实践创新基地在对"两山"理论实践探索的过程中,确实摸索出了一条适合本地发展的创新之路,积累了一定的经验,但也存在一些不足之处。

首先,个别地方政府和部门对于生态文明建设的认识不够,对于绿色发展理念的认知还存在一些偏差,认识不到位,以牺牲环境换取经济增长、追求粗放式发展的观念和做法依然存在,从国家战略的高度认识和理解生态文明建设的政治领悟力较弱。

其次,生态产业培育不足、创富能力不强。广西四个"两山"实践创新基地生态产业发展层次偏低,产业类型以生态旅游为主,经济新动能转化不够,生态产业培育不足,创富能力还不强。以南宁市邕宁区为例,2019—2021年邕宁区三年的地区生产总值在南宁市下辖的12个县区中都排第9位,2021年地区生产总值增速只有2%,远低于南宁市平均水平。总体来看,广西"两山"实践创新基地转化要素支撑还没形成良好的运作系统,生态价值和潜力挖掘不够深入,新旧动能转换衔接不充分,经济发展质量、创富能力还有待提升。

最后,"两山"基地辨识度不高、特色不明显。广西"两山"实践创新基地在弘扬"两山"文化方面,存在宣传力度不足、形式单一的问题,导致无法形成具有地域特色的"两山"文化,造成"两山"基地宣传力度不足、影响力有限。

六、广西"两山"实践创新基地发展的思考

鉴于广西"两山"实践创新基地创建的成功经验及存在的不足,未来广西"两山"实践创新基地应以基地为新的起点,持续推进全区的"两山"基地建设,加快实现"两山"理论的高质量转化。

一是提高认识,继续深入践行"绿水青山就是金山银山"理念。必须坚持生态优先、绿色发展,在环境保护的前提下谋发展,在发展基础上更好地保护环境,实现人与自然的和谐共生。

二是创新实践路径,增强创富能力。以生态产品价值实现为载体,搭建生态产品价值实现平台,构建碳汇交易、生态农业、生态工业、生态旅游等绿色经济模式,通过优质的产业项目和有效的体制机制,完善生态产业服务体系。同时,加快产业绿色转型,打造高质量产业体系。着力推动农业绿色发展,不断推进农业清洁生产,推广种养循环一体化模式,积极打造绿色低碳农业产业链。重视培养和引进绿色新兴产业,加快调整能源结构向低碳转型,推动传统产业实现绿色改造升级。

三是创建有辨识度的"两山"实践创新基地。持续巩固和提升国家"两山"实践创新基地的成果,在此基础上,因地制宜积极输入不同元素的生态文化内涵,追求更高层次的生态文明水平,使广西的"两山"实践创新基地各有特色产业,突出特点,打造标志性成果。同时,通过电视新闻、微信、宣传标语等多种形式,不断向公众宣传广西"两山"实践创新基地的工作实效,提升公众对"两山"实践创新建设的认识,提高公众对创建实效的参与度和满意度,树立生态文明建设的标杆样本,形成可推广的"两山"模式,推动广西"两山"实践创新基地向前发展。

广西文旅产业高质量发展现状、瓶颈及对策

王红梅[*]

高质量发展集中体现为发展质量、结构、规模、速度、效益、安全的有机统一。文旅产业高质量发展符合中国经济高质量发展方向，具有独特内涵。一般认为，文旅产业高质量发展至少表现为量的增长与质的提升齐头并进，客流规模增长转向消费升级拉动，产品结构和产业结构同优化双升级，科技创新、制度创新的"双轮驱动"。

在发展模式上，高质量发展是量的增长更是质的提升，是质与量的并进。从全国及广西文旅消费市场的总体发展趋势看，国内文旅消费市场近年来除个别年份受特殊事件影响比较萧条，总体一直保持着高位、持续增长的势头。但相对于巨大的市场空间和多元化的市场需求而言，文旅产品的数量、品种、类型及质量等的有效供给仍显不足，这与人民日益增长的旅游美好生活需要还存在较大差距。因此，文旅产业向高质量发展模式的转变，不仅要实现量的增长，更要实现质的提升，量质并进是文旅产业高质量发展的主要特征。

在增长方式上，高质量发展由粗放的客流规模增长转向消费拉动。从近年来的文化旅游发展趋势看，大规模客流人次的增长是推动文旅经济增长的核心动力。但随着旅游大众化向品质游的转变，低端市场需求和客流将逐步趋于饱和，部分文化旅游目的地在客流量达到饱和后出现停滞甚至下滑的情况，部分文旅场所客流量的增长率呈现逐年下降的趋势。文旅产业效益增长必须摆脱单纯依靠客流增长的粗放型发展方式，要更加注重文旅产品品质的

---

[*] 王红梅，广西社会科学院民族研究所助理研究员。

提高，更加强调消费扩容提级。因此，文旅产业的发展需加快实现增长方式的变革，由规模数量的增长向消费升级拉动为主转变。

在供给体系上，高质量发展要实现产品结构和产业结构同优化双升级。文旅产业高质量发展不仅指某一种产品或服务标准不断趋向或符合国际先进水平，而是指整个供给体系都要有高质量。其高质量发展的核心要求，就是要把供给体系质量作为主攻方向，把供给侧结构性改革作为推动高质量发展、建设现代经济体系的政策主线。要优化升级要素结构和提升配置效率，调整现有产品结构并提高产品服务质量，促进产业结构优化转型升级。要根据游客多样化的需求，逐步改变单一的文旅产品结构模式，通过提升推动文旅产品的创新力和丰富度，实现由低层次、低附加值为主转向高层次、高附加值为主的产品和服务体系。要通过推动"文化旅游+""+文化旅游"形成多产融合发展新格局，使文化旅游产业链、价值链有效延长和增容。

在动力变革上，高质量体现科技创新、制度创新的"双轮驱动"。科技创新能够推动信息、生物、制造、新材料、新能源等高新技术与文旅产业有机融合，通过科技赋能增强文旅产品的吸引力、体验性和互动性，提高旅游商品研制水平，提升文旅产业价值链。制度创新通过合理的产业或财税、人才、土地等制度安排，对其现有产业的各项生产要素进行调整，形成推动高质量发展的指标体系、政策体系、标准体系、统计体系、绩效评价及政绩考核，从而使制度环境提升优化，增强文旅产业可持续发展的活力和动力。

一、广西文旅产业高质量发展的基本现状

（一）广西文旅产业高质量发展的现有基础

1. 文旅经济主要指标持续向好

近年来，广西文旅市场持续繁荣，文旅消费持续增长。2019年，广西旅游总消费首破万亿元，产业规模持续扩大，市场竞争力有效提升。2021年，全区接待国内游客7.98亿人次、同比增长20.8%；实现国内旅游收入9062.99亿元、同比增长24.8%。文旅产业已经成为广西优势产业、支柱性产业，为促进全区新旧动能转换、实现高质量发展发挥重要的引擎作用。

2. 文旅产业融合跑出"加速度"

伴随着"文旅+""+文游"的推进，广西在促进文化旅游与大健康、农、林、水、卫、体等产业深度融合方面取得良好成效，培育打造了一批融合示范基地和示范区等标志性旅游品牌，为文旅产业高质量发展注入强劲动力。围绕建设"世界健康旅游目的地""三大国际旅游胜地"的新定位，桂林国际旅游胜地、北部湾国际滨海度假胜地、巴马长寿养生胜地建设取得突破性进展；培育了广西旅游发展集团有限公司、北部湾旅游股份有限公司、桂林旅游等大型旅游企业集团，以及广西出版传媒集团、广西文化产业集团等大型文化企业集团，并逐渐发挥辐射带动作用，成为全区行业"领头羊"。截至2020年年底，全区规模以上文化企业737家，文化产业示范园区创建单位1个，国家级文化产业示范基地8个，国家级文化和科技融合示范基地1家❶，文化产业集聚效应不断显现，文旅融合平台体系逐步构建。《印象刘三姐》"三月三"嘉年华、"世界长寿之乡"等成为彰显广西特色、展示广西魅力的标志性文化旅游品牌。

3. 文旅基础设施和公共服务设施加速提档

近年来，广西按照"强基础、强品牌、强效能、强融合"的工作导向，不断完善文化旅游基础设施建设，推动文化和旅游公共服务质量迈上新台阶，为文旅产业高质量发展提供有效支撑。2021年，广西全区已建成旅游厕所5277座，完成电子地图标注4800座，基本解决游客如厕难题；年均更新印发导览图2万多张，建成星级汽车营地61家，国家首批5C级自驾车旅居车营地1家。乡村旅游厕所、游客服务中心、停车场等乡村旅游配套设施加快建设；初步建成"一键游广西"智慧旅游项目平台，全区旅游数字化、智慧化步伐逐步提速。

4. 文旅政策扶持体系全面构建

为响应党中央推动高质量发展的号召，国家和自治区各级部门从不同角度制定了有关文旅产业高质量发展的政策体系，构筑文旅产业高质量发展的支持骨架。

2020年11月，文化和旅游部结合产业发展的新形势、新趋势，研究制

---

❶ 数据来源于《广西壮族自治区文化旅游产业发展规划（2021—2025年）》。

定了《关于推动数字文化产业高质量发展的意见》，向文旅行业发出支持数字文化产业高质量发展的明确信号，引导运用数字化手段促进文化和旅游融合发展。同年11月，文化和旅游部联合国家发改委等部门共同印发《关于深化"互联网+旅游"推动旅游业高质量发展的意见》，明确要深化"互联网+旅游"融合发展，通过现代信息技术赋能为旅游业高质量发展提供强大动力。2021年4月，为帮助文旅企业实现疫后纾困，文化和旅游部联合国家开发银行印发《关于进一步加大开发性金融支持文化产业和旅游产业高质量发展的意见》，突出强调发挥开发性金融优势，加大开发性金融对文化产业和旅游产业高质量发展的支持力度。

按照国家的系列战略部署，自治区及各级地方相关部门也研究出台了系列文旅产业高质量发展的支持政策，涉及挖掘文化资源、文旅融合发展、培育经营主体、打造文化旅游项目、发展乡村旅游等方面。2019年11月，广西壮族自治区人民政府印发了《关于加快文化旅游产业高质量发展的意见》，对文旅产业高质量发展的主要目标、重点任务进行全面部署，全面吹响了广西文旅产业高质量发展的进军号角。文件传递了清晰的信号，即要建设文旅强区，并首次正式提出实行每年一办文旅大会的制度，而后出台了7个配套具有含金量的政策文件。2020年1月，广西颁布实施了《关于促进民营文化旅游企业高质量发展的实施意见》，对民营资本参与文化旅游高质量发展配备了奖励性"政策包"。文件特别强调降低民间资本进入文化旅游基础设施和公共文化服务等领域的门槛，对民营企业按照营业收入实施上台阶奖励。2020年7月，自治区人民政府又印发了《关于促进乡村旅游高质量发展若干措施的通知》，加强对乡村旅游项目建设、人才配备、投融资等方面扶持，全面引导文化旅游高质量发展。这一系列政策的制定与密集发布，将文旅产业高质量发展纳入政府重点规划与支持的范畴，为文旅产业高质量发展指明了方向。

（二）广西文旅产业对标高质量发展的差距

1. 文旅产业"大而不强"

作为文化旅游资源大省，广西文化旅游业涉及的各项指标如游客接待量、旅游消费总额、文化产业增加值及旅游业对地区生产总值的贡献值等，整体都呈现向好的趋势，但全区文旅产业"大而不强"的现状依然没有改变。

产业规模总量与先进地区有差距。全区文化及相关产业增加值占地区生产总值比重偏低，规模以上文化及相关产业企业少、有研发活动的规模以上文化制造企业排名滞后。2019年，全区文化产业增加值占地区生产总值的比重为2%左右，而全国文化产业增加值占地区生产总值的比重约为5%左右，广西与全国相比还有不小的差距。

产业整体层次和发展水平偏低。广西旅游业还处在粗放型发展和数量型增长阶段。在"吃、住、行、游、购、娱"传统六大基本要素中，住、行、游刚性消费占比过高，吃、购、娱弹性消费要素占比不足。产业融合化、产业数字化程度不高，诸如面向市场的产业创新、多层次的产业融合等产业链关键环节还存在不少薄弱环节，尚未形成高附加值、高科技含量的现代旅游产业体系。

2. 文旅产品"多而不优"

从产品层次结构看，广西现有文化旅游产品结构不合理，低层次文化旅游产品多，高层次产品少；山水型产品多，文化型产品少；观光类产品多，休闲度假类产品少；欣赏类产品多，体验类产品少；粗放型产品多，高端型产品少。以旅游住宿产品来说，2021年，广西有星级饭店354多家，但五星级高端饭店仅13家，在全国排名滞后。旅游商品开发程度不高，文创产品开发设计和生产销售滞后，产品档次低、种类少，类型化、套路化的比较多，尚未从根本上突破千篇一律、特色缺乏的困境，真正高端有特色的品质型旅游产品少之又少。

3. 文旅产业链"广而不全"

文化旅游产业链是文化旅游产品消费过程中，由市场需求链延伸出来的文化旅游产品链条，涉及食、住、行、游、购、娱、商、学、养、闲等众多环节和各个领域，产业链涉及范围很广，需要全方位构建。广西现有文旅产业链还呈现相当明显的残缺，产业链广而不全的特征较为明显。

一是文化旅游产业链条短。在传统旅游"六要素"中，广西文化旅游发展能基本满足游客"吃、住、游"的需要，但在"行、购、娱"上还有短腿。文化旅游消费端还存在不少空白，消费链有待进一步延长，诸如休闲、康养、文创等二次消费空间并未全面打开；夜间文旅消费活力有待释放，诸如夜食、夜购、夜娱、夜展、夜秀、夜读等夜间消费潜力尚未得到充分挖掘。

二是文旅产业链迭代升级缓慢。目前，广西文旅产业链还不完整，文旅产业形态多停留在传统的酒店、旅行社、旅游交通等领域，且供给短板多，相当部分关联业态缺失，诸如"文、商、养、学、闲"等文化旅游发展拓展要素构建的新兴业态发育缓慢。文化旅游企业普遍实力较弱，且多处于价值链低端，缺乏对产业链上下游资源整合和辐射带动能力强的行业巨头，运营管理多奉行传统商业模式，效益增长主要依托传统的门票经济或地产赋值，经营模式迭代、产业技术迭代创新滞后。

4. 文旅品牌"杂而不亮"

广西文化旅游产品不分四季，康养旅游、边境旅游、民族旅游、红色旅游、乡村旅游等品牌应有尽有，但品牌影响力不够，品牌杂而不亮。

一方面，品牌知名度不够。近年来，全区不断推进A级品牌景区创建，但截至2022年，广西拥有行业较高知名度的AAAAA级景区仅9家，排名全国靠后。国家级度假区全区仅1家，国家重点文物保护单位65家，都远落后于四川、贵州、云南等省份，"国字号""世界级"的文旅品牌少、知名度低。另一方面，品牌美誉度不足。目前，"秀甲天下壮美广西"的广西文化旅游品牌打造和整体营销效应有待持续发挥。巴马国际康养旅游胜地、桂林国际旅游胜地、北海国际旅游胜地三大品牌的客源口碑有待提升，诸如像张家界、九寨沟等在国际、国内叫得响、美誉度高的旅游精品景区还比较缺乏，全区客源结构主要以广西区内人员为主，省外、境外游客占比不足。大量稀有性、垄断性的旅游资源还处于粗浅开发阶段，甚至诸如三江的侗族风雨桥、南宁乡村大世界等AAAA级景点，缺少配套服务设施；许多乡村旅游点"同质同样""脏乱差"问题依旧存在，景区美誉度提升困难。

二、广西文旅产业高质量发展的瓶颈

（一）文化旅游资源开发层次浅，文旅产品供需不匹配

文化旅游资源开发利用程度不高。广西文化旅游资源丰富，开发优势明

显。在文化资源方面，独特的山水文化、遗产文化、历史文化、民族文化、红色文化、饮食文化、医药文化、长寿文化等源远流长，各类文化元素如珍珠般散布在八桂大地。在旅游资源方面，广西自然与人文旅游资源并存，山水风光、边关风情、地质奇貌、滨海胜景、历史古迹、民风民俗等景观魅力同在，呈现出"老、少、边、山、海、寿"的显著特征。但长期以来，受制于基础设施、财政投入、规划策划、招商引资等因素的制约，大量文化旅游资源未能得到充分利用。

文旅产品供需不匹配。近年来，广西文化旅游产品供需失衡的问题凸显，制约文化旅游高质量发展的主要因素并非需求不足，而是供给侧结构不合理、不平衡，旅游产品供给不能适应需求侧的多元化与升级型的市场消费需求。首先，低层次的观光产品过剩，高层次的休闲度假产品不足。近年来，广西加快旅游度假区的建设，以山水风光、民族风情、滨海度假、森林康养为依托建设一批旅游度假区，但从实际成效看，依然不能满足游客快速增长的高品质旅游度假需求。广西仅创建有一个国家级旅游度假区。其次，广西低端景区供给相对过剩，高端景区供给不足。从景区内部结构看，AAAAA级精品景区数量少，在全国占比过低，全区旅游资源有"丰"度，但景区供给缺"精"度。

（二）文化旅游软硬设施欠账多，品质旅游短板突出

公共文化服务设施建设滞后。全区城乡文化基础设施历史欠账多，各级文化设施配套不足，上规模、上档次的少，规模和设备大多达不到国家标准，"老少边山"地区农村文化设施整体滞后的情况仍比较突出。自治区自然博物馆年久失修，与省级博物馆的标准差距较大。作为非物质文化遗产资源大省，广西全区还没有一个自治区级非物质文化遗产传承展示中心。博物馆、非遗保护中心、文化馆等设施数量不足、人均占有量偏低，规模偏小、发展不平衡情况未得到根本性改变。旅游基础设施建设不足。2021年广西全区县县通高速、市市通高铁的目标尚未实现，机场、车站、码头到主要景区的公共交通无缝对接困难，旅游交通末梢联接不够顺畅便捷，旅游公路建设尚未进入实质推进阶段。旅游咨询服务中心、旅游集散中心、旅游厕所和旅游标识系统、新能源汽车充电桩等旅游公共服务设施不健全，前哨服务站功能需要尽快完善。伴随着脱贫攻坚的胜利和乡村振兴的全面推进，乡村旅游基础进村入屯道路改善明显，但乡镇道路设施建设成为"薄弱点"，且现有的农村公路等级不高，养护投入不足，养护主体不明确。部分地区乡村旅游外部连接景区道路、停车场等基础设施建设滞后，垃圾和污水等农村人居环境整治历史欠账多。

（三）文旅融合发展水平不高，产业延伸度低

一是文化资源挖掘利用与旅游开发之间缺乏良性互动。广西有着厚重的历史积淀和独特的民族民俗，是旅游与文化融合发展的宝贵资源，也是衍生文旅全产业链的一大主攻点。但由于长期受到传统理念的束缚和经营策划水平的限制，许多极具潜质的文化资源未能得到有效的挖掘，资源利用水平低下。景区开发多关注自然风光，大批的历史名址、文化遗迹、古村古镇旅游开发也多停留在以观光游览为主的初级阶段，甚至一些极具特色的民族文化、长寿文化、滨海文化、边关文化等在国内具有垄断性的文化资源，都难以通过产业化的运作方式和独特的艺术化手段形成拳头性的文旅产品。

二是文化旅游新业态培育不足。文旅与其他领域的跨界合作不充分，文旅产业通过"文化旅游+农业""文化旅游+工业""文化旅游+会展""文化旅游+节庆""文化旅游+影视演艺""文化旅游+动漫"等渠道融合发展衍生的休闲农业与乡村旅游、工业旅游、会展旅游等新业态发育不足，效益有待提升。

（四）市场主体竞争力不强，产业发展后劲不足

首先，文化旅游企业整体规模小。广西绝大多数文旅企业为中小型企业，企业之间竞争激烈，市场集中度小，对文化旅游资源整合能力有限。广西全区缺乏高水平的大型景区管理集团，许多景区景点因缺乏资金投入规模小、级别不高，并且分属不同的行政管理部门，各自为政，不利于文化旅游资源的开发利用与整合。

其次，新型市场主体发育不充分。伴随着文化与旅游融合发展的推进，广西文化旅游市场主体有了较快发展，但由于基础薄、体量小、竞争力弱等原因，文化旅游市场主体总量在全国排位靠后，增长率和万人拥有文旅产业市场主体数量均低于全国平均水平。已有的一些传统文旅企业未能捕捉市场

新需求对产品业态和运营管理进行创新升级，业务增长乏力，诸如创意设计、动漫游戏、数字文旅等新型文旅市场主体发育不充分。

（五）文化旅游创新赋能不够，产业换挡提速缓慢

创新赋能旅游商品不够。广西旅游商品种类众多，但品质化、特色化、个性化的旅游商品不足，具有独特文化创意的旅游商品更为鲜见。如何通过创意设计将文化融入商品之中？如何通过研发新工艺提高旅游商品竞争力？如何运用新技术、新材料在满足现代游客消费心理的同时，体现独特的地域文化 IP？这一系列问题都成为现实中待解决的大难题。

数字创新驱动文旅发展滞后。文化旅游产业发展的数据共享存在壁垒，数据安全管理制度与智慧旅游建设标准不够完善，大部分市县尚未建立起覆盖全域、数据互通共享的文化旅游大数据平台。在数字技术支撑文化旅游新业态方面，广西作为欠发达后发展地区的高技术自主供给不足，技术含量较高的云端智慧游、3D 实景游、VR 漫游、"元宇宙+旅游"等科技含量较高的文化旅游新业态发展不足。文化旅游娱乐产品向基于 AI、VR 和信息技术的高品质沉浸式文化旅游娱乐产品转变的速度较慢。

三、广西文旅产业高质量发展的对策

（一）坚持科学规划引领，做足"精、特、优"文章

强化文旅发展规划引领。以文化和旅游部关于印发《"十四五"文化和旅游发展规划》为引领，稳步实施《广西"十四五"文化和旅游发展规划》总体规划。扭转重城市规划轻文旅规划的现状，推动文旅规划的科学化、规范化，实现与国土空间规划"一张图"的无缝对接。以乡村振兴战略实施为契机，指导有条件的古村落、民族特色村寨、乡村旅游重点村开展乡村旅游资源普查，编制乡村旅游高质量发展专项规划，力破当前乡村旅游同质化发展困局。

加强精品景区景点和文艺精品培育。着眼国际客源市场需求，对标国际先进水平，在桂林国际旅游胜地、北部湾国际旅游度假区、巴马长寿养生国际旅游区三大国际旅游区，重点实施一批具有世界影响力的广西文化旅游精品项目，推动三大国际旅游目的地升级提质。推动景区度假区提档升级，加快黄姚古镇、三江程阳风雨桥、南宁百里秀美邕江·国际园博园景区、凭祥友谊关景区等AAAAA级景区创建。全力开展国家全域旅游示范区、国家文化产业和旅游产业融合发展示范区、国家级夜间文旅消费集聚区、国家级文化产业示范园区、国家级旅游度假区、国家健康旅游示范基地等"国字号"文化旅游品牌创建。以现有旅游线路为基础，按照民族文化、红色文化、康养文化、滨海文化、边关文化等重要文化脉络和山水格局，重点打造桂林山水文化体验游、巴马长寿养生休闲游、北部湾品质休闲度假游、中越边关风情体验游等精品线路。

擦亮特色文化旅游品牌。充分借力各类传播平台，推动"秀甲天下壮美广西"全球传播，助力打造世界旅游目的地。加强"环广西国家旅游风景道""广西有戏""长寿广西"重点文化旅游品牌建设，突出打响桂林山水旅游、世界长寿之乡、北部湾滨海度假、中越边关风景、刘三姐民族文化等文旅品牌。充分挖掘各地资源和特色优势，培育"广西有礼"特色旅游商品"爆品"，积极申请旅游产品质量体系认证、管理体系认证，参加各类知名品牌评比、文化旅游商品展，力争形成一批具有较强竞争力的旅游商品精品。以南宁、桂林国际消费中心城市建设为契机，研究布局建设广西文化旅游商品展销中心，打造集文旅商品设计、研发、生产、展销及餐饮、娱乐、民俗风情体验为一体的大型文化旅游产品展销区。梳理全区重点文化旅游商品企业和文化旅游商品名录，按照"一企一策"支持龙头企业建设文化旅游创意产品展销和研发基地，扶持企业培育一批文化旅游商品品牌。

（二）完善文旅消费政策包，全面激发文旅消费潜力

一是推动文旅消费试点示范。加大文化旅游消费的财政引导，支持南宁、桂林、柳州等地打造国家文旅消费示范城市。加快建设南宁、桂林国际消费中心，积极创建一批自治区级和国家级文化和旅游消费示范城市，推动文化旅游消费振兴。结合特色历史文化街区，集中建设一批集文创商店、特色书店、小剧场、文化娱乐场所等多业态于一体的消费集聚地。

二是推出消费惠民便民措施。结合广西各类民族节庆、大型会展等活动，完善电商平台对接机制，鼓励各级财政拿出部分资金在电子支付平台、电商平台投入适量资金，面向景区、旅行社、影院、演艺场所等推出文化旅游惠民消费券，最大限度激发游客消费热情。鼓励景区景点、旅行社、酒店等采取产品打包、价格打捆等方式推出"优惠套餐"和"大礼包"等系列惠民活动，真正让文旅企业、旅游消费者获得实实在在的政策优惠。继续推动实施国有景区门票降价、景区免费开放日、景区门票减免等政策。

三是拓展国际文化旅游消费市场。持续优化外国人入境、过境免办签证政策，争取对到百色、东兴沿边重点开发开放地区，防城港边境旅游示范区等地从事商务、交流、访问等经贸活动的特定国家和地区人员，进一步优化过境免签政策，提升入境旅游消费便利程度。积极谋划在中国（广西）自由贸易试验区的南宁片区、钦州港片区、崇左片区及防城港边境旅游试验区设立国际旅游自由购物区，适度放开入境免税购物限制，引导境外消费回流。

（三）丰富优质文旅产品供给，构建多层次的产品体系

立足多元化的市场需求，重点发展山水观光、休闲度假、边境跨国、民族文化、健康养生等旅游产品，大幅提升优质产品供给能力。在培育发展桂林山水文化体验游、巴马长寿养生休闲游、北部湾休闲度假游、中越边关跨国风情游、桂西北少数民族风情游、桂北和左右江红色体验游的基础上，积极对接粤港澳大湾区世界级旅游目的地，建设桂粤边海国家风景道和西江国家风景道。着眼全区文化旅游产业链构建，培育文化旅游新业态。发挥"文旅+""+文旅"杠杆效应，推进文旅产业与医药健康、农林、商贸、交通、体育等多产业融合，重点寻找文旅产业与特色农业、林业、生物医药等广西千亿元产业互嵌融合的价值新增长点，推动创建文化产业和旅游产业融合发展示范区。

（四）培大育强市场主体，打造高质量发展的企业方阵

建立产业链图谱，引进国内外优强企业。按照上下游产业布局，分类制定全区文化旅游出行、住宿、餐饮、游览、购物、娱乐和文化旅游综合服务与辅助服务等产业链图谱，绘制主攻企业目录进行精准招商，组建专业化市场化的产业队伍和专业化的文旅产业智库，多种渠道、多种形式开展招商引资。充分利用好广西文化旅游产业信息管理平台，引进国际品牌企业、区外大型文化和旅游企业或企业集团落户广西。建立全区文旅产业链链长工作机制，按照"一位自治区领导、一个牵头部门、一位厅级负责同志、一个工作方案、一套支持政策"工作模式，建立产业链链长负责、文旅部门牵头、智库团队支撑的运作体系，协力推动文旅产业补链、延链、强链。引导文旅小微企业做强做特，推动广西本土旅行社、旅游酒店、旅游车队、商务会展、乡村旅游经营单位等做大做强。

（五）强化智慧旅游支撑，建设广西文化旅游云平台

加快建设智慧旅游服务平台。整合文化旅游行业"吃、住、行、游、购、娱"等要素，推动在游览、交通、美食、住宿、购物、娱乐等方面智慧化、数字化升级，加快建设"一部手机游广西"全域智慧旅游综合服务平台。加强多媒体和新科技手段运用，促进博物馆、非遗展示馆、文化馆、美术馆、文物保护单位等智慧化改造，在文物展示、非遗传承、研学教育等方面提供数字化体验旅游产品和服务，让文化资源充分借助数字技术"活起来"，丰富游客旅游体验。加快推进广西全域A级旅游景区景点、星级乡村旅游区、星级饭店、特色民宿、演艺机构、旅行社、特色旅游商店等行业要素实现"上云赋智"。

提升文化旅游智慧化管理水平。依托广西电子政务外网、"壮美广西·政务云"平台，建设好全区互联互通的文旅大数据中心和文旅综合信息管理平台。依托全区统一的数据共享交换平台、公共数据开放平台，加强与交通、气象、市场监管、大数据等相关部门的数据对接，实现对文化旅游活动的动态监测。加快建设从自治区、市、县到景区景点的四级可视化综合管理系统，完善旅游行业运行、旅游商品溯源系统建设，实现文化旅游行业全流程数字化综合监管。

（六）夯实基础要素保障，构建高质量发展的要素支撑体系

拓展文旅中小微企业融资渠道。鼓励中小文化和旅游企业用好"文旅贷""重大产业项目贷"等专项金融产品。探索中小微文旅企业贷款风险补偿机制，充分利用财政资金杠杆，携手金融机构共同设立全区"文旅贷风险补偿资金池"，帮助中小微文旅企业解决企业发展及时"输血"问题。发展产业链金融，鼓励金融机构、产业链核心企业、文化金融服务中心等建立产

业链金融服务平台,为上下游中小微企业提供高效便捷低成本的融资服务。健全银企对接机制,引导金融机构建立重点文化和旅游企业"客户库""项目库",帮助有意向的企业建立金融辅导员、金融顾问制度。

加快培育文旅产业相关创新型领军人才。实施"广西文旅领军人才培养计划",通过项目扶持、培训辅导、实践锻炼、宣传推广等方式,在全区范围内培养一批在文化创意、旅游产业、数字内容、文化企业经营管理、文化保护传承等领域有建树的领军人才,全面增强高层次人才服务全区文旅高质量发展的能力。实施新型文化旅游智库建设计划,建立文旅产业链建链补链强链决策咨询常态化机制,着力提高文旅产业发展形势的研判和战略谋划能力。对文化旅游引进的"高峰人才"按"一事一议"原则给予个性化、有针对性的扶持。鼓励国家级、省部级工艺美术大师、文化创意设计大师在广西设立工作室或创作基地,开展艺术创作,培养富有创意的种子型选手,并给予财政补助和项目支持。加强国家级、自治区级非遗传承人培育,加大对传承人的年度经费补贴支持。鼓励政府、企业、高校共建文化和旅游人才培养培训联动机制,搭建由文旅部门牵头,学校与文旅企业行业合作交流的产学研平台或人才培养联盟,深化学校与文化旅游类骨干企业的人才培养和师资兼职互派制度。

探索灵活供地模式,强化旅游用地空间保障。创新多元化用地模式,旅游景区外的旅游咨询服务中心、游客集散中心、游客休憩站点、非营利性停车场等公益类基础设施用地,充分采用划拨方式供地。要摸清全区存量土地底数,建立全区闲置、低效用地大数据库,为文旅产业盘活闲置用地提供有效支撑。加快完善盘活闲置集体建设用地政策机制,鉴于存量土地所涉及的产权和利益关系复杂、地块分散的特点,探索政府和市场主体共同参与、兼顾各方权益主体的利益再平衡共享机制,鼓励社会各方参与存量建设用地开发,保障旅游产业用地需求。

2021年广西非遗发展报告

张秋伟[*]

2021年是我国"十四五"开局之年，也是《中华人民共和国非物质文化遗产法》（以下简称《非遗法》）颁布十周年。广西文化和旅游各级行政部门深入学习贯彻文化和旅游部印发的《"十四五"非物质文化遗产保护规划》及中共中央办公厅、国务院办公厅印发的《关于进一步加强非物质文化遗产保护工作的意见》等重要文件精神和习近平总书记对非遗保护工作的重要指示，继续积极推动非遗保护传承，促进中华优秀传统文化创造性转化、创新性发展，不断增强非遗的生命力和影响力。

一、法律法规建设与实施

《"十四五"非物质文化遗产保护规划》和《关于进一步加强非物质文化遗产保护工作的意见》两个文件明确提出了当前和今后一段时期非物质文化遗产保护的总体目标和主要任务，是做好新时代非物质文化遗产保护工作的纲领性文件。

2017年，《广西壮族自治区非物质文化遗产保护条例》正式实施。2021年4月，广西人民政府印发《广西壮族自治区国民经济和社会发展第十四个五年规划和2035年远景目标纲要》。广西"十四五"规划提出，推动民族文化传承创新；加强民族文化遗产保护利用和申遗工作；保护和传承民族优秀传统手工艺，壮大民族工艺品产业；繁荣民族戏曲，传承发展民族节庆文化；深入实施文化名家培养工程，抓好少数民族非物质文化遗产传承人培养。这些法律法规为广西非遗发展指明了发展方向，有助于广西做好新阶段非遗保护工作。

---

[*] 张秋伟，广西非物质文化遗产保护中心工作人员。

二、广西非遗名录、传承人体系完善情况

2021年广西扎实推进非遗四级名录保护体系建设，进一步加强对各级各类非遗代表作名录和项目代表性传承人名录的公布和动态管理。

（一）广西非遗入选联合国教科文组织名录情况

2021年，广西积极推进"六堡茶制作技艺""瑶族油茶习俗"两项茶类项目申报联合国教科文组织人类非遗代表作名录工作，取得新突破。2021年，两个项目作为扩展项目已成功入选中国传统制茶技艺及其习俗的大项目范围，并提交联合国教科文组织秘书处审批。

（二）广西非遗入选国家级非遗代表作名录情况

2021年，广西遴选出30项自治区级非遗代表性项目申报国家级非遗代表性项目。"仫佬族古歌""北海贝雕""瑶族祝著节"等18项成功列入第五批国家级非遗代表性项目名录，通过率达到60%，入选项目数量名列全国第一方阵，实现了14个设区市国家级非遗代表性项目全覆盖目标（见表1）。

表1　2021年广西非遗入选国家级非遗代表作名录情况

项目名称	项目编号	申报地区或单位	项目类型	门类
仫佬族古歌	Ⅰ-165	广西河池市罗城仫佬族自治县	新增项目	民间文学
壮族天琴艺术	Ⅱ-186	广西壮族自治区崇左市	新增项目	传统音乐
多耶	Ⅲ-138	广西三江侗族自治县	新增项目	传统舞蹈
壮族打扁担	Ⅲ-139	广西河池市都安瑶族自治县	新增项目	传统舞蹈
末伦	Ⅴ-139	广西壮族自治区百色市靖西市	新增项目	曲艺
抢花炮（壮族抢花炮）	Ⅵ-99	广西壮族自治区南宁市邕宁区	新增项目	传统体育、游艺与杂技
贝雕（北海贝雕）	Ⅶ-137	广西壮族自治区北海市	新增项目	传统美术
骨角雕（合浦角雕）	Ⅶ-138	广西壮族自治区北海市合浦县	新增项目	传统美术
米粉制作技艺（柳州螺蛳粉制作技艺）	Ⅷ-277	广西壮族自治区柳州市	新增项目	传统技艺

续表

项目名称	项目编号	申报地区或单位	项目类型	门类
米粉制作技艺（桂林米粉制作技艺）	Ⅷ-277	广西壮族自治区桂林市	新增项目	传统技艺
龟苓膏配制技艺	Ⅷ-278	广西壮族自治区梧州市	新增项目	传统技艺
瑶族祝著节	X-161	广西河池市巴马瑶族自治县	新增项目	民俗学
壮族侬峒节	X-162	广西壮族自治区崇左市	新增项目	民俗
壮族会鼓习俗	X-176	广西壮族自治区南宁市马山县	新增项目	民俗
大安校水柜习俗	X-177	广西壮族自治区贵港市平南县	新增项目	民俗
敬老习俗（壮族补粮敬老习俗）	X-178	广西河池市巴马瑶族自治县	新增项目	民俗
茶俗（瑶族油茶习俗）	X-107	广西桂林市恭城瑶族自治县	扩展项目	民俗
规约习俗（瑶族石牌习俗）	X-142	广西来宾市金秀瑶族自治县	扩展项目	民俗

（三）国家级、自治区级、市级非遗项目代表性传承人的认定情况

2021年，广西组织发动各市开展市级代表性项目、代表性传承人认定工作，开展第七批自治区级非遗代表性项目传承人评审认定工作。

截至2021年12月30日，广西先后有49名传承人被认定为国家级非遗代表性传承人，936名传承人被认定为自治区级非遗代表性传承人。

（四）保护工作平台初见成效

广西建设了一批自治区级非遗展示中心、传承基地、生产性保护示范基地（户），采用真人、图片、实物、音像展示等形式，使非物质文化遗产变成让群众"看得见、摸得着"的直观活态文化，有力促进非遗项目的保护传承和发展。到2021年，广西累计建设386个保护工作平台，17个自治区级非遗扶贫就业工坊。

（五）国家级、自治区级文化生态保护实验区设立情况

2021年，广西将750万元中央财政资金用于国家级"铜鼓文化（河池）生态保护实验区"建设，并于2021年6月30日提交了验收申请。年内，文化和旅游厅组织专家召开评审论证会，对《南岭瑶族文化（贺州）生态保护区总体规划》进行评审论证，完善申报自治区级生态保护区材料，上报自治区人民政府批复；完成"壮族文化（崇左）生态保护区"申报国家级文化生态保护实验区各项工作。

（六）自治区级传统工艺工作站发展情况

在传统工艺振兴方面，成立了广西振兴传统工艺研究中心，公布第一批自治区级传统工艺振兴目录，对列入振兴目录的66个项目予以重点支持；确定广西民族大学站等6个工作站为第一批广西传统工艺工作站，投入250万元培育广西工匠大师和民族文化品牌；为加强传统工艺振兴，促进全区传统工艺的传承发展，进一步发挥传统工艺在乡村振兴战略中的推动作用，2021年开展自治区级传统工艺工作站评选活动；2021年10月，组织6位评审专家赴各市对申报的25家单位进行了实地查看和评审，19家单位符合申报标准。

三、"非遗+旅游"发展显著

2021年广西加强了"非遗+旅游"工作，大大提高了非遗的可见度，同时也促进了旅游业的发展。

加强文化与旅游的融合度，落实传统工艺振兴计划和旅游商品开发工作，探索将非遗传承基地纳入旅游线路，在旅游景区建立宣传展示示范点，把非遗保护利用工作同广西的经济社会发展有机统一起来，实现遗产保护与地方经济社会发展互惠共赢。多举措多渠道提升非遗传播普及力度，如在旅游景区、文化场馆等推出非遗特色演艺常态化演出，运用数字化、多媒体等现代信息手段拓展非遗传播渠道，发展具有地方特色的非遗旅游商品和文化服务，开展非遗主题旅游、非遗研学旅游等。

2021年"文化和自然遗产日"，贺州市开展了非遗游学系列活动。活动当天，孩子们在基地负责人的引领下先后参观了国家级非遗瑶族服饰文化传承基

地、非遗研习所、李小莲瑶族服饰作坊等,体验了扎染技艺、舂糍粑、做竹筒饭等民俗活动。据贺州市文化和旅游局非遗科相关工作人员介绍,该国家级非遗瑶族服饰文化传承基地只是青少年非遗游学活动的一个点,后期将推出"彰显文化自信·赓续红色精神"——粤港澳大湾区青少年非遗游学之旅。

2021年8月,为传承弘扬中华优秀传统文化,黄姚古镇御豉文化体验馆开展"非遗文化研学行,你我传承爱国情"系列活动,以自治区级非遗黄姚豆豉为基础,开展系列体验活动,形成"非遗+旅游"新业态发展模式,助力黄姚古镇创建国家AAAAA级旅游景区。

2021年9月,广西非遗代表性项目进驻广西(黄姚)非遗特色小镇交流洽谈活动在贺州黄姚古镇举行。来自广西14个设区市的非遗企业、非遗作坊代表等120余人参加交流洽谈。活动期间,与会人员参加了交流洽谈推介活动,现场参观考察了非遗特色小镇的建设情况及业态铺设规划。其间还举行了非遗项目入驻非遗小镇签约仪式,与会人员纷纷表达了强烈的合作意向,当天32家非遗企业代表签订了入驻意向书。

四、非遗科研工作富有成效

2021年,根据文化和旅游部非物质文化遗产司要求,广西组织各市对《非遗法》实施十周年贯彻落实情况开展检查。根据自治区民族工作委员会的工作安排,相关工作人员赴柳州、桂林、防城港等市开展民族文化传承保护与创新交融调研,并完成调研报告和厅级课题"广西非遗名录体系建设的问题与对策"等多项研究工作。

2021年6月,广西非遗保护中心启动《广西非物质文化遗产图典》《广西非物质文化遗产保护工作应知应会手册》编撰出版工作。2021年11月,桂林市非遗中心编撰出版了内部图书《桂剧桂娟》,该书是桂剧传承人覃桂娟老师的一部口述史,为传承人记录工程做出了较大贡献。

五、非遗的传承与传播

(一)非遗的传承教育

1. 传承基地建设

根据广西民族教育事业发展"十四五"规划,2021年广西教育厅启动实施民族团结进步教育示范学校建设项目，计划在"十四五"期间打造100所自治区级非物质文化遗产传承教育示范学校。经学校申报、市县推荐、专家评审、教育厅审核，确定南宁市柳沙学校等50所学校为第一批非物质文化遗产传承教育示范学校立项建设单位。广西教育厅将统筹中央和自治区资金，按每校20万元的额度，分批次对立项学校给予补助。补助经费用于支持立项学校非物质文化遗产传承教育校园环境建设、采购相关仪器设备、开发相关校本课程资源、开展非遗传承教育活动等。广西各地积极开展非遗进校园活动。

2. 开展非遗交流培训

2021年6月中旬，北海市海城区举办了广西非遗保护工作会议。会议组织与会人员观摩北海非遗保护项目实践点，听取各市汇报非遗保护工作开展情况，介绍第五批国家级非遗申报经验，分享优秀实践保护案例，明确以"十四五"规划为统领，以非遗保护促进各民族团结和谐发展，实现非遗"创造性转化、创新性发展"，创新"非遗+"模式，大力推进文旅高质量融合发展，推动广西建设成文化旅游强区。

2021年广西继续创造条件实施国家非物质文化遗产传承人研修研习培训计划。2021年广西非遗保护中心与广西民族大学、广西艺术学院等高校合作，共举办2期培训班，有效扩大传统工艺人才队伍，助推传统工艺振兴，培训学员近100人。此外，充分利用"三区"人才支持计划经费10万元，在昭平县、崇左市开展两次传承人能力提升培训；在南宁开展线上线下两期"非遗助力乡村振兴培训"，培训非遗代表性传承人、基层非遗保护工作者及非遗爱好者约569人。

利用中央非遗保护专项经费40万元，开展国家级非遗项目"瑶族蝴蝶歌""那坡壮族民歌"人才培训，共培训传承人80余人。

3. 开展非遗进校园、进社区活动

2021年6月"文化和自然遗产日"，崇左市文化和旅游局到扶绥县开展了"学党史办实事，共颂百年辉煌，共享非遗成果"主题活动。市文化和旅游局与扶绥县山圩镇党委政府、扶绥县文化旅游和体育广电局在山圩中学共同举办了主题活动文艺晚会，山圩中学广大师生、山圩镇党员干部群众，以及园区企业员工代表约2000人参加晚会活动。晚会通过独具特色的非遗节目生动展现了广大人民在党领导下昂扬向上追求美好生活的精神风貌。

2021年9月至12月，隆林各族自治县教育局依托隆林深厚的民族文化底蕴，举办全县中小学"非遗·少年说视频评选比赛"活动，活动于12月20日结束，共收到35件作品，千余师生参与活动，共评选出少年说集体奖35个，奖励创作人员两百余名。

2021年10月，广西非物质文化遗产保护中心和广西科技馆在南宁市明秀东路小学举行了"传承中华传统美德·争当尊老敬老少年"活动，将重阳节最具代表性的国家级非遗项目"壮族补粮敬老习俗"引入校园；通过发放《遗产法》《广西非物质文化遗产保护条例》小册子开展普法宣传，同时结合展板现场讲解重阳节习俗，为学校师生送上了一场丰富的非遗文化盛宴。

2021年12月，三江侗族自治县文化馆组织非遗工作人员在三江侗族自治县民族实验学校开展"我们身边的非遗"讲座活动。讲座介绍了三江侗族自治县的概况和侗族的来源、非遗代表性项目"侗族木构建筑营造技艺"的式样及其工艺架构；"侗族大歌"的形成、发展及种类；"侗戏"的音乐、演出习惯、演出程序、表演程式等；"多耶"的分类；"侗族刺绣"纹饰和寓意；"侗族百家宴"的习俗，等等。

2021年，桂林开展了多种形式的非遗进校园、进社区活动，其中戏曲进乡村、进社区8场，戏曲进校园9场，非遗校园讲座3场。

（二）多彩非遗活动

1. 开展"壮族三月三"系列活动

2021年"壮族三月三"节庆期间，南宁市青秀山景区开展"壮族三月三·八桂嘉年华"主会场系列活动；广西民族博物馆组织举办"广西有礼、广西有戏、广西有味"非遗助力乡村振兴及巩固拓展脱贫攻坚成果展。组织多个国家级或自治区级非遗项目展演及非遗手工技艺商品展示展销，内容丰富多彩，非遗节目技艺精湛，得到广大游客的高度好评。2021年4月27日，习近平总书记在广西视察时对三月三"歌圩节"活动形式给予高度肯定。

2021年，广西文化和旅游厅组织实施了"壮族三月三·桂风壮韵浓"板块系列文旅活动，开展了两个"艺术专场"、三场"民族歌会"、五项"特色活动"等富有民族特色的节庆活动；先后在北京国家大剧院举办"春暖花开三月三"广西民族交响音乐会，在南宁市三街两巷举行"党旗耀壮乡"——

广西非遗天琴艺术专场演出,在南宁市、柳州市等地举办"灵水歌圩"——百名歌王颂党恩斗歌盛会、"鱼峰歌圩"全国山歌邀请赛、"山水之声·壮美之约"2021年中国—东盟青少年民族歌会,以及"感党恩·跟党走"红色歌曲大家唱快闪、"初心不忘百年路 光影筑梦新征程"——少数民族优秀电影展、"三月三"主题阅读推广、第八届"畅享民歌"等活动。

广西非遗保护中心在南宁核心商圈三街两巷开展"党旗耀壮乡"——壮族天琴艺术展演活动。活动借助5G+VR全景直播技术,实时向全国人民传递壮乡"三月三"的精彩活动盛况。新华网、《光明日报》等主流媒体和客户端对活动进行了宣传报道,提升了这一新晋国家级非物质文化遗产代表性项目的可见度。

据测算,2021年"壮族三月三"假日期间广西各类文化旅游活动直接推动广西接待游客达7393.74万人次,实现旅游消费506.47亿元,活动得到《人民日报》、中央电视台、《经济日报》等媒体广泛报道。

2. 举办"文化和自然遗产日"暨"广西非遗购物节"活动

2021年6月,北海市宁春城东广场开展了"文化和自然遗产日"非遗宣传展示广西主场城市活动暨"广西非遗购物节"活动。广西14个市线上线下同时开展非遗法规宣传、非遗展演、非遗优秀案例展示、非遗进校园进社区、非遗购物节等活动。非遗购物节大量销售非遗衍生商品。据不完全统计,活动期间,线上淘宝、京东、抖音等新媒体平台曝光量达1500多万次,淘宝、抖音、腾讯直播间观看人数900多万人次,仅仅坭兴陶及北海贝雕、双钱龟苓膏等国家级非遗项目衍生商品成交量高达2880多件,整个活动期间非遗衍生商品成交金额约3300多万元,有力地促进了地方文化旅游市场繁荣。

3. 举办"广西有礼·广西有味"文旅商品暨非遗美食大集市活动

2021年12月,广西在岑溪市举办"广西有礼·广西有味"文旅商品暨非遗美食大集市活动。通过举行"广西有礼"文旅商品集市、"广西有味"非遗美食集市及"壮美广西·多彩非遗"——广西非遗助力乡村振兴和巩固拓展脱贫攻坚成果艺术展演三大板块活动,展示了广西丰富的特色旅游商品、非遗美食,以及技艺精湛的非遗艺术表演。

4. 举办"广西非遗精品展"

2021年9月,为推动广西非遗精品走向全国、走向世界,广西在深圳旭生美术馆（深圳文博会分会场）举办了"广西非遗精品展"，多名坭兴陶、壮族织锦、六堡茶制作技艺等非遗项目的传承人参加了展览，传承人的许多作品得深圳市民好评与喜爱。同时，展会邀请媒体记者对优秀少数民族传统文化和非遗精品进行了广泛的宣传报道，"广西非遗精品展"取得圆满成功。

5. 举办"广西有礼"广西特色旅游商品创意设计大赛评选活动

为推动广西旅游商品市场发展，打造广西旅游商品"新名片"，塑造广西旅游商品品牌形象，推进广西文化旅游产业高质量发展，激发市场活力，自治区文化和旅游厅于2021年6月至8月举办了2021年"广西有礼"广西特色旅游商品创意设计大赛评选活动。此次大赛共收到来自全区325家企业51名个人（高校组）提交的1247件作品，经过网络投票和专家组评审，150件作品荣获企业组奖和高校组奖。

6. 举办中国—东盟博览会特色旅游商品展和"广西有礼"广西特色旅游商品展（北海）

为配合2021年中国—东盟博览会和2021年广西文化旅游发展大会顺利举行，广西文化和旅游厅分别在10月中旬和下旬举行了2021中国—东盟博览会特色旅游商品展和"广西有礼"广西特色旅游商品展（北海），组织300多家各类旅游商品企业、非遗工坊参展，两个展会商品种类丰富、宣传推广方式创新，得到顾客广泛好评。据统计，两场展会商品交易总成交额达6000多万元，有力促进了广西文化和旅游市场繁荣。

7. 组织参加2021中国特色旅游商品大赛

广西文化和旅游厅组织"广西有礼"广西特色旅游商品创意设计大赛获奖作品参加2021年中国特色旅游商品大赛（乐山）和2021年中国旅游商品大赛（义乌）。两个大赛广西共报送104套约1000多件具有广西特色的旅游商品参赛，最终取得3金7银6铜的好成绩。此外，文化和旅游厅荣获2021中国特色旅游商品大赛最佳组织奖。

8. 利用公众平台进行宣传

2021年春节期间，广西利用官方网站和官方微信公众号配合文化和旅游部非遗司组织开展"非遗过大年·文化进万家"活动，其中《非遗传承人展示非遗，以家乡话拜年》推文让传承人以民族语言和方言向全国人民拜年；联合柳州市文化广电和旅游局开展的"侗族掌墨师与木构建筑营造技艺线上展"活动，在线观看人数达 60 多万人次。广西利用广西非遗网和"广西非遗"微信公众号，加强非遗宣传，全年共推出推文 160 多条，极大提升了非遗的可见度。

六、工作展望

广西将紧紧围绕《进一步加强非物质文化遗产保护工作的意见》和广西"十四五"规划，大力推进广西文化和旅游融合高质量发展。

（一）以非遗保护促进各民族团结和谐发展，进一步铸牢中华民族共同体意识

以组织"壮族三月三·桂风壮韵浓""文化和自然遗产日""广西有礼·广西有味"文旅商品暨非遗美食大集市，以及参加中国非遗博览会、中国成都非遗节、中国特色旅游商品大赛等全国性、全区性的重大活动为契机，大力举办非遗传播为主题的活动，积极宣传广西丰富的民族传统文化，提高各民族群众对中华民族文化的认同感。

（二）打响老品牌、打造新品牌，助推少数民族非遗在新时代"活"起来、"火"起来

一是进一步扎实做好对非遗项目的调查研究，创新非遗保护工作手段和方式，促进非遗项目申报工作实现新飞跃；二是继续承办好"壮族三月三·八桂嘉年华"品牌活动，推动"刘三姐"文化品牌的开发利用，加强开展以"壮美广西·多彩非遗"为主题的非遗宣传展示和传播活动，让广西非遗走向全国、走向全世界；三是整合社会各界资源加强联动，推动区内外"广西非遗精品展示展销中心"、非遗小镇、非遗街区、非遗工坊、传统工艺工作站、非遗形象体验店、非遗美食体验店等非遗保护和展示平台的建设，为广西非遗活态发展和促进乡村振兴作贡献。

（三）努力实现非遗保护工作"创造性转化、创新性发展"，助推文化旅游融合高质量发展

一是推动非遗主题旅游。以"中越边境非遗之旅"成功入选十二条中国非遗旅游线路之一为开端，继续开辟新的非遗主题旅游路线。二是推动非遗研学旅游项目开展。遴选一批非遗传习基地、非遗生产性保护实践基地、非遗扶贫工坊作为中小学生研学基地，让孩子们在研学中领略非遗技艺魅力，促进地方文化旅游市场繁荣。三是努力推动非遗小镇、非遗街区、非遗乡村建设，使非遗成为乡村旅游的主要文化元素。

（四）积极创新推动"非遗+"模式出成效

通过持续举办"广西有戏""广西有礼""广西有味"等系列活动，推出一批"非遗+"模式的旅游演艺、民族工艺品和民族传统美食，培育一批具有新、奇、乐特点的非遗展示+科技+旅游+商业的城市旅游项目，以丰富旅游业态，增强广西旅游魅力。

（五）积极推动中外非遗项目的交流合作

积极与东盟各国非遗项目开展交流合作，推动跨境共享非遗项目联合申报人类非遗代表作取得新突破；加强与文化和旅游部非遗司及国家交流局、北京非物质文化遗产发展基金会等部门、组织的沟通，邀请世界文化遗产城市联盟组织代表到广西考察指导，争取在桂林举办世界非物质文化遗产城市联盟大会、世界非物质文化遗产传承人大会，助推桂林成为世界级旅游城市和旅游目的地。

河池市创建绿色发展先行试验区建设研究

中共河池市委党校课题组[*]

绿色发展是事关经济社会发展和人的全面发展的大事，业已成为全人类共同关注的时代课题和重要而紧迫的现实问题。河池市绿色底蕴十分深厚，享有"山清水秀生态美"的金字招牌。自治区第十二次党代会报告明确提出支持河池建设绿色发展先行试验区，为河池在新发展阶段取得新发展成效提供了政策支撑。河池市第五次党代会在谋划"六新河池"建设的发展蓝图中，明确提出坚持"绿水青山就是金山银山"理念，聚力绿色发展，推动河池率先走上绿色发展之路。2020年以来，河池市统筹疫情防控与经济社会发展，全市上下凝聚共识，在产业生态化发展、基础设施绿色升级、绿色消费和生活、碳达峰碳中和、绿色金融改革、生态文明建设"六大示范行动"上齐发力，扎实推进绿色发展先行试验区建设，推动全市经济社会发展全面绿色转型，打造广西生态文明强区建设的河池样板。

一、充分认识河池市建设绿色发展先行试验区的重要意义

（一）国际层面意义

河池市建设绿色发展先行试验区，是共同应对全球气候变化、实现中国向世界作出"双碳"庄严承诺的政治要求。

近年来，人类活动导致大气、海洋、陆地变暖的事实无可辩驳。受此影

---

[*] 课题组成员：周福朝，中共河池市委党校讲师；李鑫，中共河池市委党校讲师；劳玲，中共河池市委党校副教授；韦义勇，中共河池市委党校副教授；吴铁华，中共河池市委党校讲师。

响,极端天气事件不断增加,未来几十年全球所有地区都将面临气候变化加剧的考验。面对气候变化加剧的共同挑战,国际社会应携手努力,加大应对气候变化力度,推动可持续发展,共同构建人与自然生命共同体。中国是全球生态文明建设的参与者、贡献者、引领者,中国宣布将力争2030年前实现碳达峰、2060年前实现碳中和,广泛深入开展碳达峰行动,启动全国碳市场上线交易。同时,中国积极参与应对气候变化国际合作,尽己所能帮助发展中国家提高应对气候变化能力。

河池市建设绿色发展先行试验区,是自治区党委、人民政府积极响应中央号召,立足广西,以绿色生态富集区河池市为试点,推动河池市乃至全区经济社会发展全面绿色转型,打造广西生态文明强区的生动实践。

(二)全国、全区层面意义

第一,河池市建设绿色发展先行试验区,既是贯彻落实习近平总书记关于绿色发展的重要论述及视察广西重要讲话精神的重大举措,也是构筑桂西北重要生态屏障、承担维护生态安全的现实需要。

习近平总书记一直强调以绿色发展理念引领经济发展方能实现可持续发展,并在多个场合一以贯之强调坚持走生态优先、绿色低碳发展道路。2021年4月,习近平总书记在广西视察时指出,广西要在推动绿色发展上迈出新步伐。河池市集生态富集区、革命老区、少数民族地区、偏远山区和后发达地区于一体,围绕国家实施碳达峰碳中和重大战略,充分利用丰富的绿色资源和生态优势,探索建设绿色发展先行试验区,是贯彻落实习近平总书记关于绿色发展的重要论述、践行绿色发展理念,通过先行先试迈出绿色发展新步伐的重要举措。

河池市既是肩负珠江—西江经济带重要生态功能的区域,又是红水河流域生态保护的战略屏障区。特殊的地理位置和国土空间格局,赋予河池更艰巨的"绿色责任"。河池市探索建设绿色发展先行试验区,守护好绿水青山,走绿色发展之路,是构筑珠江—西江流域经济带生态屏障、承担维护生态安全的现实需要。

第二,河池市建设绿色发展先行试验区,既是打造巩固拓展脱贫攻坚成果同乡村振兴有效衔接的河池样板,也为边疆民族地区、资源枯竭型城市、大石山区、脱贫地区高质量绿色发展提供河池经验。

经过多年的精准扶贫、脱贫攻坚，河池市与全国其他地区一样，实现了全面脱贫，全面建成了小康社会，走上了全面建设社会主义现代化的新征程。脱贫攻坚任务全面完成后，脱贫地区巩固拓展脱贫攻坚成果同乡村振兴有效衔接的任务还任重道远。以河池市为例，河池市在脱贫攻坚中主要依靠发展生态绿色产业来增加贫困群众收入。脱贫以后，要巩固拓展脱贫攻坚成果同乡村振兴有效衔接，同样要依靠生态绿色产业的振兴实现稳固增收。河池市建设绿色发展先行试验区，就是以此为契机，继续发挥生态优势，以高质量发展生态绿色产业为重要抓手，实施生态绿色产业振兴行动，提升生态产业质量和效益，打造脱贫地区巩固拓展脱贫攻坚成果同乡村振兴有效衔接的河池样板。

边疆民族地区、大石山区、脱贫地区的优势都在于生态绿色资源，要实现经济社会高质量发展，必须走绿色发展道路。而资源枯竭型城市要实现高质量发展，更要强调绿色发展。河池市拥有丰富的生态绿色资源，但对生态资源的开发利用一直是传统的、粗放的产业发展模式，生态绿色资源优势没有很好地转化为经济优势。河池市建设绿色发展先行试验区，为边疆民族地区、大石山区、脱贫地区高质量绿色发展提供了河池经验。

二、河池市创建绿色发展先行试验区 SWOT 分析

（一）河池市创建绿色发展先行试验区优势

叠加政策支持。从国家层面来说，多年来尤其是党的十八大以来，党中央、国务院出台了许多倾斜边疆民族地区、革命老区、后发展地区的良好政策，为以上地区优先发展、加快发展提供了倾斜政策，如"西部大开发""共建西部陆海新通道""加快推进左右江革命老区振兴发展"等。从广西层面来看，在多年来支持河池发展各种政策的基础上，广西壮族自治区人民政府办公厅直接出台了《关于支持河池市建设绿色发展先行试验区的指导意见》，提出了河池市建设绿色发展先行试验区的指导思想、主要目标、主要任务和保障措施等，这意味着自治区对河池市建设绿色发展先行试验区的支持上升到一个全新的高度，为河池建设绿色发展先行试验区指明了方向、

提供了遵循。

自然资源禀赋。一是水环境质量优良。2022年3月，河池市辖区内开展监测的5条主要河流地表水水质10个监测断面各监测因子均符合《地表水环境质量标准》（GB3838-2002）Ⅲ类水质标准（总氮、粪大肠菌群不参与评价），水质达标率为100%；其中，马陇等监测断面水质类别略有上升，由Ⅱ类变为Ⅰ类，其余9个监测断面水质类别均与上年同期持平。❶ 二是森林覆盖率高。全年全市森林面积237.93万公顷，全市森林覆盖率71.02%，位居全区前列。❷ 生态公益林面积、森林面积、活立木蓄积量位于全区前列，巴马瑶族自治县荣获国家"绿水青山就是金山银山"实践创新基地称号。三是水电资源丰富。河池市是著名水电之乡，珠江40%以上水量流经河池，水电储量占广西总储量的60%以上，现有装机容量达850万千瓦，是华南的能源中心之一，西部大开发的标志性工程——龙滩水电站就在河池天峨县境内。四是有色金属资源丰富。河池是中国有色金属之乡，全市已发现矿产46种，矿产地186处，其中大型22处、中型39处、小型125处，已探明的10种有色金属储存量961万吨，价值人民币7000亿元。铟储量名列世界第一，锡储量占全国三分之一，是中国的"锡都"。❸ 五是河池市保持了良好的生态本底。2021年，河池市拥有国家级自然保护区2处，自治区级自然保护区2处；国家湿地公园3处，总面积1974.88公顷。全市湿地总面积4.77万公顷。森林公园6处，其中国家森林公园2处，自治区级森林公园4处，总面积1.1万公顷。

各项基础条件。一是水利、能源、信息基础设施支撑能力不断增强。交通基础设施建设实现历史性突破，建成河池至百色、乐业至百色（天峨段）、融水至河池等8条（段）高速公路，通车里程570千米，县县通高速基本实现，建制村全部实现村村通沥青水泥路和通客车的目标。河池境内红水河全面复航。广西首条时速350千米的贵阳至南宁客运专线项目河池段全线开工

---

❶ 2022年河池市生态环境第一季度新闻发布会［EB/OL］.（2022-04-30）［2022-05-06］. http://sthjj.hechi.gov.cn/gddt/t11846784.shtml.

❷ 2021年河池市国民经济和社会发展统计公报［EB/OL］.（2022-05-05）［2022-05-06］. http://www.hechi.gov.cn/sjfb/tjgb/t11851428.shtml.

❸ 参见河池市政府官网。

建设，河池进入高铁时代，从交通末梢变成了西部陆海新通道的重要节点。建成金城江花任等一批水库工程，农村饮水安全巩固水质达标率得到大幅提升，全市农村自来水普及率达86.4%。城市光网覆盖率达到100%以上，农村地区行政村宽带接入通达率达到100%，河池市成为广西首批5G商用城市。二是城乡面貌焕然一新。河池市行政中心搬迁至宜州区，中心城区从单核向金城江、宜州双核驱动发展，城市发展格局发生根本变化。宜州区、环江毛南族自治县和东兰县入选广西20个新型城镇化示范县，巴马养生养老小镇、南丹丹泉小镇、宜州天丝小镇、东兰铜鼓小镇列为首批广西特色小镇，巴马瑶族自治县被评为"全国绿化模范单位""国家卫生县城"，南丹县获评"国家园林县城"称号，宜州刘三姐镇入选全国特色小镇，河池荣获"广西卫生城市""广西园林城市"等称号，城市品质彰显。智慧金城江、智慧巴马等智慧（县）城区建设有序推进，"美丽河池"乡村建设活动深入实施，中心城区、县城、乡村建设日新月异。三是产业发展提质增效。首先，工业规模持续扩大。实施"千亿百亿"产业工程，工业转型升级步伐加快。以大任产业园为例，2021年营业收入77亿元，同比增长165%，产业园区各项基础设施建设完善，对工业发展的支撑带动作用进一步加强。其次，特色优势农业长足发展。"十大百万"产业增量大幅提升，桑蚕生产规模连续17年稳居全国地级市第一；肉牛肉羊饲养量及出栏量保持全区第一。[1] 最后，做强全域旅游与大健康产业，加快"一地一区两带"建设，促进现代服务业蓬勃发展。2021年河池地区生产总值历史性突破千亿大关，多项指标增速位居全区前列，全市经济发展呈现良好态势。四是生态环境保护持续深入。河池市牢固树立绿色发展理念，深入开展营造山清水秀自然生态行动，强化生态环境保护意识，全面落实环境保护"党政同责、一岗双责"要求，突出抓好蓝天、碧水、净土"三大保卫战"，让"山清水秀生态美"这块金字招牌越擦越亮。河池市在全区率先完成河湖"四乱"问题整治销号，重要河湖水功能区水质达标率100%，市中心城区饮用水源地水质达标率100%；国控、省控7个河流断面水质达标率100%，地表水环境质量状况排全国第

---

[1] 2022年河池市政府工作报告［EB/OL］.（2022-01-20）［2022-01-20］. http://www.hechi.gov.cn/dtyw/gdtt/t11176335.shtml.

8名、全区第2名,河长制工作连续两年排广西第2位。❶生态环境质量保持全国、全区前列。

(二)河池市创建绿色发展先行试验区的劣势

全市经济总量偏小,产业结构相对单一,三产融合程度不深。2021年,河池市第一、二、三产业产值比重分别为22.1%、28.3%和49.6%,稳增长压力持续加大,民生保障短板亟待补齐,巩固拓展脱贫攻坚成果任务艰巨,实现乡村振兴任重道远。

作为经济支撑的工业化处于起速期,不确定因素明显增多,新旧动能转换过渡任务很重;投资结构不合理,基础设施占比过高。全市固定资产投资保持高位增长,主要得益于过境河池的几条高速公路项目拉动,63%的投资量来自道路运输投资,其他领域项目总体进展相对缓慢,特别是工业重大项目严重匮乏,尚未形成赶超跨越的局面。

新的经济增长点培育效果还未显现。虽然新引进了一批重大产业项目,致力于发展新能源、数字经济等新兴产业,但还处于培育阶段,工业发展还依赖有色金属、水电等传统产业,存在"靠天吃饭"的问题。

服务业发展及城镇化滞后。2021年,河池全市批发业销售额644.1亿元,同比增长47.0%,积累的基数不断变大,拉动经济后劲严重不足。❷非营利性服务业主要依靠综合绩效奖金及增量等途径来拉动增加值,随着各县(区)财力发展的不平衡性,加上一些国家政策的约束,仅仅依靠发放劳动薪酬增量来支撑该行业的发展空间已经明显不足。营利性服务业占经济比重偏低,2021年,全市营利性服务业增加值占第三产业比重11%,占地区生产总值比重仅为5.4%。❸ 2021年年末,河池市城镇人口157.03万人,比上年增加3.43万人;乡村人口184.88万人,减少3.75万人;城镇化率为

---

❶ 李盛勇.让绿色成为发展底色——河池市打造"绿水青山就是金山银山"实践创新基地[N].河池日报,2022-02-04.

❷ 数据来源于河池市统计局《服务业发展实现历史性突破——2021年河池市服务业发展分析》报告.

❸ 数据来源于河池市统计局《服务业发展实现历史性突破——2021年河池市服务业发展分析》报告.

45.93%，远低于全区 55.08%、全国水平 64.72%。❶

"绿水青山"转化为"金山银山"的通道还未打通。河池虽然具有丰富的生态绿色资源，但对生态资源的开发利用仍停留在传统的、粗放的产业发展模式上，生态绿色资源优势还没有很好地转化为经济优势，绿色创富能力不高。

（三）河池市创建绿色发展先行试验区的机遇

从国际形势来看，应对气候变化，关乎全人类的生存发展和子孙后代的福祉，需要国际社会各方同舟共济，各尽所能，加速绿色低碳转型和创新，共建公平合理、合作共赢的全球气候治理体系，构建人类命运共同体。中国在实现碳达峰碳中和方面一向走在世界各国的前列，自 2013 年 6 月 6 日起，将全国节能宣传周的第三天设立为"全国低碳日"，启动"低碳中国行"活动。这个行动，既是中国对全球气候治理的率先行动，也是为全国绿色低碳发展发出的号召。此外，中国与东盟国家在分享减污降碳、改善环境质量、促进绿色发展方面已有成功经验和良好实践，《区域全面经济伙伴关系协定》将给中国—东盟金融合作带来新的机遇。未来，在绿色金融和金融科技领域，中国西部与东盟的合作前景非常广阔。

从国家层面来说，《中共中央关于制定国民经济和社会发展第十四个五年规划和二〇三五年远景目标的建议》明确要加快推动绿色低碳发展，并指出要强化国土空间规划和用途管控，落实生态保护、基本农田、城镇开发等空间管控边界，减少人类活动对自然空间的占用。强化绿色发展的法律和政策保障，发展绿色金融，支持绿色技术创新，推进清洁生产，发展环保产业，推进重点行业和重要领域绿色化改造。推动能源清洁低碳安全高效利用。发展绿色建筑。开展绿色生活创建活动。降低碳排放强度，支持有条件的地方率先达到碳排放峰值，制定 2030 年前碳排放达峰行动方案。这些，为河池市绿色发展先行试验区的创建提供了宏观政策支持。

从广西全区来说，自治区第十二次党代会提出了加强生态文明建设、在推动绿色发展上迈出新步伐的目标任务和战略举措，充分彰显了自治区党委

---

❶ 数据来源于河池市统计局《服务业发展实现历史性突破——2021 年河池市服务业发展分析》报告。

坚定不移贯彻新发展理念、走出具有广西特色的绿色发展之路的信心决心。同时，明确提出支持河池建设绿色发展先行试验区，为河池革命老区发展进行了科学定位，为河池市今后的发展指明了方向。

（四）河池市创建绿色发展先行试验区的挑战

一是人民日益增长的美好环境需求与城乡治理之间的矛盾日益凸显。自然生态环境的优劣对人民群众生活幸福指数的影响力逐渐增大，生态环境的问题日益成为最为重要的民生大计。人民群众期盼管理者能够切实把生态环境保护与治理工作抓紧、抓好、抓细，使广大居民可以享受清新的空气、健康的饮水和美丽的景色。但河池市环保基础设施建设仍不完善，资源和能源消耗量迅速增加，大气、水、土壤等环境污染问题日益突出，生态环境治理与修复尚未体系化、制度化、常态化，环境保护的状况与人民群众的期待还有着较大差距。

二是统筹推进生态文明建设的体制机制尚不完善。生态文明建设牵涉资源、环境、生态、人文多个领域，涉及中央、地方、集体、公众等多方利益主体，领域广、利益主体多，因此，在推进生态文明建设过程中，关键是要建立多部门的协调联动的体制机制。而河池仍未形成有效的生态文明建设统筹推进体制机制，部门间信息不够通畅，互通渠道单一。生态文明建设体制机制缺乏顶层设计，生态文明的体制改革相对于经济体制改革较为滞后，生态文明制度体系的"四梁八柱"❶尚未完善。

三是"绿色"竞争不断加剧。河池市与全国其他后发展欠发达地区一样，经历过发展方式粗放、资源利用效率不高的过程，导致能源资源约束越来越严峻，生态优势难以转化为价值优势。而许多发达地区都致力于发展绿色低碳经济、推动绿色低碳增长，以低碳发展为标志的新一轮能源革命，以智能化、信息化创新为特征的新一轮竞争已经开始，谁能走在竞争的前列，谁就能迎来发展的春天，因此河池必须借助创建绿色发展先行试验区的契机，在绿色低碳发展的激烈竞争中脱颖而出。

四是产业转型升级难题突出。河池市资源禀赋突出，但因区位劣势、产

---

❶ "四梁八柱"：指2015年9月，国务院印发的《生态文明体制改革总体方案》提出的八项制度是生态文明体制建设的"四梁八柱"。

业结构、保障要素、空间成本等因素制约，传统产业的转型升级难题还比较突出。此外，河池市区域内城乡发展不协调，农村基础设施薄弱，经济增长缺乏强有力的产业支撑，城镇二、三产业对农村剩余劳动力吸纳能力亟待加强。

三、河池市创建绿色发展先行试验区对策建议

《关于支持河池市建设绿色发展先行试验区的指导意见》对河池市建设绿色发展先行试验区工作作出了总体部署，是第一个真正面向河池全域的顶层设计。下一步，要深入学习领会，先行先试，大胆改革创新，重点围绕开展产业生态化发展、基础设施绿色升级、绿色消费和生活、碳达峰碳中和、绿色金融改革、生态文明建设"六大示范行动"，分别制定具体的实施方案，细化分解目标任务，全力以赴破难题、增活力、蹚新路，扎实推进先行试验区建设。

（一）加快产业生态化发展

河池市要紧紧围绕"绿色、循环、低碳"产业发展要求，积极适应环保监管趋紧、环境标准趋严、产业淘汰趋快的新形势，统筹考虑地方绿色资源禀赋、产业基础、环境承载力、市场条件、发展潜力等因素，积极探索产业绿色转型的路径与方法，规划绿色产业链，加快实现产业生态化发展。

着力推进制造业结构生态化转型升级。产业生态化是在产业生态学理论指导下产业发展的高级形态。河池市要加大政策扶持力度，在用能、用电、用水等方面给予企业更大的政策优惠，推动全市重点行业重点企业发展壮大；要加强教育引导，转变企业决策者等"关键少数"对生态环保重要性的思想认识，引导其在企业生产发展过程中高度重视环境保护、深入践行有关环保要求；要以有色金属、生物技术、新能源装备等优势行业和新兴产业为重点，对标国内国际行业生态环保标准，选取那些关联性强、推广价值高的龙头企业作为生态化转型升级改造的主要扶持对象，推动它们攻克一批环保、先进、关键、共性技术，升级改造落后粗放的、高耗能的生产工艺设备和生产技术，促进其绿色低碳改造，提高其生态环保水平，并发挥其生产关联效应和创新引领作用，最终带动全市传统产业生态化转型及整体技术水平

的不断提升；要大力培育引进一批高端、专业的能源加工企业，促进带动全市碳酸钙、大理石等优质能源精深加工，延长产业链条，提升产业产值。

做优做强生态环保产业。要面向特色生态农产品需求日益扩大的市场，以农业"十大百万"产业为重点，大力发展"三品一标"（"三品"指无公害农产品、绿色食品、有机食品；"一标"是农产品地理标志产品，统称为"三品一标"）高质量农产品，并积极研发、推广、应用主导品种、主推技术、高效生产模式、新型储存方法和加工技术，加强禽粪、秸秆、枝叶等附生物的转化应用，大力发展循环农业，加快推进农业绿色发展，提高产品品质和资源利用率。要充分利用巴马长寿养生国际旅游区的产业基础和影响力，推动大健康科技成果转化应用和康养重大项目落地，大力发展优质矿泉水、健康食品、健康医养、生物科技、特色医药等生态、高端康养产业，并逐渐拓展到并辐射其他县（区），引导带动整个河池生态康养业的发展。要坚持保护与开发并重，在市区、各县城区街道建设、道路建设中注重注入、凸显河池生态元素及生态优势，并因地制宜在条件成熟的县（区）建设一批集中体现河池生态优势的特色"生态小镇"作为绿色产业示范基地、生态农产品交易中心和旅游集散中心，形成一批绿色产业集群，扩大河池生态优势的吸引力和影响力。要加快交通、公园、景点等基础设施建设，加强生态与民族、历史及红色与长寿文化资源的结合，大力开发优化观光游、体验游、休闲游、养生游、科教游、探险游等生态文化旅游新模式，并通过"点—线—面"的方式串联辐射景区、景点，构建游、购、娱、住、行多产融合的生态文化旅游体系。

促进园区绿色低碳循环发展。要围绕有色金属、茧丝绸等重点行业，搭建资源共享、废物处理、服务高效的公共平台，推动园区企业循环式生产、产业循环式组合，促进废物综合利用、能量梯级利用、余热余压余能回收利用及水资源循环利用，推动全市园区绿色低碳循环提升，形成园区循环产业链，打造绿色园区。要根据构建企业园区主导产业全产业链的需要，高度重视产品生产产前、产中、产后各环节的伴生物、附生物等资源的有效利用，科学引进引入一批大宗工业固体废弃物利用、尾矿加工、桑蚕附生物加工等针对性企业对产业链条附生资源进行再利用、再加工，形成再生资源产业。

加强产业发展环保巡查监管。要建立健全有色金属、新能源装备、茧丝绸、碳酸钙等重点行业的生态环保标准机制，充分利用当前日益成熟完善的网络监管技术和执法平台对全市重点行业、重点领域进行全产业链、全生命周期监管，通过加强监管、严格执法、提高违法成本等多种方式倒逼行业、企业向低碳化转型，同时结合自然生态环境"河长制""湖长制""林长制""田长制"等工作责任的强化落实，大力推动产业生态化发展，确保环境安全。

（二）加快基础设施绿色升级

提升绿色能源保障能力。一是围绕实现"碳达峰""碳中和"目标，结合河池市能源资源发展实际，构建能源发展新格局。依托红水河流域丰富的水能、风能、太阳能、生物质能等资源优势，分别建设一批大型风电项目、水面光伏及矿区光伏项目、生物能发电项目及垃圾焚烧发电项目。二是充分利用河池市充足的水利资源，深度开发利用红水河、龙江、柳来河等河流水电资源，加快推进水电增效扩容改造。三是加快完善石油和天然气储备体系，加快推进石油、天然气储运项目建设，扩大油气储备规模。

构建便捷综合交通网络。一是打造多层次网络化公路网，加快形成以高速公路为骨架、普通国省干线为脉络、农村公路为基础的网络化公路网。二是构建覆盖面更广铁路网，构建客运"高速便捷"、货运"通道畅达"、城际"高效联通"、路网"系统协调"的铁路网格局。三是加快补齐水运发展短板，形成以高等级航道和现代化港口为核心，与陆路交通有效衔接、协调发展的内河水运体系。

加强新型基础设施建设。一是开展充电桩、换电站等新能源汽车充电设施专项建设行动。二是全面推动城市智能公交和发展智能建筑、智能路灯、智能充电桩、智能停车场、智能管网等智能设施建设。三是持续开展4G精品网建设，尤其是要加快实施"4G乡村工程"。四是完善智慧市政基础设施，大力发展智慧管网，提升各类园区、社区、医院、学校和商业楼宇的设施互联感知能力。

提升城乡基础设施建设水平。一是加快推进金宜城市化发展，统筹抓好"两区一廊"建设，加快金城江城区、宜州城区同城化发展，进一步增强城区辐射带动能力。二是优化城镇空间布局，完善和提升城镇功能。三是全面推进农村人居环境整治提升行动。四是启动实施自然村（屯）道路通畅工程、自然村（屯）道路提升工程和乡村道路安全生命防护工程等"三项工程"，深化"四好农村路"高质量发展，打通农村"断头路"，实施屯级道路建设，全面扩大乡村道路覆盖面。五是推动农村水利基础设施建设。六是加快推进乡村公共基础设施建设，不断提升乡村清洁能源建设、数字乡村建设和村级综合服务设施。

（三）促进生活消费绿色转型

加强组织领导，开展试点示范。把加强党的全面领导贯穿促进生活消费绿色转型各方面和全过程。各单位要承担起促进生活消费绿色转型主体责任，广泛开展创建节约型机关、绿色家庭、绿色社区、绿色出行等行动；不断完善体制机制和政策支持体系，按照职能分工形成政策和工作合力，推进促进生活消费绿色转型各项任务完成。组织开展促进生活消费绿色转型试点示范工作，鼓励具备条件的重点县区、重点行业、重点企业先行先试，探索有效模式和有益经验。在公共机构大力推进消费绿色转型，推动广大干部职工树立简约适度、绿色低碳的绿色消费理念，降低运行成本，带动家人、朋友等身边人积极践行绿色消费理念，在全社会促进绿色消费行动中发挥示范引领作用。推动公共机构及干部职工优先购买使用新能源汽车，适当提高党政机关公务领域新能源汽车应用占比。在公共机构内部新建和既有的停车场，加大电动汽车充电基础设施配备力度。全面推进节约型机关创建行动。

建立健全制度保障体系，推进消费结构绿色转型升级。充分发挥政府宏观调控作用，加快健全法律制度、激励约束机制。一是加快健全法律法规制度。落实国家绿色消费有关法律法规要求，坚持减量化、再利用、资源化三原则，围绕生活消费绿色转型所进行的采购、制造、流通、使用、回收、处理等各环节要求，明确政府、企业、社会组织、消费者各主体责任义务。根据国家《招标投标法》《政府采购法》等修订情况，适时开展《河池市招标投标条例》等法律法规修订工作，完善生活消费绿色转型采购政策。二是建立健全绿色消费激励机制。增强财政支持精准性，加大金融支持力度，发挥价格机制作用，推广激励措施，引导人们自觉行动，激发人们绿色消费自觉性和积极性。例如，对自觉使用智能家电、绿色建材等消费品予以适当补贴或贷款贴息；对绿色生产和绿色消费的税收实施财政补贴，以有效降低绿色消费成本。三是建立健全绿色消费约束机制。全市要提升绿色低碳产品在政府采购中的比例，进一步完善居民用水、用电、用气阶梯价格制度。完善分时电价政策，拉大峰谷价差和浮动幅度，引导用户错峰储能和用电。逐步扩大新能源车和传统燃料车辆使用成本梯度。建立健全城市生活垃圾处理收费制度，逐步实行分类计价和计量收费等，以强化对人们消费行为的约束。此外，应优化完善标准认证体系，探索建立统计监测评价体系，推动建立绿色消费信息平台。四是创新建立绿色消费激励机制。一方面，建立物质激励机制，通过加大对绿色生产和绿色消费的税收激励政策，制定和实施财政补贴制度，有效降低绿色消费成本，激发人们绿色消费自觉性和积极性；另一方面，识别量化绿色消费行为。建立统一的绿色消费行为识别和评价体系，建设全市统一、各大平台贯通的绿色消费积分平台，将消费者所有的绿色产品消费、绿色出行、旧物回收利用、节水节电节物等行为换为绿色积分，以兑换相应产品或者社会服务。

（四）有效推进碳达峰碳中和

推进产业结构转型。把坚决遏制"两高"项目盲目发展作为碳达峰碳中和工作的当务之急和重中之重，严控增量项目，实施用能预警，加强督促检查，建立长效机制。大力推进传统产业节能改造，持续提升项目能效水平。加快推进农业绿色发展，促进农业固碳增效。加快商贸流通、信息服务绿色转型，推动服务业低碳发展。加快发展战略性新兴产业，建设绿色制造体系，推动新兴技术与绿色低碳产业深度融合，切实推动产业结构由高碳向低碳、由低端向高端转型升级。

有序调整能源结构。深化能源体制机制改革，稳妥有序推进能源生产和消费低碳转型，构建清洁低碳安全高效能源体系。坚持节能优先，落实好能源消费强度和总量双控措施，统筹建立二氧化碳排放总量控制制度。推进煤炭消费转型升级，有序减量替代。加快推进风电、光伏基地建设，因地制宜开发水能。

加快城乡建设和交通运输绿色低碳转型。在城乡建设领域，将绿色低碳要求贯穿城乡规划建设管理各环节，大力实施绿色建造。结合城市更新、新型城镇化建设和乡村振兴，提高新建建筑节能水平，推进既有建筑绿色低碳改造，加快推广超低能耗、近零能耗建筑。在交通运输领域，加大对新能源车船的支持推广力度，构建便利高效、适度超前的充换电网络体系，加快交通运输电动化转型。优化公共交通基础设施建设，鼓励绿色低碳出行。

（五）推进绿色金融改革提速

设立市级绿色金融改革工作机构。鉴于绿色金融发展涉及较多的部门和较广的领域，推进难度较大、触及利益也较深的特点，河池市可借助自治区给予"绿色发展先行试验区"的特殊政策，借鉴深圳市、甘肃省、贵州省等地做法，设立由市领导牵头的绿色金融专业委员会或工作领导小组，统筹推进全市绿色金融改革，推动绿色金融发展。

制定绿色金融建设实施方案。由河池市绿色金融改革工作机构组织相关部门，对由中国人民银行等七部委联合发布的《关于构建绿色金融体系的指导意见》进行讨论研究，出台河池市《绿色金融建设实施方案》，以明确和分解各部门工作职责、工作目标和任务，共同推进工作开展。

拓宽投融资渠道，撬动更多资本投资绿色产业。一是鼓励符合条件的金融机构及企业开展债券融资，引导符合条件的绿色企业上市（挂牌）和再融资。根据《绿色产业指导目录（2019年版）》，按照法定程序发行绿色金融债券、绿色企业债券、绿色公司债券等绿色债券进行融资，支持绿色产业发展。二是鼓励企业和个人依法依规开展水权和林权等使用权抵押、产品订单抵押等绿色信贷业务，探索"生态资产权益抵押+项目贷"模式进行融资。三是推动绿色PPP（公共部门和私人部门为提供公共产品或服务而建立的合作关系）与基础设施不动产投资信托基金（REITs）融合，创新投融资机制，充分发挥金融支持绿色发展的作用，增强投资对优化供给结构的关键性作用。建议对绿色PPP项目发行REITs，考虑适度放宽对运营期的限制，并将可行性缺口补助类PPP项目纳入范围。特别是在风险评估基础上，将绿色基建、绿色民生类PPP项目纳入REITs适合项目范围，这样可为REITs提供更多的项目储备，促进绿色PPP与REITs融合发展，进一步促进有效投资。四是发展绿色担保，探索建立生态资源融资担保体系和政府性融资担保机构风险代偿补偿机制，积极为中小企业绿色信贷提供担保增信。五是探索开展气候投融资试点，引导社会资本和企业加大对低碳应用领域的投资力度。六是建设绿色金融要素交易市场。积极开展环境权益交易和发展环境权益融资工具，参与组建广西绿色交易所，在开发碳基金、碳远期、碳租赁、碳债券、碳资产证券化等金融产品方面先行先试。

（六）持续加强生态文明教育

转变干部群众思想观念。针对干部群众中存在思想认识不足、观念陈旧的问题，要抓好思想观念转变，顺应人民群众过上美好生活的新期待，把自然资源绿色发展工作置于国家战略高度考虑，继续抓紧经济建设这个中心任务，围绕高质量发展要求和资源供给侧结构性改革这条主线，充分发挥河池绿色优势，依靠政府和市场的有效协调，扎实做好生态宜居工作，大力提升发展质量和效益，更好地服务经济转型升级。

加强绿色发展宣传培训。针对当前河池市一些干部群众中还存在绿色发展意识不强的现状，要充分利用党校（行政学院、社会主义学院）这个干部教育主渠道，通过分级培训、全员轮训等方式加强干部队伍的绿色发展能力教育，增强干部队伍绿色发展意识，从而提高他们的绿色发展能力。同时，还要通过各种途径，加强广大群众绿色发展意识教育，使广大群众将绿色发展意识化为实践自觉。

坚持保护利用守正创新。一是加强对精品典籍、遗迹景观和艺术作品等文化载体的保护和传承，使城镇社区和农村历史文脉得以健康延续；二是加强新型文化业态的培育，形成新的发展动力引领绿色文化健康发展；三是善于吸收和借鉴各种优秀文化成果，注重加强文明交流互鉴，更新绿色发展理念，贯彻落实绿色发展新思想。

做好生态环保督察整改"后半篇文章"。按照中央要求和自治区部署，坚持系统治理，加强督导监督，压实部门职责，狠抓重点、难点，采取精准落实措施，抓细抓实抓好中央环保督察反馈问题整改。确保整改完成一个、验收一个、销号一个，以最严格的追责问责机制倒逼工作落实，确保整改效果经得起实践检验、得到群众认可，推动生态保护和经济发展同频共振。

以优良作风推进绿色理念落地生根。从全市广大干部能否直面困难攻坚克难的作风问题入手，深化作风建设，为推进创建绿色发展先行试验区各项工作落实提供坚强有力的作风保障。同时，加强对精品典籍、遗迹景观和艺术作品等文化载体的保护和传承，使城镇社区和农村历史文脉得以健康延续，吸收和借鉴各种优秀文化成果，加强文明交流互鉴，推进绿色发展理念落地生根。

总之，河池市绿色发展先行试验区的定位，为河池在新发展阶段取得新发展成效提供了政策支撑。下一步，全市上下要提高政治站位，凝聚共识，积极争取国家及自治区层面出台支持河池市创建绿色发展先行试验区相关文件及配套政策，市级层面应尽快出台建设绿色发展先行试验区的实施意见、实施方案，尽早谋划一批河池市国家级绿色发展先行试验区重大项目清单，并分别制定具体的实施方案，细化分解目标任务，扎实推进先行试验区建设。

双循环背景下广西沿边经济带建设与发展

刘建文*

2020年4月10日，在中央财经委员会第七次会议上，习近平总书记强调要构建以国内大循环为主体、国内国际双循环相互促进的新发展格局。2021年在双循环新发展格局引领下，广西各级党委、政府带领人民克服种种困难，沿边经济带建设取得较大的发展。2021年沿边经济带各市（县、区）主要宏观经济指标见表1。

表1 2021年沿边经济带各市（县、区）主要宏观经济指标

行政区	地区生产总值		财政收入		社会消费品零售		固定资产投资	
	总额/亿元	同比增长/%	总额/亿元	同比增长/%	总额/亿元	同比增长/%	总额/亿元	同比增长/%
防城港市	815.88	9.4	100.36	21.6	—	6.5	—	-13.2
东兴市	81.0	2.0	8.05	-5.9	—	4.2	—	-0.6
防城区	133.42	5.5	10.68	20.2	—	1.1	—	9.9
崇左市	989.09	9.8	73.62	14.0	252.26	10.9	—	11.5
宁明县	118.40	9.3	5.66	12.5	22.08	8.1	—	19.6
凭祥市	84.55	10.9	6.58	5.0	—	10.1	—	18.6
龙州县	104.19	8.9	5.40	5.4	29.32	10.6	—	45.1
大新县	119.39	9.3	6.89	69.9	34.0	10.2	—	76.6
百色市	1568.71	9.8	166.93	14.5	—	10.8	—	26.4
靖西市	—	10.5	23.43	8.2	—	11.5	—	27.1
那坡县	47.35	8.3	3.68	3.2	—	11.8	—	55.3

资料来源：各市县区《国民经济和社会发展统计公报》和《政府工作报告》。

---

* 刘建文，广西社会科学院民族研究所研究员。

一、双循环背景下广西推动沿边经济带建设

（一）沿边经济带基础设施进一步完善，为构建国内国际双循环相互促进的新发展格局创造条件

2021年，百色市交通基础设施完成投资234.5亿元，项目数量和投资规模创历史新高。其中在建高速公路13条583千米，开工建设了百色—那坡—平孟高速公路（那坡至平孟段）；百色水利枢纽通航设施工程开工建设，右江航道整治工程加快推进。巴马至凭祥高速公路（大新段、龙州段）、大新德天至宁明花山一级路（二期）、龙州板季至八角、岭南至上金、大新桃城至科甲、G243龙州至凭祥（一期）、龙州至彬桥等二级公路等项目加快推进，梧州至硕龙公路（崇靖高速至硕龙口岸段）项目启动。经上思三条高速公路、东兴市国门大道、G219峒中至东兴段等公路项目加快推进。防东铁路路基和隧道全线贯通，西湾跨海双线特大桥开工建设。

西部陆海贸易新通道加快建设。"百色一号"专列升级为西部陆海新通道冷链专列运营主体，开行专列数量同比增长69%。友谊关口岸是新冠肺炎疫情防控期间全国沿边地区唯一始终保持正常通关的口岸，整体通关时间全国领先，通关货值、货车数量等指标位列广西第一。如期完成弄尧货物监管中心建设。开行全国首趟"铁路快通"中越班列，中越、中欧班列首次联程运输，实现跨境物流联东盟达欧盟，凭祥铁路口岸出入境中越班列累计达346列，同比增长108.4%。

新一代信息网络等新型基础设施建设加快。百色市开通了5G基站2453个，城市家庭千兆光网覆盖率、乡镇千兆宽带覆盖率、行政村4G信号覆盖率达100%。南宁至崇左城际铁路完成总体建设任务的90%，崇左市云计算大数据中心建成运行，新增新能源汽车充电桩1112个，基本实现市级城区和县级主要城区5G网络连续覆盖，乡镇基本开通5G网络。

口岸基础设施加快升级，开放开发迈出新步伐。2021年，靖西市投入3500万元完善龙邦口岸一般贸易区基础设施，国务院批复同意龙邦口岸升格为国际性口岸和扩大开放至那西通道，那西通道实现临时开通，进出口货值和货量分别增长24%和35%；完成龙邦口岸进境水果指定监管场地建设，进口水果6100吨；旅检通道国门楼实现封顶，万生隆商贸物流中心二、三

期完成征地，国门广场完成征拆，启动国门小镇项目建设。

崇左市边境口岸建设进一步加快。大新县硕龙口岸（主通道）一期全部建成，"智慧口岸"项目及硕龙口岸主通道配套附属设施项目已完成设备安装及调试。硕龙口岸（岩应通道）、边民互市基础设施等项目持续推进。硕龙口岸（主通道）二期与硕龙口岸（岩应通道）项目纳入自治区层面统筹推进重大项目清单。龙州县完成了水口至驮隆中越界河二桥、科甲互市点整改提升项目建设，布局、那花互市点整改提升项目主体工程通过验收，水口二桥监管区、龙州水口边贸二级市场（二期）和产业园冷库、污水处理厂及配套管网工程等项目建设加快。爱店—峙马口岸货物进出口通道扩容工程竣工投入使用，货物进出口通道扩大至4条，双边性口岸货物进出口通关能力得到进一步提升。

（二）沿边经济带产业转型升级加快，夯实国内国际双循环相互促进的基础

沿边各县市区都将"创新推进产业转型升级，发展新动能"作为产业可持续发展的重要举措。百色市抓住广西百色重点开发开放试验区获批的新机遇，着力发展边贸加工、生态铝、文化旅游等外向型产业，全面推进新型生态铝产业高质量发展，推进沿边地区经济带传统产业转型升级和外向型产业深度开放合作。2021年，德保煤电铝一体化项目全部建成，靖西立劲锰酸锂电池材料等新材料项目竣工投产。靖西市天桂铝业二、三期170万吨氧化铝项目实现竣工试产，全市氧化铝产能570万吨，位居全区第一位；锰系新能源电池材料产能位居百色市第一位。铝产业规模持续发展壮大，全市氧化铝产量345.5万吨、电解铝产量28.7万吨，铝工业总产值161.45亿元，增长126.3%。锰产业加快向锰系新能源电池产业转型，新增新能源电池正极材料产能5万吨，锰系新能源产值36.92亿元，增长52.4%，恒科、德瑞2个新能源负极材料等项目实现落地。靖西市的商品落地加工业取得新突破，新增落地加工企业3家，边民互市商品落地加工产值21亿元，位列全区第1位。

崇左市特色优势产业发展壮大。2021年，大新县冶炼业强势反弹，南方锰业60万吨立磨技改、2万吨电解金属锰阳极渣综合利用项目（一期）等项目达产满产，新振锰业6万吨电解金属锰（二期）等项目投入试产，锰业总产值54.62亿元，同比增长42.5%。龙州新翔生态氧化铝等项目竣工投产。崇左市园区发展效能持续提升，龙赞产业园、山圩产业园获认定为"第二批国家林业产业示范园区"，中泰产业园、中国—东盟青年产业园、凭祥边境经济合作区分别获批自治区级绿色园区、特色产业园区、兴边富民示范园区，新引进23家互市贸易落地加工企业。崇左市荣获"中国板材家具产业基地""轻工业先进产业集群"称号。

旅游业逆势发展，沿边旅游经济带逐步形成。2021年，靖西市锦绣古镇二期、鹅泉至旧州漂流带等项目加快推进，文旅项目投资2.05亿元。靖西大峡谷创建国家AAAAA级旅游景区加快推进。旧州、鹅泉、渠洋湖景区成功创建自治级中小学研学教育实践基地。崇左市加快建设重大文旅项目，壮族天琴艺术、壮族侬峒节成功入选国家级非遗项目，明仕雅居获评全国首批"甲级旅游民宿"，太平古城获评"广西旅游休闲街区"，罗白生态旅游区获评"广西生态旅游示范区"。秘境丽世度假酒店、新和在野民宿集、太平古城影视基地、骆越文化宫等项目实现竣工。宁明县花山景区旅游精品、边关旅游、农业旅游等三条示范带加快形成，连续两年获评"中国县域旅游发展潜力百强县市"。防城港市扎实推进边境旅游试验区建设，启动江山半岛国家级旅游度假区工作，白浪滩·航洋都市里等一批重大文旅项目加快建设，建成东兴昊兴房车营地，获评"广西三星级汽车旅游营地"。

2021年，沿边县市区积极开展国内旅游宣传促销并取得较好的效果。靖西市开展"一键游靖西""壮族三月三"等线上线下文旅宣传活动，全年游客接待870.3万人次，同比增长23.7%，旅游总消费101亿元，同比增长24.3%，入围广西七大旅游最具潜力县市。崇左市全年接待游客4289.29万人次，同比增长23.5%；实现旅游消费427.34亿元，同比增长26.2%。其中，宁明县全年接待游客总人数635.85万人次，同比增长21.79%，实现旅游消费70.27亿元，同比增长24.56%；大新县全年接待游客733.75万人次，实现旅游总消费58.06亿元，两项数据均已恢复至2019年的90%。防城港市旅游市场有所恢复，全年接待国内游客3395.9万人次、国内旅游消费314.2亿元。

(三)对外贸易蓬勃发展,有序推进国内外双循环相互促进的新格局

2021年,沿边经济带各市(县、区)贸易额都有所增长。百色市社会消费品零售总额同比增长10.8%;批发业销售额656.71亿元,同比增长23.7%;零售业销售额313.94亿元,同比增长19.1%;住宿业营业额13.76亿元,同比增长25.3%;餐饮业营业额40.60亿元,同比增长24.2%;百色市货物进出口总额426.33亿元,比上年增长28.0%。其中,出口383.03亿元,比上年增长26.9%;进口43.3亿元,比上年增长38.4%。❶崇左市社会消费品零售总额252.26亿元,比上年增长10.9%。按经营地统计,城镇消费品零售额174.65亿元,增长10.9%;乡村消费品零售额77.61亿元,增长11.0%;外贸进出口总额2127.11亿元,比上年增长15.3%。其中,出口额为1369.06亿元,比上年增长10.5%;进口额为758.05亿元,增长25.1%。进出口差额(出口减进口)611.01亿元。❷防城港市实现社会消费品零售总额增长6.5%,扣除价格因素,实际增长5.2%;货物进出口总额885.56亿元,增长25.0%,其中,出口总额77.96亿元,下降67.8%;进口总额807.60亿元,增长73.1%;全年边境小额贸易(边民互市贸易除外)43.82亿元,下降73.3%,其中,出口37.88亿元,下降76.3%;进口5.93亿元,增长44.3%。东兴市进出口贸易总额198.41亿元,下降20.2%。❸2020—2021年沿边经济带各市县区对外贸易情况见表2。

表2 2020—2021年沿边经济带各市(县、区)对外贸易情况   单位:亿元

地区	2020年			2021年		
	贸易额	出口额	进口额	贸易额	出口额	进口额
防城港市	709.61	242.05	467.56	885.56	77.96	807.60
东兴市	248.80	162.24	86.56	198.41	20.46	177.95
防城区	59.25	17.76	41.48	63.78	38.10	25.68
崇左市	1 843.17	1 238.88	604.29	2 127.11	1 369.06	758.05
宁明县	271.97	231.48	40.48	174.60	139.20	35.30

❶ 参见《2021年百色市国民经济和社会发展统计公报》。
❷ 参见《2021年崇左市国民经济和社会发展统计公报》。
❸ 参见《2021年防城港市国民经济和社会发展统计公报》。

续表

地区	2020年			2021年		
	贸易额	出口额	进口额	贸易额	出口额	进口额
凭祥市	1 238.35	707.08	531.27	1585.72	907.03	678.69
龙州县	261.26	254.10	7.16	283.90	273.70	10.19
大新县	38.37	38.24	0.13	40.5	—	—
百色市	333.14	301.83	31.31	426.33	383.03	43.30
靖西市	196.96	171.96	25.00	260.55	227.13	33.42
那坡县	118.00	—	—	—	—	—

资料来源：各市、县、区2021年国民经济和社会发展统计公报及《政府工作报告》。

（四）创新沿边经济带营商环境，保障国内外双循环相互促进有效衔接

为引进国内外投资保持经济发展，沿边县市区创新营商环境，保持了经济增长，也保障了国内外双循环互相促进的有效衔接。百色市优化了项目审批环节，办结时限再压缩三分之一以上；建成了市、县统一政务服务平台，100%政务服务事项实现一窗受理，开通企业开办"全市通办"平台，推行"竣备即首登"验收模式。边民互市通关作业无纸化、边民合作社互助组申报模式改革取得重大进展，5家互市进口商品落地加工企业投产运营，推动边境贸易由"通道经济"向"口岸经济"转变。[1]2021年，广西批复同意设立靖西边境经济合作区；全市外贸进出口总额262亿元，同比增长32%，占百色市外贸总额的62%。

崇左市加快自贸试验区崇左片区等开发开放平台建设，自贸区崇左片区承接的85项试点任务完成率达96.5%，推出在全国、全区复制推广制度创新经验案例14项，搭建全国首个边境口岸互市贸易结算信息系统，"边境地区跨境人民币使用改革创新"案例获评全国自贸试验区第四批"最佳实践案例"。广西全区首个"1210"保税出口业务成功落地，跨境电商公共清关中心正式启用。深化"简易办"和"放管服"改革，"一件事一次办"套餐服务，企业开办提速96%，整体行政审批承诺办结时限压缩85%以上，推

---

[1] 参见《2022年百色市政府工作报告》。

出优化获得电力指标等 40 项工作措施，持续释放减税降费红利。开行全国首趟"铁路快通"中越班列，中越、中欧班列实现首次联程运输。2021 年，凭祥市外贸进出口总额占全区的 26.74%，凭祥综合保税区成为广西唯一连续 7 年贸易额超千亿元的园区。爱店口岸成为全区为数不多实现周末和节假日正常通关的口岸，2021 年进出口货物 79.18 万吨，同比增长 98.7%，外贸进出口总额 174 亿元人民币。友谊关口岸成为全国沿边地区唯一全年正常通关的口岸。❶ 2021 年，崇左市跨境电商出口总货值 24.16 亿元，市场采购贸易 20.76 亿元。防城港市持续优化营商环境，"最多跑一次"事项达 100%，网上可办率达 99% 以上，31 个事项实现"零"材料办理。整合"跨省通办""全区通办""北部湾区通办""同城通办"等 1006 个事项为一张清单，实现所有事项"不见面审批"。创新采用"海域使用权立体分层设权"方式保障重大项目靠海走在全国前列。❷ 这些创新措施有效推动了广西融入国内国际双循环新发展格局，加快推动中国—东盟在产业链、供应链、价值链方面融合发展。

二、双循环背景下广西沿边经济带建设与发展面临的挑战

（一）全球贸易低迷迟滞了沿边经济带新发展格局的形成

近年来，全球贸易持续低迷，波及中越边境地区的贸易，沿边经济带经济发展形势严峻。中越边境贸易和边境旅游的断崖式下降，跨境产业链供应链不稳定，落地加工企业得不到原材料而停产停工，这些不确定性给沿边经济带的发展带来很大的挑战，迟滞了沿边经济带新发展格局的形成。

（二）中越边境口岸拥堵日益严重

中越贸易快速发展势头始料不及，以至于中越两国的边境地区口岸建设落后于贸易发展速度。口岸的海关监管场地小、查验检验设施设备和货物检疫处理设施设备不足等严重影响两国贸易的增长。如友谊关国际口岸原设计通行量为每天 500 辆货车，但是实际每天通过的货车超过千辆，造成口岸

---

❶ 参见《2022 年崇左市政府工作报告》。
❷ 参见《2022 年防城港市政府工作报告》。

拥堵现象日益严重。❶ 拥堵最严重时，我国仅在友谊关口岸待出口重车超过2000辆次，平均等待时长约15~20天，各指定停车场已经超负荷运载。口岸拥堵成为影响中越贸易发展的一大制约因素。

三、广西沿边经济带发展展望与建议

尽管新冠疫情已经肆虐沿边经济带两年多时间，但是，由于中越两国加强了合作，对新冠疫情的防控也积累了丰富的经验，新冠疫情对边境地区贸易的影响有所缓解，沿边经济带发展前景仍然可期。

（一）发展展望

1. 贸易恢复发展不确定性仍然存在

沿边经济带有关县（市、区）都提出了2022年较为乐观的宏观经济目标，防城港市提出2022年经济增长10%以上，社会消费品零售总额增长10%，外贸进出口总额增长10%；其中，东兴市提出2022年地区生产总值增长10%，外贸进出口总额增长62%。百色市提出2022年地区生产总值增长8.5%以上（奋斗目标9.0%），社会消费品零售总额增长10%，对外贸易总额增长15%；其中，靖西市提出地区生产总值增长9.5%~10%，社会消费品零售总额增长10%，外贸进出口总额增长25%。崇左市提出2022年地区生产总值增长8.5%，外贸进出口总额增长4%，社会消费品零售总额增长10.5%；其中，凭祥市提出2022年地区生产总值增长8.5%以上，外贸进出口总额增长5%以上，社会消费品零售总额增长9.5%以上。

面对国际环境更趋复杂严峻的局面，虽然凭祥（铁路）口岸、友谊关口岸和浦寨互市区正常运行，有助于外贸增长，但是，贸易恢复仍然面临不确定性因素。2022年1—5月，崇左市外贸进出口总值358.78亿元，同比下降63.8%，降幅比1—4月收窄4.4个百分点。其中，出口总值300.78亿元，下降54.8%；进口总值58.00亿元，下降82.2%。❷ 沿边经济带有关县（市、区）要实现宏观经济目标将面临很大的挑战。

---

❶ 友谊关口岸：通关改革破解拥堵困局［EB/OL］.（2019-12-14）［2022-07-01］. 崇左广播电视网，http://web.chinamshare.com/czsdst/sy/xw/60486309.shtml.

❷ 崇左市2022年1—5月经济运行情况分析［EB/OL］.（2022-06-24）［2022-07-01］. 崇左市人民政府网站，http://www.chongzuo.gov.cn/sjfb/tjfx/t12651503.shtml.

2. 基础设施建设加快形成

中越交通基础设施互联互通正在加快建设。2022年7月，越南海防—下龙湾—芒街的高速公路已经建成通车。南宁—崇左和防城港—东兴的城际铁路加快建设，那坡—平孟口岸高速公路正在建设，中越两国骨干交通基础设施互联互通大力推进，为中越两国深化经贸合作创造了良好的条件，也将促进沿边经济带成为国内外双循环相互促进的重要枢纽。

（二）建议

基于沿边经济带可持续发展的需要，建议重点推进中越交通基础设施互联互通建设。

1. 加强中越边境口岸疫情防控合作

建立中越突发疫情防控合作机制，推动中越机制性海关检验检疫合作，开辟农产品尤其是水果、水产品通关专用窗口和监管"绿色通道"，开展水果原产地病虫害和疫情通报合作。

2. 提升口岸基础设施质量水平

按照"一口岸多通道"和"一线放开、二线管住"模式规划提升口岸基础设施，进一步放开二线的范围，扩大海关监管设施场所。探索将边境地区的互市贸易落地加工区、自由贸易试验区等纳入二线范围管理。广泛运用大型集装箱扫描系统、智能卡口等科技设备，增加进境动植物指定口岸的入境卫生检疫、动植物检疫设施设备。加快建设5G网络、数据中心等新型基础设施，利用新技术建立"海关智慧监管一体化平台"，提高边境口岸客货通关效率。

3. 加快推进中南半岛陆路大通道建设

口岸拥堵也在一定程度上推动越南加快中越陆路大通道建设。要从国家层面推动越南共同推进泛亚铁路东线建设，尤其是南宁—同登—河内铁路升级改造，开通南宁—河内快速铁路物流专线，推动龙邦/茶岭—谅山高速公路、东兴—芒街—下龙湾铁路、越南河内—老挝万象铁路建设，构建中国—中南半岛经济走廊东线快速大通道。开通或增加防城港、钦州港到越南海防港、胡志明港的直达班轮，通过海路分流部分陆路的集装箱物流。

广西巩固拓展脱贫攻坚成果同乡村振兴有效衔接报告

谢国雄[*]

习近平总书记指出，脱贫摘帽不是终点，而是新生活、新奋斗的起点。2021年，广西壮族自治区认真贯彻落实习近平总书记重要指示精神，贯彻落实党中央决策部署，全面推进乡村振兴战略，将乡村振兴与产业振兴、科教振兴共同作为自治区未来五年的"三大振兴"，并将乡村振兴工作摆在重中之重的位置，扎实做好巩固拓展脱贫攻坚成果同乡村振兴有效衔接各项工作，让脱贫基础更加稳固、脱贫成效更可持续。

一、广西巩固拓展脱贫攻坚成果同乡村振兴有效衔接的主要做法与成效

（一）健全落实帮扶工作机制

一是保持帮扶政策总体稳定。做好领导体制、工作体系、政策举措、帮扶机制、发展规划、考核机制"六大"衔接，成立党委农村工作（乡村振兴）领导小组，创新组建实施乡村振兴战略指挥部，下设指挥部办公室和13个专责小组，形成"1+13"乡村振兴工作推进机制。完善和出台60多项配套政策，逐步构建过渡期"1+N"政策体系，推动转向巩固拓展脱贫攻坚成果和全面推进乡村振兴。

二是坚持五级书记抓乡村振兴。选派1.7万名干部担任第一书记和工作队员，选派60名干部担任县级工作队队长，选派3000多名选调生到乡村，

---

[*] 谢国雄，广西社会科学院新型智库建设处副处长。

全区5379个脱贫村全部完成驻村工作队轮换交接和"传帮带"。

三是构建乡村振兴重点帮扶工作机制。在中央批准确定的20个国家乡村振兴重点帮扶县基础上，再确定20个自治区乡村振兴重点帮扶县和4个参照相关政策给予支持县，实行省级领导联系重点帮扶县制度，在财政、土地、人才等方面给予倾斜。截至2021年10月底，44个重点帮扶县共安排财政衔接补助资金114.5亿元，占广西全区安排资金总量的68.48%；44个县新认定巩固拓展脱贫攻坚成果龙头企业43家，占全区新增认定的89.56%；44个县开发乡村公益性岗位安置脱贫人口（含防贫监测对象）上岗就业8.07万人，占全区开发岗位数的70.77%，重点帮扶县的自我发展能力不断提升。

（二）加强防贫动态监测帮扶

根据《中央农村工作领导小组关于健全防止返贫动态监测和帮扶机制的指导意见》，在认真总结经验、充分征求意见的基础上，完善并印发《广西防止返贫动态监测和帮扶工作方案》。通过"线上"数据比对、"线下"实地核查，精准认定脱贫不稳定户、边缘易致贫户，以及因病因灾因意外事故等刚性支出较大或收入大幅缩减导致基本生活出现严重困难户，按照"缺什么补什么"的原则，根据监测对象的风险类别、发展需求等开展针对性帮扶。2021年，广西对存在风险的农户"应纳尽纳"，共纳入监测对象12.43万户44.7万人。截至2021年12月21日，已有21.28万人消除返贫风险，牢牢守住了不发生规模性返贫的底线，全面推进乡村振兴工作开创了新局面。

（三）巩固"三保障"和饮水安全成果

持续巩固"三保障"和饮水安全成果，健全农村饮水安全动态跟踪监测机制，加强农村饮水工程设施养护，广西全区共安排23.2亿元实施农村供水保障工程，受益人口237.6万人。实施义务教育薄弱环节改善与能力提升工程，全区新建义务教育学校56所、改扩建6279所次，办学条件、办学质量稳步提升。对低保和符合条件的低收入对象、防贫监测对象给予60%定额资助，实现脱贫人口"应保尽保"；落实"先诊疗后付费"政策，家庭医生签约服务全覆盖符合条件的脱贫人口，实现区内异地就医"一站式"直接结算。2021年起，广西实现全区城乡居民大病保险保障范围、筹资标准和报销水平等"八统一",政策范围内最高报销比例可达90%。全区组织13万名工作人员,对1001万栋农村房屋安全隐患进行排查整治,全面完成10 448户农村危房改造任务。落实粤桂两省区协作资金,聚焦"两不愁三保障"及饮水安全、易地扶贫搬迁扶持、边境地区基础设施建设和巩固提升。2021年,广西全区实施帮扶项目453个,开工率100%,支持建设乡村振兴项目269个,打造乡村振兴示范典型86个。

(四)拓展脱贫人口稳定增收渠道

2021年,广西实施乡村振兴产业发展、基础设施和公共服务能力提升三大专项行动,投入产业发展的财政衔接资金达116.92亿元,占全区资金总量55.04%,比2020年提高16%,全面推进乡村振兴起好步、开好局、有成就。

一是调整特色产业扶持政策。出台产业发展指导文件,完善产业奖补政策,优化县级"5+2"、村级"3+1"扶贫产业,明确要求各地原则上2021年衔接资金用于产业发展的资金规模占比不低于50%,支持县级选取5个特色优势产业进行长期培育发展。扶持龙头企业带动脱贫人口进行规模化、标准化生产,鼓励脱贫户扩大产业规模,推动脱贫地区特色产业由快速覆盖向长期培育转变。

二是实施特色产业提升行动。立足林果蔬畜糖等产业优势,大力推进"10+3"现代特色农业产业体系建设,延伸农产品产业链、供应链,升级打造农产品加工集聚区,打造提升"桂字号"农业品牌。健全产品物流销售体系,深入推进电子商务进农村和农产品出村进城,加强县级农产品产地市场建设和仓储保鲜冷链设施建设,深化消费帮扶,不断拓宽线上、线下销售渠道。2021年,全区共投入产业发展的衔接资金达139.78亿元,累计发展1499家农业产业化重点龙头企业、11.05万个家庭农场、6.17万个农民专业合作社;"广西好嘢"目录遴选发布411个农产品;全区累计销售帮扶产品共计213.35亿元;新增2个国家级现代农业产业园、2个优势特色产业集群,形成"市有核心区、县有示范区、乡有示范园"的格局。

三是积极促进务工就业。广西壮族自治区人力资源和社会保障厅等5部门印发了《切实加强就业帮扶巩固拓展脱贫攻坚成果助力乡村振兴工作实施方案》，健全有组织劳务输出工作机制，切实将脱贫人口作为优先保障对象。积极组织系列招聘送岗、职业技能培训等活动，发挥龙头企业、就业帮扶车间和公益性岗位作用，多渠道促进脱贫人口就业。2021年，全区276.1万名脱贫人口实现务工就业，全区脱贫人口人均纯收入达13 357元，同比增长15.86%。

（五）强化易地搬迁后续扶持

一方面，加大防贫监测对象跟踪帮扶，打好务工就业、发展产业、自主创业"组合拳"，解决生产发展、生活保障难题。加强产业扶持，广西筹措安排各类资金19.57亿元、协调贷款资金70.33亿元实施后续扶持产业项目建设。定向开展"送岗位、送需求、送交通"劳务转输服务，就近建设就业帮扶车间411个、开发公益性岗位3662个，帮助搬迁群众就地就近就业。截至2021年12月底，全区共实现16.05万户有劳动能力且有就业意愿的搬迁户一户一人以上就业，扶持3.38万户搬迁户发展特色农林业。

另一方面，完善社区配套设施及服务体系建设。对全区506个集中安置区持续加强配套建设，完成建设1194所义务教育学校、882个医疗卫生场所、3226个社区综合服务便民利民中心，解决了搬迁群众上学、就业、看病等生产生活方面的后顾之忧。加强社区文明建设，开展"文艺下基层"和戏曲进社区等惠民活动，丰富群众生活，转变群众观念，融入城镇生活。着力保障搬迁群众权益，全区16.38万多套安置住房100%完成登记发证，让搬迁群众吃下"定心丸"。

（六）广泛动员社会力量帮扶

一是坚持和完善粤桂东西部协作机制。广东5市继续结对广西8市33个县，其中对广西2市5县的结对关系进行优化调整，创新推进"发展一批乡村特色产业、改善一批乡村基础设施、提升一批乡村公共服务、塑造一批乡村建设样板、开展一批数字乡村建设试点"乡村振兴"五个一批"建设。2021年，广东财政提供帮扶资金17.09亿元，实施帮扶项目460个，帮助农村劳动力就业73.01万人，引进广东企业292家，共建产业园104个、援建帮扶车间310个。

二是持续做好定点帮扶。25家中央单位继续定点帮扶广西28个原国定贫困县并保持2年稳定，9112家区内和驻桂单位继续定点帮扶脱贫村，发挥其资金、人才、技术、科研等方面优势，支持脱贫地区巩固拓展脱贫攻坚成果、推进乡村振兴。2021年，各中央单位投入帮扶广西资金9.2亿元、引进资金16.43亿元，累计选派干部79人，实施产业帮扶项目296个，带动采购销售农特产品达4.9亿元。

三是积极推进社会力量帮扶。组织开展"万企兴万村"行动，广泛动员企业、社会团体等帮扶脱贫地区。2021年，全区累计有1.86万家民营企业结对帮扶11 046个村（含5379个脱贫村），数量位居全国前列，形成"政府+市场+社会"共同参与的大帮扶格局。

（七）深入实施乡村建设行动

一是创新推进乡村规划工作。研发村庄规划调研App和网络意见征集系统，在全国率先出台乡村规划师挂点服务办法，有序推进"多规合一"实用性村庄规划编制工作。截至2021年5月底，已组织完成750个行政村，1万多个自然村（屯）的村庄规划成果编制并通过专家审查。

二是持续加强基础设施建设。统筹推进自然村（屯）道路畅通工程、自然村（屯）道路提升工程、农村公路安全生命防护工程等"三项工程"。出台《广西壮族自治区农村公路条例》，创新将自然村（屯）道路建设管理工作纳入法规条例，不断提高屯级道路建设管理水平，加快农村基础设施项目实施。2021年，广西全区新增4个"四好农村路"全国示范县，全区乡镇通二级或三级公路比例达90.6%；4G网络覆盖全部行政村和20户以上自然村，农村基础设施持续提升。

三是大力推进农村人居环境整治。推进农村"厕所革命"，创新农村厕所粪污处理利用"三个两"（两次处理、两次利用、实现两化）模式，实现全区农村卫生厕所普及率95.35%；完成403个行政村生活污水治理，建成的农村生活污水处理设施正常运行率超90%。持续健全"村收镇运县处理"、边远乡镇"村收镇运片区处理"、边远乡村"村屯就近就地处理"的农村生活垃圾收运处置体系，促进全区95%以上行政村的生活垃圾得到有效处理。

（八）积极推进乡村治理体系建设

一是积极推广"清单制""积分制"。在 14 个市 1100 个行政村推行乡村振兴文明实践积分卡制度，深化农村精神文明创建，开展移风易俗专项行动，弘扬社会主义核心价值观，累计开展文明实践活动 50 万余场次，全区县级以上文明村镇占比达 68%。

二是全面推行"星级党组织"管理。高质量完成村"两委"换届工作，全区新当选的党组织书记中，55 岁以下的达 98.9%、高中以上学历的达 83.5%、"一肩挑"比例达 99.6%；"两委"班子中，"双带"能人达 85.7%，全区累计开展乡村振兴干部培训 1216 个班次，培训各类乡村振兴干部 17.62 万人次，基层干部带富能力更强。

三是完善乡村治理工作网络。加大农村治安防控工作力度，推进扫黑除恶专项工作常态化，维护乡村社会和谐稳定。聚焦多元化解和网格服务，创新推行"一组两会"基层协商自治模式，开展基层矛盾纠纷化解，推动"三官一律"工作队在乡村全覆盖的基础上走家串户，实现乡村善治新局面。加快建设乡村基层治理数字化体系，推行智能基础建设与深度应用，着力推进综治（信访）中心、"雪亮工程"建设，规范网格化服务管理，提升治理方式现代化水平。

二、广西巩固拓展脱贫攻坚成果同乡村振兴有效衔接的困难和问题

（一）脱贫人口持续增收水平有待提高

脱贫地区人口持续增收不够稳定，存在产业带动不足、就业创业环境不够优化、兜底保障有漏人等问题，脱贫人口收入中的工资性收入、经营性收入、财产性收入和转移性收入占比不高。部分地方对拓宽脱贫人口持续稳定增收渠道办法不多，延续脱贫攻坚时期以产业奖补为主要增收手段的方式，收入来源单一，可持续性较差。脱贫地区农村居民人均可支配收入较低，增速也不高。广西最后脱贫的 8 个深度贫困县中，除融水苗族自治县外，其他 7 个县的农村居民人均可支配收入低于全区平均水平；虽然大化、都安、罗城、隆林、那坡 5 县的农村居民可支配收入增速比全区农民可支配收入增速

略高或者持平,但这5个县的农村居民可支配收入水平均远低于全区平均水平。❶这样的增速对缩小脱贫地区人口与其他地方人口的收入差距来说,还远远不够。

(二)防止返贫监测帮扶机制落实有待增强

广西部分地方在"防止返贫监测帮扶机制落实"方面存在不足,尚未真正构建"线上网络化、线下网格化"的防返贫监测帮扶模式,巩固脱贫攻坚成果和防止返贫监测信息平台(含App)数据监测预警自动化功能有待完善,动态监测智能化、精准化、常态化管理有待加强。有的地方没有对所有行政村,包括易地搬迁集中安置点在内的全部农户开展全面入户排查,没有做到对符合纳入监测对象的群众"应纳尽纳",程序比较烦琐。有的地方没有做到根据监测对象不同风险类型,实行干部"一对一"帮扶,在落实帮扶政策措施和动态跟踪监测等方面还缺少实质性举措,需进一步筑牢防返贫防线。

(三)易地扶贫搬迁安置社区治理有待完善

广西易地扶贫搬迁安置社区治理方面还有不少薄弱环节亟待改进,公共服务设施建设较为滞后,后续服务管理水平还比较低。一些县城周边的安置点缺少专业的物业管理,小区装修废弃物、生活垃圾随意堆放等脏乱差现象较为严重;一些乡镇或中心村的安置点卫生环境较差,交通基础设施建设滞后。有的安置小区公共基础设施建设有待加强,老人和小孩的娱乐活动场所较少,各个安置点在解决搬迁群众人员复杂、沟通交流不畅等问题方面尚缺少明确思路,相关社区管理机制有待建立和完善。很多安置点的党员先进模范作用没有得到充分发挥,群众自治组织建设工作效果也不够明显,社会工作介入有待探索和拓展。诸多因素的共同影响下,搬迁群众的物质生活和精神生活难以得到充分满足,还有不少搬迁群众存在"两头住"或"回流"的想法,缺乏融入社区、融入城镇生活的积极性和主动性。

(四)产业就业帮扶力度有待强化

广西多措并举推动脱贫地区产业发展、就业帮扶,取得了一定成效,但

---

❶ 根据各县2021年统计公报综合整理。

是拓展脱贫攻坚成果工作难度较大，有效衔接乡村振兴的办法不多，脱贫地区的产业帮扶效果不够理想，联农带农机制有待完善，就业转移成效有待拓展。例如，河池市、柳州市脱贫人口多，脱贫不稳定户、边缘易致贫户、突发严重困难户存量较大，特别是都安瑶族自治县、三江侗族自治县巩固拓展脱贫攻坚成果任务艰巨，被国家列为挂牌督办县。在接受国家考核评估时，都安瑶族自治县被重点督办要求解决产业帮扶力度弱化、联农带农机制不完善等问题；三江侗族自治县被重点督办要解决就业帮扶力度弱化、帮扶车间和公益性岗位带动脱贫劳动力务工数量下降、脱贫劳动力务工稳定性不够等问题。

三、加快推进广西巩固拓展脱贫攻坚成果同乡村振兴有效衔接的对策建议

（一）持续巩固提升防止返贫动态监测和帮扶水平

一是动态调整年度监测标准。简化优化监测对象识别纳入程序，严格落实"五天发现、十天干预、半年跟踪"工作要求，健全"线上"网络化、"线下"网格化的常态化预警排查机制，推广运用好广西巩固脱贫攻坚成果和防止返贫监测信息平台，每月开展行业部门信息共享和数据比对，加强区、市、县、乡、村五级防返贫监测信息员队伍建设，推动在1.5万个行政村设置防返贫监测网格员。

二是常态化做好精准排查。组织开展贯穿全年的"防返贫守底线"专项行动，对存在返贫致贫风险的农户全覆盖监测，不漏一户、不落一人。

三是坚持分类施策、精准帮扶。根据农户返贫致贫风险和发展需要，"一户一策"落实产业、就业、综合保障等帮扶措施，提高帮扶针对性、有效性。坚持实事求是原则，按程序消除返贫致贫风险，做到"有进有出、精准管理"。

（二）持续巩固提升"三保障"和饮水安全保障水平

一是巩固提升义务教育保障成果。健全落实控辍保学工作长效机制，推动控辍保学从"动态清零"转向"常态清零"；继续抓好义务教育各项资助政策落实，确保应助尽助；持续提升乡村教师队伍能力素质，改善乡村学校

建设条件。

二是巩固提升医疗保障成果。调整优化医疗保障政策，抓好脱贫人口家庭医生签约服务全覆盖，加大投入力度，完善基层公共卫生和医疗机构服务能力建设。

三是巩固提升住房保障成果。健全农村低收入群体住房安全保障长效机制，深入推进农村房屋安全隐患排查和自建房安全专项整治，对发现存在安全隐患的全部做好风险管控、落实整改。

四是巩固提升饮水安全保障成果。抓好农村供水定期排查和动态跟踪监测，实施农村饮水安全巩固提升和供水工程，加大工程建设和监管力度。

（三）持续巩固提升脱贫群众稳定增收水平

坚持把增加脱贫群众收入作为根本措施，启动实施脱贫人口持续增收三年行动，逐户制订增收计划，多措并举促进脱贫群众稳产业、稳就业、稳收入，不断缩小收入差距。

一是着力促进产业增收。加大投入力度，落实中央衔接资金55%以上、自治区本级衔接资金50%以上用于产业发展项目，重点补上技术、设施、营销等短板；用好产业奖补、脱贫人口小额信贷等到户帮扶政策，发挥科技特派团作用，加强生产经营等技能培训，提高产业帮扶覆盖率，帮助脱贫群众发展特色产业；强化龙头企业带动，大力扶持新型经营主体，发展壮大村级集体经济，完善脱贫群众参与产业发展和分享产业增值收益机制。

二是大力促进就业增收。持续开展脱贫劳动力信息动态摸排，对有就业意愿的实行"一对一"实名帮扶，加大点对点、门对门送工服务力度，加强"八桂系列"劳务品牌技能培训，促进更高质量更加稳定就业，帮助脱贫群众稳在岗位、稳在企业、稳在当地。加强就业政策支持，引导就业帮扶车间等就业主体吸纳更多脱贫劳动力，统筹做好乡村建设等各类乡村公益性岗位开发和管理，加大以工代赈项目实施力度，帮助更多脱贫人口实现就地就近就业。

三是加大民生兜底保障。健全社会保障常态化帮扶机制，对农村低收入人口实施分层分类保障救助，逐步提升兜底保障水平，稳住转移性收入，确保基本生活有保障。

四是完善农村土地增值收益分配机制。统筹农村集体经营性建设用地入市改革、农村宅基地制度改革、农村征地制度改革，盘活农村闲置土地资源，保障农民权益，激发乡村振兴内生动力。

（四）持续巩固提升重点区域可持续发展水平

聚焦重点帮扶县和易地搬迁集中安置区两个重点区域，加大帮扶力度，巩固拓展脱贫攻坚成果，全面推进乡村振兴。

一是聚焦乡村振兴重点帮扶县发展提升。倾斜支持乡村振兴重点帮扶县，把加快脱贫县发展作为主攻方向，严格落实"摘帽不摘责任、摘帽不摘政策、摘帽不摘帮扶和摘帽不摘监管"要求，在保持主要帮扶政策总体稳定的基础上，促进内生可持续发展。组织编制乡村振兴重点帮扶县巩固拓展脱贫攻坚成果同乡村振兴有效衔接实施方案，统筹整合各类资源，推动财政、金融、项目、土地、产业、人才等各方面政策向重点帮扶县倾斜，选派国家乡村振兴重点帮扶县科技特派团，抓好教育、医疗人才组团式帮扶，开展"万企兴万村"行动倾斜支持乡村振兴重点帮扶县专项行动。组织实施一批补短板促发展项目，增强重点帮扶县自我发展能力。

二是聚焦易地搬迁后续扶持强化提升。落实易地搬迁后续扶持"十个强化"措施，即强化就业帮扶、产业扶持、社区服务、教育保障、医疗保障、社会保障、文化服务、拆旧复垦、组织建设、平安建设10个领域工作，重点抓好防贫监测帮扶、稳定增收、社区治理、权益保障、社会融入等工作。围绕搬迁群众"稳得住、有就业、逐步能致富"目标，开展搬迁群众就业帮扶专项行动，加强易地搬迁后续扶持产业发展，支持安置区配套产业园区建设，拓宽搬迁对象增收渠道。加大财政衔接补助资金等投入力度，完善安置区配套设施和公共服务，实施易地搬迁后续扶持项目，持续提升安置社区治理水平。

（五）持续巩固提升乡村宜居宜业水平

一是全面推进农村人居环境整治提升行动。把农村厕所革命、生活污水治理、生活垃圾治理及村容村貌提升"四位一体"统筹推进，加快农村厕所革命示范项目建设，分类推进农村生活污水和黑臭水体治理，持续抓好县、乡、村三级生活垃圾收集、转运和处置设施体系建设。

二是全面实施农村基础设施建设。继续实施"三年万亿元"乡村建设行动,围绕产业发展、基础设施、公共服务三大板块,实施新一轮乡村路、水、电等基础设施建设,推进乡村基础设施提档升级,推动向自然村组覆盖、向农户延伸。启动实施自然村(屯)道路通畅工程、自然村(屯)道路提升工程和乡村道路安全生命防护工程。加快建设数字乡村试点,创建一批数字农业、智慧农业应用基地,实施数字乡村基础设施提升工程,持续完善农村信息基础设施。

三是强化党建促乡村振兴。持续加强基层组织建设,开展"整乡推进、整县提升"示范县乡创建行动。组织开展以加强基本组织、基本队伍、基本活动、基本制度、基本保障为主要内容,以标准化、规范化、信息化建设为主要抓手,强化基层党组织建设的"五基三化"攻坚年行动,排查整顿软弱涣散(后进)村党组织,推动基层党建提质聚力。积极推广清单制、积分制、数字化治理等模式,开展乡村治理示范村创建工作。创新加强新时代文明建设,用好新时代文明实践中心(所、站)平台等各类载体,多种渠道多种方式大力培育和践行社会主义核心价值观,全面推行移风易俗,继续开展星级文明户、文明家庭等评选活动,抓好乡风文明示范创建工作。

四是坚决维护农村社会和谐稳定。加快构建县、乡、村三级农村社会矛盾纠纷多元化解体系,抓好精准排查精细化矛盾纠纷,强化农村地区风险隐患排查和专项治理,推行"党建+网格化+大数据"管理模式,推进网格化服务管理规范化建设。

广西民族地区发展报告
2022年广西蓝皮书

他山之石篇

铸牢中华民族共同体意识的云南实践与经验

李红春[*]

云南是位居我国西南边疆的多民族省份，与越南、老挝、缅甸接壤，边境线长度占全国陆地边境线总里程的近五分之一，是中国通往东南亚、南亚的主要陆上通道。4060千米边境线上有16个民族跨境而居；有25个边境县，边境县总面积占全省总面积的四分之一；有21个县的少数民族人口占该县人口的50%以上；全省有8个自治州、29个自治县，民族自治地方面积占全省总面积的70.2%，少数民族人口1564万人，占全省总人口的三分之一；有56个民族、25个世居少数民族，其中15个少数民族为该省特有民族，是全国世居少数民族最多、特有民族最多、跨境民族最多、民族自治地方最多的省份。在云南红土地上，各民族和睦相处，可以说是祖国大家庭的缩影。❶

2020年1月，习近平总书记在云南考察时再次强调，"云南要全面深入持久开展民族团结进步创建，打牢中华民族共同体的思想基础"。云南怎样认识和理解习近平总书记提出的铸牢中华民族共同体意识？如何在今后的各项工作中结合云南的省情，打牢中华民族共同体的思想基础、铸牢中华民族共同体意识？这是新时代赋予云南民族工作的战略任务，也是云南民族工作者和研究者应担负的历史重任。梳理云南民族工作的实践不难发现，中华人民共和国成立初期，"疏通民族关系"是民族工作中使用频率较高的词汇。改革开放后，"和谐、发展"是民族工作的核心解读。进入新时代，"民族团

---

[*] 李红春，云南大学西南边疆少数民族研究中心博士研究生，云南省社会科学院研究员。

❶ 资料来源于云南民族宗教事务委员会工作报告。

结进步示范""中华民族共同体意识"成为云南民族工作新的历史重任。可以看到，云南大力推进民族团结示范区建设，守护民族团结生命线，在政治、经济、文化、社会和生态建设上不断铸牢中华民族共同体意识，各民族像石榴籽一样形成了荣辱与共、同心同德、同向同行的共同体。当前，云南牢牢把握铸牢中华民族共同体意识这一主线和核心要义，结合云南民族团结进步示范区建设的具体实践，进一步全面、系统总结"云南实践"，提炼"云南经验"，对正确处理我国民族问题、做好民族工作、继续提炼中华民族共同体意识的地方经验，具有重要的理论意义和全国性的实践价值。

一、守正创新：铸牢共同体意识的云南实践

长期以来，云南省始终坚持中国特色解决民族问题的正确道路，通过精准扶贫、兴边富民、文化繁荣、示范区创建等一系列惠民工程兑现了全面提高各族人民生活水平的承诺，历史性地解决了贫困问题。与此同时，中华民族共同体意识不断增强，尤其在处理民族关系、构建社会主义和谐民族关系上继承优良传统，多措并举，走出了一条成绩突出、影响深远的实践之路，形成了独特的"云南现象"。

（一）全省推动，建立健全保障机制

云南历届省委、省政府高度重视民族团结进步示范区建设，成立了省委书记任组长、省长任常务副组长、省委省政府分管领导任副组长的示范区建设领导小组，成立了示范区建设专家咨询委员会。省第十次党代会把示范区建设明确列为云南"十三五"时期五大奋斗目标之一，省委书记召开全省层面的工作推进会作出全面部署，将示范区建设情况纳入省委、省政府对各部门和各州市的综合考核范围，作为领导班子考核评价、绩效评价内容和领导干部提拔任用的重要依据，并且层层签订了目标责任书，纳入目标管理，实行年度考核，形成了常态化的检查考核机制。云南16个州市及时成立以党委书记挂帅、政府主要领导主抓、各部门密切配合的示范区建设领导小组，形成了"党委领导、政府主导、部门协同、社会参与"的工作格局。

云南省重视示范区建设的思想工作，通过举办高规格党员干部会议及全省各级主要领导干部会议进行专题培训，全面贯彻习近平总书记考察云南的

重要讲话精神，围绕示范区建设，凝聚共识。十八大以来，云南每年举办多期有关示范区建设的推进专题培训班和推进会，近万名干部和党政工作人员参加学习，全省上下统一了认识，凝聚了共识、坚定了信心。

云南省强化规划引领，先后制定出台了多个贯彻落实民族团结进步示范区创建的政策文件和专项规划。2015年8月10日，《中共云南省委 云南省人民政府关于加快建设民族团结进步示范区的实施意见》正式印发实施。2016年，云南省委、省政府启动实施《云南省全面打赢"直过民族"脱贫攻坚战行动计划（2016—2020年）》。2017年2月4日，中共云南省委、云南省人民政府印发《云南省建设我国民族团结进步示范区规划（2016—2020年）》。2018年8月，《云南省深入实施兴边富民工程改善沿边群众生产生活条件三年行动计划（2018—2020年）》正式印发实施。2019年5月1日，《云南省民族团结进步示范区建设条例》正式印发实施。

云南省积极争取国家部委的支持帮助。国家民委对云南民族工作给予大力支持，与云南省签署了建设示范区的《合作协议》，国家民委安排云南省中央少数民族发展资金由2012年的4.16亿元增加到2019年的9.04亿元，年均增长11.7%。国家发展改革委与国家民委共同出台关于支持云南怒江等3个自治州加快建设小康社会进程的若干意见。交通运输部对云南9049个自然村2.5万千米道路硬化给予资金支持。云南省民宗委与国家发展改革委共同出台了关于支持云南怒江州等3个民族自治州加快建设小康社会进程的若干意见，协调交通运输部给予云南特殊支持。❶

（二）改善民生，补齐社会发展短板

云南省坚持把加快少数民族和民族地区的发展作为第一要务，整合资源、合力攻坚，重点突出，扎实推动民族地区精准脱贫。云南重点聚集昭通、怒江、迪庆等深度贫困地区开展脱贫攻坚，2013年至2019年，全省有843.8万贫困人口实现脱贫。❷ 全面启动滇西边境山区、乌蒙山区、石漠化地

---

❶ 此数据参见云南省民族宗教事务委员会课题组编写的《新时代建设我国民族团结进步示范区的新举措研究》（2017）。

❷ 彩云之南谱新篇：习近平总书记考察云南五周年纪实 [EB/OL]. (2020-01-20) [2021-07-02]. http://cpc.people.com.cn/BIG5/n1/2020/0120/c419242-31556917.html.

区、迪庆藏区4个集中连片特困地区的扶贫开发，累计投入省级以上财政扶贫资金114.74亿元，实施了25个乡整乡推进和12 049个贫困自然村整村推进，使210万人摆脱了贫困。完善易地扶贫搬迁有关政策，搬迁任务优先向迪庆、怒江等深度贫困民族地区倾斜。截至2018年年底，全省346.9万少数民族建档立卡贫困人口中，75.8%已经摆脱贫困；民族地区贫困人口由2012年的426万人减少至86.5万人，27个贫困自治县已有14个顺利摘帽。❶

云南省制定特殊帮扶政策和规划，加快直过民族和人口较少民族的脱贫。围绕"不让一个兄弟民族掉队、不让一个贫困群众落伍"的硬任务，聚焦直过民族和人口较少民族脱贫攻坚，制定直过民族脱贫攻坚专项"行动计划"。推动扶贫资源力量向少数民族贫困地区特别是直过民族和人口较少民族聚居区倾斜。制定实施《云南省全面打赢"直过民族"脱贫攻坚战行动计划（2016—2020年）》，统筹整合20个行业部门项目资金，着力实施提升能力素质、组织劳务输出、安居工程、培育特色产业、改善基础设施、生态环境保护6大工程25个项目，逐村逐户逐人逐项补齐"两不愁三保障"的短板弱项。从一山一策、一族一策到一族多策，因地制宜、精准施策，确保直过民族如期高质量脱贫。探索"一个民族一个行动计划""一个民族一个集团帮扶"的成功经验做法，协调动员三峡集团、华能集团、大唐集团、云南中烟工业公司、云南烟草专卖局（公司）5家企业集团，对直过民族和人口较少民族实施帮扶，覆盖260多万各族群众。通过对口帮扶，11个直过民族和人口较少民族中，独龙族、德昂族、基诺族率先实现整族脱贫。

云南省加快沿边民族地区脱贫，连续实施两轮沿边三年行动计划。云南全省110个沿边乡镇的878个行政村实现了"五通八有三达到"目标，受益边境各族群众达111.7万人。❷通过不断夯实边境沿线发展基础，改善人居环境，大幅增加沿边群众人均可支配收入，不断提升沿边各族人民"五个认同"意识，增强守土固边的责任感、使命感。通过连续实施两轮"改善沿边群众生产生活条件三年行动计划"，加快民族地区社会公共事业发展，巩固

---

❶ 彩云之南谱新篇：习近平总书记考察云南五周年纪实［EB/OL］.（2020-01-20）[2021-07-02]. http://cpc.people.com.cn/BIG5/n1/2020/0120/c419242-31556917.html.

❷ 参见《云南省人民政府办公厅关于印发云南省深入实施兴边富民工程改善沿边群众生产生活条件三年行动计划（2018—2020年）的通知》。

民族地区发展成果，实现民族地区跨越式发展。

积极争取中央和省级转移支付资金，用于支持民族地区卫生事业发展。全省共获得国家支持的民族地区卫生基础设施建设项目83个，中央资金投入6.94亿元；其余28.14亿元分别用于重大公共卫生服务、医疗救助、基本公共卫生服务、中医公共卫生服务、公立医院补助、住院医师规范培训、基本药物等卫生事业发展。加快推进民族地区教育事业，推进义务教育薄弱学校达标改造和农村寄宿制学校建设；实施边远艰苦地区农村学校教师周转宿舍建设工程，改善教师生活条件；实施云南省民族中专改扩建工程，进一步改善民族类学校办学条件；支持云南民族大学东南亚南亚语言文化教育；落实中等职业学校国家助学金和免学费政策；加强了教师队伍建设，"特岗教师"招聘指标向边疆、民族地区倾斜，优先满足民族聚居区需求；加强民族地区科教文化建设，"十三五"时期，云南省民族团结进步示范区共建设7889个农家书屋，为每个农家书屋配备图书1200种、1500册，配备不少于100张音像制品，报纸20种。

（三）突出特色，促进民族文化繁荣

补齐民族文化发展的短板，繁荣发展民族文化。"十三五"时期，云南在省级层面出台了繁荣发展少数民族文化的综合、单项和相关性文件共计10余件，省级财政每年安排3500万元专项经费开展民族文化抢救保护和传承弘扬。

开展少数民族文化"双百工程"。打造少数民族文化精品，实施少数民族传统文化抢救保护和世居少数民族文化精品工程，重点推进"十项精品、百名人才"工程，研究制定民族文化"双百"工程实施办法，建设了一批标志性民族文化设施。2016年起，扶持打造了57个少数民族文化精品，项目覆盖民族文学、歌舞、历史、古籍、建筑等内容，包括图书出版、影视制作、平台建设、产品开发等。❶

加强民族文化传承。截至2021年，云南已健全国家、省、州（市）、县（区）四级非遗名录保护体系，共有127项国家级非遗代表性项目，入选数量位居全国第二；有省级非遗代表性项目541项，州（市）级非遗代表性项

---

❶ 参考云南省民族宗教事务委员会的少数民族传统文化保护工作相关材料。

目3015项，县（市、区）级非遗代表性项目7766项；傣族剪纸和藏族史诗"格萨尔"入选联合国教科文组织"人类非物质文化遗产代表作名录"。现有国家级非遗代表性传承人125人、省级非遗代表性传承人1419人、州（市）级非遗代表性传承人3568人、县（市、区）级非遗代表性传承人12 563人。迪庆、大理入选国家级（民族）文化生态保护实验区；4家非遗代表性传承人企业列入国家非遗生产性保护示范基地；设立3个国家级非遗扶贫就业工坊。❶省级财政每年对国家级传承人补助2万元、对省级传承人补助5000元，鼓励其带徒授艺，开展传承活动；部分州市也对本级传承人给予一定补助，如楚雄州每年对州级传承人补助3600元，昆明市每年对市级传承人补助2500元。❷

举办少数民族文化活动。截至2021年，云南已举办12届全省少数民族传统体育运动会、2届全省少数民族文艺汇演、10届全省民族民间歌舞乐展演、14届新戏剧目展演、3届民族赛装文化节，25个世居少数民族每年都举办本民族的节庆活动。❸

加强少数民族传统文化抢救保护。截至2021年，云南省实施中华优秀传统文化保护传承项目1036个，民族文化精品工程项目252个，建设85个民族传统文化生态保护区，打造了《幸福花山》《阿佤人民再唱新歌》等一批新时代文艺精品，广泛开展丰富多彩的民族文化活动，推动形成全方位、多层次、宽领域的民族文化交融格局，构筑中华民族共有精神家园，促进各民族交往交流交融。抢救保护了222个少数民族传统文化项目，范围覆盖16个州、市，25个世居少数民族，音乐、舞蹈、工艺等17种文化类型。大力推动民族文化出版事业，2020年，云南全省出版发行14个民族18个文种的各类图书，6个文种报纸、3个文种期刊、12个文种音像制品，少数民族文字出版物共计230余种，年总印数1524多千册（份、盒、张），出版发行总类位居全国之首。

---

❶ 云南省非物质文化遗产保护成果丰硕［EB/OL］.（2021-06-15）［2021-07-02］. https://mzzj.yn.gov.cn/gzdt/gzdt/202106/t20210615_73245.html.

❷ 数据来源于楚雄、昆明两地民宗部门提供的材料。

❸ 李四明.以示范区建设统领云南民族团结进步事业［EB/OL］.（2019-09-05）［2021-07-02］.http://www.yn.xinhuanet.com/live/zf2019/zlft/mzzj.htm.

推动少数民族产业发展。云南省民宗委与相关部门（公司）合作开展元阳哈尼梯田景区民族文化旅游商品研发等项目，扶持了服饰、雕刻、金属工艺、造纸、刺绣、扎染、蜡染、彩绘、陶瓷、乐器制作等30个手工艺产业，打造了10台少数民族演艺剧目。先后推出了《云南映象》《丽水金沙》《勐巴拉纳西》及《印象·丽江》《梦幻腾冲》《吴哥的微笑》等优秀产品，产品数量排名全国前10位，初步形成较为完整的民族演艺产业链。促进民族文化旅游融合发展。通过资金扶持的方式，支持各民族举办丰富多彩的节庆和文化活动。先后参与打造中国德宏国际泼水狂欢节、中国德宏景颇族国际目瑙纵歌节、中国德宏梁河葫芦丝文化节、七彩云南（国际）民族赛装文化节、河口瑶族盘王节，积极开展民族文化对外交流。❶

开展全省民族文化创建，积极推动民族文化保护、开发和利用。截至2019年，云南有迪庆和大理两个国家级文化生态保护实验区，66个省级民族文化生态保护区。以丽江古城、红河哈尼梯田为代表的五处世界遗产和不可移动文物点达14 704处，4205项文物保护单位和42万件可移动文物得到充分保护和利用；云南保持了中国传统村落615个，在数量上位居全国第一；历史文化名城（镇、村、街）83处，民族特色村寨780个，民族特色小镇30个，位居全国前列。❷

（四）示范引领，营造民族团结氛围

着力打造一批民族团结进步的示范典型，以点带面，加大示范引领作用。启动实施"十县百乡千村万户"示范点创建工程，把民族地区发展融入全省发展大局，深入开展民族团结进步示范区创建工作，改善民族地区生产生活条件，加快民族地区经济社会发展，绝不让一个兄弟民族掉队，不让一个民族地区落伍。经过三轮"十县百乡千村万户"示范创建工程，形成了以点串线、以线连片、以片带面的示范创建格局，涌现出怒江独龙江、大理郑家庄、昆明金星社区等一大批示范典型。截至2021年，云南全省有11个州

---

❶ 参见云南省民族宗教事务委员会少数民族传统文化保护工作相关材料（内部资料）。

❷ 云南多措并举促进民族文化传承发展［EB/OL］.（2019-05-25）［2021-07-02］. http：//www.mzb.com.cn/html/report/190534045-1.htm.

（市）创建成为全国民族团结进步示范州（市），33个县（市、区）创建成为全国民族团结进步示范县，51个单位创建成为全国民族团结进步示范单位，10个基地创建成为全国民族团结进步示范教育基地，数量位居全国前列。

积极深化民族团结宣传教育。通过民族团结进步创建进企业、进学校、进机关、进军营、进农场、进宗教场所等"十进"活动，不断总结创建经验，丰富创建内容，完善创建形式，使各族群众真正成为创建活动的参与者、实施者、受益者。坚持正面引导，深入开展民族团结宣传教育，组织"民族团结宣传月、宣传周、宣传日活动""民族团结网上谈""民族团结知识竞赛""民族团结进步模范之家评选"等，在全社会普及民族理论、民族政策和民族知识，大力宣传各民族利益的共同性、一致性，引导各民族成员自觉地把热爱本民族与热爱祖国和各民族团结结合起来，把维护本民族利益与维护国家全局利益和各民族共同利益结合起来，打牢民族团结的思想基础，营造民族团结的社会氛围。

加大民族团结的媒体宣传。充分发挥各类媒体促进民族团结进步的正面导向作用，形成以社会主义核心价值观和中国梦为引领的中华民族共有精神家园。编辑出版《云南民族团结进步教育读本》和《56个民族56朵花》等民族团结进步教育读物。通过新华网云南频道、云南网、云南文明网、"点赞云南"微信公众号等网络新平台，开展高德荣、召存信及郑家庄等民族团结进步先进典型事迹宣传。[1]云南广播电视台新闻频道、民族频道深入采访，充分宣传各州（市）民族团结进步典型，全面展现民族团结进步丰硕成果和宝贵经验。

（五）人才培养，强化民族人才建设

加强民族干部人才队伍建设。编制实施少数民族人才培养规划，适当增加内设机构和少数民族人员编制；创新培养工作机制，加强对少数民族党政人才的培养，重点加强专业技术人才、企业经营管理人才、高技能人才和领军人才的培养；改善结构，提高素质，使少数民族人才与其人口比例大体相当。

---

[1] 中共云南省委宣传部.民族团结进步示范区建设[M].北京：人民出版社，2017：172.

完善民族干部队伍建设制度。出台了《关于加强和改进新形势下民族工作的实施意见》《关于进一步加强少数民族干部队伍建设的意见》《云南省加强和改进优秀年轻干部培养选拔工作实施意见》《云南省中长期人才发展规划》等一系列文件和规划,大力培养选拔"忠诚、干净、担当",能够在维护民族团结、促进民族地区繁荣发展中发挥骨干带头作用的少数民族干部队伍。在配备各级领导干部时,充分考虑人口比例和民族成份等因素,保证各民族优秀干部培养使用不受比例限制。严格执行民族自治州、自治县自治条例中有关干部任职的规定,民族自治州、自治县党委领导班子及少数民族人口较多的市、县、乡党政领导班子中各配备1名以上少数民族干部。按照"云南25个世居少数民族都有1名以上干部担任省级机关厅级领导干部"的文件要求,省级机关60个领导班子配备少数民族干部的有50个,16个州市党政班子中全部配备了少数民族干部。❶

制定民族干部特殊培养政策。出台了《关于创新体制机制加强人才工作的意见》,降低艰苦贫困地区基层公务员录用门槛,定向招录少数民族或懂少数民族语言人员,减少专业限制,吸收集聚各类人才到边境民族贫困地区;适当放宽少数民族地区、艰苦贫困地区基层事业单位公开招聘人员条件;加大民族地区人才政策创新和人力资源开发力度;积极贯彻《关于进一步加强民族干部队伍建设的意见》,坚持"六个优先"选用少数民族干部,录取单设岗位坚持人才培养向边疆民族地区倾斜;坚持每年从具有大专以上学历的少数民族青年中公开招考录用优秀人才充实到县乡镇机关和公检法部门。这些举措为少数民族地区更好培养各类人才提供了保障。

(六)完善法制,推动民族工作法治化

云南省把坚持全面正确贯彻民族区域自治制度作为民族关系建构的重要内容和保障,充分运用和发挥民族自治地方具有立法权的优势,不断探索和推进民族关系建构的法治化。

加快民族地区立法和修改完善工作。云南省先后颁布实施了《云南省少数民族语言文字工作条例》《云南省非物质文化遗产保护条例》《云南省民族

---

❶ 云南五大举措促进民族团结进步示范区建设[EB/OL].(2018-01-12)[2021-07-02]. http://www.mzb.com.cn/zgmzb/html/2018-01/12/content_1783.htm.

乡工作条例》《云南省迪庆藏族自治州民族团结进步条例》《云南民族宗教法治建设工作规划》《云南省迪庆藏族自治州藏传佛教寺院管理条例》《云南省西双版纳傣族自治州民族传统建筑保护条例》《巍山县清真寺民主管理办法》等条例、单行条例及行政规章。截至2020年，云南制定了涉及民族工作各方面的法律法规共203件，包括37件自治条例、152件单行条例、7件地方性法规、7件变通规定，以及其他一系列法规中对民族工作各方面做出的专门规定。❶ 制定一系列有关民族工作方面的规范性文件及民族宗教法规规章，云南省制定和修订的自治条例、单行条例数量占全国民族自治地方条例总数的1/4以上，包括如何更好地依法维护民族团结、依法促进民族地区发展、依法保障少数民族合法权益、依法保护生态环境、依法保护民族文化等内容。制订《民族宗教法规体系建设规划（2015—2020）》，抓住提高立法质量这个关键，推进民族法规的"立、改、废"工作，逐步建立健全中国特色、云南特点的民族宗教法规体系。通过加强民族法制工作，把决策层对民族工作的政策措施法规化，确保了民族团结的社会预期，奠定了民族团结的制度基础，使民族关系建构进入法治的阶段。

（七）加强合作，搭建共同体研究平台

成立一批铸牢中华民族共同体意识研究中心。云南省16个州（市）相继成立铸牢中华民族共同体意识研究中心。2021年3月31日，德宏州铸牢中华民族共同体意识研究中心和铸牢中华民族共同体意识教育馆在德宏职业学院揭牌；4月17日，大理州漾濞县铸牢中华民族共同体意识研究中心成立。云南大学与云南省民族宗教事务委员会将铸牢中华民族共同体意识研究作为长期合作项目，充分发挥民族学与社会学学院"云南省铸牢中华民族共同体意识研究基地"的平台作用。

命名一批铸牢中华民族共同体意识研究基地。2021年7月，云南省民族宗教事务委员会命名了首批22个云南省铸牢中华民族共同体意识研究基地，即云南大学民族学与社会学学院、昆明理工大学马克思主义学院、云

---

❶ 相关数据参考云南省民族宗教委员会课题组的"云南边疆民族地区民族工作的实践经验、存在问题与对策研究"资料。

南师范大学法学与社会学学院、云南民族大学铸牢中华民族共同体意识研究院、西南林业大学文法学院、云南省社会科学院民族学研究所、中共昆明市委党校、昭通学院云南省乌蒙山片区扶贫开发研究院、曲靖师范学院人文学院、中共玉溪市委党校、保山市龙陵县松山干部教育培训基地、楚雄师范学院铸牢中华民族共同体意识研究中心、中共红河州委党校、文山学院马克思主义学院、普洱学院铸牢中华民族共同体意识研究院、中共西双版纳州委党校、大理大学马克思主义学院、德宏职业学院、丽江师范高等专科学校、中共怒江州委党校、迪庆州藏学研究院、滇西科技师范学院国际佤文化研究院。

二、矢志不移：铸牢中华民族共同体意识的云南经验

第一，坚持"不谋民族工作就不足以谋全局"的指导思想，强化党对民族工作的领导。习近平总书记在对云南民族工作予以肯定的批示中指出：几十年来，云南形成和积累了一些好经验，其中最重要的一条就是坚持"在云南，不谋民族工作就不足以谋全局"的正确指导思想。云南民族工作最根本的经验，就是始终坚持党的民族理论和方针政策，结合省情实际，坚持问题导向和分类指导，创造性贯彻、系统化设计、具体化推进。云南省委、省政府牢记嘱托，不忘使命，始终把做好民族工作作为做好云南工作的前提，摆在国家战略高度、放到全省经济社会发展大局中谋划，加强政策设计，加强体制机制和能力建设，加强工作部署落实，形成从认知体系、决策体系到行为体系的民族工作系统战略，牢牢把握民族工作正确方向，牢牢掌握民族关系主导权。

第二，坚持"各民族都是一家人，一家人都要过上好日子"的理想信念，着力推进民族地区跨越式发展。习近平总书记考察云南时指出，"发展是解决民族地区各种问题的总钥匙"，坚持"各民族都是一家人，一家人都要过上好日子"的信念，是云南民族工作的好经验。云南省委、省政府深刻领会习近平总书记指示精神，始终把解决不平衡发展问题和缩小差距作为民族工作主要任务，将民族地区发展融入全省发展大局。坚持民族因素、区域因素和贫困因素相结合，政策、资金和项目更多向民族地区、边境地区和集

中连片特困片区倾斜，注重抓重点、补短板、强弱项，着力改善各族群众生产生活条件，不断增强少数民族发展能力。编制实施《云南省建设我国民族团结进步示范区规划》《云南省深入实施兴边富民工程改善沿边群众生产生活条件三年行动计划》《云南省边境小康示范村建设方案》等系列专项规划，实施了一批民心工程，带动了一批民生项目，落实了一批差别化政策。采取特殊政策，对"直过民族"和人口较少民族、边境地区民族给予更多支持帮助。在全国率先开展国有大型企业对口帮扶"直过民族"和人口较少民族脱贫发展，形成了"一个民族、一个行动计划、一个集团帮扶"的扶贫开发模式；在全国率先以政府购买公共服务的方式实施人口较少民族综合保险和人口较少民族学生助学补助。通过工程化、项目化、实体化的示范区建设路径，使资金下达精准、建设内容精准和督查考核精准，确保了各项政策措施的实效性，为各民族融入时代发展和社会进步创造机会、提供条件，为民族团结进步示范区建设打下坚实的发展基础。

第三，坚持"民族团结是我国各族人民的生命线"的社会共识，建设中华民族共有精神家园。习近平总书记考察云南时指出，民族团结是我国各族人民的生命线，做好民族工作，最关键的是搞好民族团结。云南省委、省政府坚持和完善民族区域自治制度，坚定不移执行党的民族政策，探索"汲取民族特点、形成地方特色、成为国家特有"的民族文化创新发展路子，省级财政每年安排专项经费实施民族文化"双百工程"，一大批优秀民族文化成果成为各民族文化融合发展的外在表现，有力增强了各族人民的自信心、自豪感，为促进各民族像石榴籽一样紧紧抱在一起提供了强大的文化与精神动力。深入开展各民族共同团结奋斗、共同繁荣发展的主题宣传教育活动，在全省各地广泛开展"民族团结月""民族团结周""民族团结日"活动，把党的民族理论、民族政策、民族法规、民族知识列为领导干部培训内容，纳入中小学必修课程，不断增强中国特色社会主义道路自信、理论自信、制度自信、文化自信，夯实民族团结的思想基础。广泛开展民族团结进机关、进农村、进社区、进企业、进学校、进军营、进宗教场所等"十进"活动，充分发挥大众媒体、新型媒体的优势，利用各种媒体和各民族传统节日、传统体育活动，大力宣传党的民族政策，营造民族团结好氛围，聚集民族团结正能量，使"两个共同""三个离不开""五个认同"的思想日益深入人心，促进了民族和谐、宗教和顺、社会稳定良好局面的形成，使各民族同呼吸、共命运、心连心的光荣传统代代相传。推动民族团结宣传教育常态化、大众化、特色化、网络化，使民族团结进步信念深入人心，成为社会主流意识。

贵州省铸牢中华民族共同体意识的实践与经验

曾 醒 郝亚明[*]

自2014年以来，我国学术界围绕铸牢中华民族共同体意识的理论探讨与实践探索进一步深入，整体上构建起了理论话语体系，积累了丰富的实践经验。当前我国进入新的发展阶段，团结带领全党全国各族人民为实现中华民族伟大复兴的中国梦而努力奋斗是重要政治任务。在铸牢中华民族共同体意识由初步探索阶段迈入深入推进阶段的背景下，总结提炼实践经验对凝聚各族群众为完成新时代新征程的使命任务有十分重要的意义。

贵州作为多民族聚居的代表性省份之一，同时也是经济社会发展面临挑战较多的省份。贵州省委、省政府以铸牢中华民族共同体意识为"纲"，以坚决维护民族团结为政治责任，化感恩之心为开拓创新、砥砺奋进之志，带领全省各族人民加快推进铸牢中华民族共同体意识模范省建设，推动贵州各族群众共同走向社会主义现代化。

一、贵州民族工作成绩显著，做好民族工作的责任感和紧迫感进一步增强

高质量发展一如既往地成为贵州经济社会发展的主题词，以高质量发展为统揽，贵州各族人民坚定地书写了"黄金十年"的艰苦奋斗史，创造了"贵州取得的成绩是党的十八大以来党和国家事业大踏步前进的一个缩影"的奇迹。全省各族人民始终牢记习近平总书记殷切嘱托，坚持以铸牢中华民族共同体意识为主线，紧紧围绕"共同团结奋斗、共同繁荣发展"的主题和

---

[*] 曾醒，贵州民族大学博士研究生；郝亚明，贵州民族大学特聘教授，博士生导师。

"中华民族一家亲、同心共圆中国梦"的共同目标，民族地区经济社会发展取得巨大成就，实现了经济社会高质量发展与铸牢中华民族共同体意识的双向促进。

党的十八大以来，以习近平同志为核心的党中央对贵州经济社会发展高度关注。2015年6月，习近平总书记视察贵州时强调："贵州是一个多民族聚居的地方，要贯彻落实党的民族政策，繁荣发展少数民族文化，把贵州建设成为民族团结进步繁荣发展的示范区。"❶ 2017年10月，习近平总书记参加党的十九大贵州省代表团讨论，亲切地同少数民族代表交流，深切关怀贵州省少数民族地区教育。❷ 2021年春节前夕，习近平总书记考察调研贵州时指出，"全面建成小康社会，一个民族不能落下。全面建设社会主义现代化，一个民族也不能落下"，"要铸牢中华民族共同体意识，贯彻落实好党的民族政策，支持少数民族和民族地区特色优势产业，繁荣发展少数民族文化，不断满足各族群众对美好生活向往"。❸ 习近平总书记的重要指示精神为贵州经济社会高质量发展提供了根本遵循，是全省各族干部群众走好新时代长征路的根本动力。

贵州各族干部群众坚决拥护"两个确立"，始终做到"两个维护"，牢记嘱托，感恩奋进，沿着习近平总书记指引的方向奋勇前进、攻坚克难，民族地区经济社会发展取得巨大成就。一是如期打赢脱贫攻坚战。民族地区42个贫困县全部脱贫摘帽，590.6万贫困人口如期脱贫，解决了民族地区千百年来绝对贫困问题。二是经济实力明显提升。2020年，贵州民族自治地方地区生产总值达到5408亿元，"十三五"时期年均增长8.8%，三个自治州地区生产总值均突破千亿元。三是生产生活条件大幅改善。民族地区高速公路里程达3786千米，占全省总里程49.7%。民族地区居民人均和支配收入增速达到全省平均水平，教育、医疗等基本公共服务水平明显提升。四是生

---

❶ 罗剑，唐显良.民族团结进步创建工作的生动实践[N].贵州日报，2021-06-23（009）.

❷ 习近平在参加党的十九大贵州省代表团讨论时强调 万众一心开拓进取把新时代中国特色社会主义推向前进[N].人民日报，2017-10-20（001）.

❸ 农文成，王杰，缪富霞.谱写民族团结进步事业高质量发展新篇章[N].贵州日报，2021-12-13（001）.

态环境持续改善。三个自治州及七个自治县森林覆盖率超60%，民族地区高质量发展的环境进一步优化，少数民族群众获得感、幸福感、安全感持续增强。❶五是少数民族文化魅力彰显。少数民族优秀传统文化得到有力传承保护，传统民族村落保护建设深入推进，"多彩贵州特色文化"名片进一步擦亮，优秀传统文化的创新性发展与创造性转化动能更加强劲。六是民族团结进步局面持续巩固。各民族交往交流交融更加深入，在空间、文化、经济、社会、心理全方位嵌入，持续深化。

贵州所取得的成绩，是以习近平同志为核心的党中央深切关心和高度关注的结果，是全省各族人民拼搏创新、共同奋进的结果，更是开启新征程的坚实基础。

二、贵州省铸牢中华民族共同体意识的实践

贵州省完整准确全面把握和贯彻党关于加强和改进民族工作的重要思想，稳步推进民族地区经济社会高质量发展，持续巩固民族团结进步局面，深化各民族交往交流交融，提升民族事务治理能力现代化水平，奋力建设铸牢中华民族共同体意识模范省，在新时代贵州民族工作的目标任务开展上取得了瞩目的成绩。

（一）强化政治引领，厚植中华民族共同体意识思想根基

贵州把推进新时代党的民族工作高质量发展摆在更加突出位置，从政治上把握民族关系、解决民族问题、促进民族团结。

一是将铸牢中华民族共同体意识纳入党委重要议事日程，将深入学习中央民族工作会议精神和党关于加强和改进新时代民族工作的重要思想作为一项长期政治任务，旗帜鲜明地加强党对民族工作的领导，切实用党的创新理论武装头脑、指导实践、推动工作，深入构建新时代党的民族工作格局。

二是将铸牢中华民族共同体意识教育纳入党校各类培训。将铸牢中华民族共同体意识教育作为各级党校和各类培训的重要内容，丰富培训载体，加

---

❶ 贵州省人民政府网公开数据。

强学员对"四个与共"❶"五个认同"❷的理解，深刻认识新时代民族工作所处的历史方位、使命任务、战略目标等内容，每年培训上万人次，铸牢中华民族共同体意识教育持续走深走实。

三是将铸牢中华民族共同体意识的工作纳入干部工作考核，强化领导责任。优化少数民族干部队伍结构，选优配齐民族地区各级领导班子，对政治过硬、本领过强的少数民族干部委以重任，不断提高推进对民族工作的责任感、紧迫感。

四是将铸牢中华民族共同体意识纳入党的建设工作和意识形态工作，大力弘扬中华民族伟大精神，传承红色基因，在党的百年奋斗史中汲取智慧和力量，不断提升民族工作的感召力、使命感。

五是不断完善推动铸牢中华民族共同体意识工作的政策体系，出台《中共贵州省委贵州省人民政府关于建设民族团结进步繁荣发展示范区的意见》《关于全面深入持久开展民族团结进步创建工作铸牢中华民族共同体意识的实施方案》《贵州省促进民族团结进步条例》《贵州省建设铸牢中华民族共同体意识模范省实施方案》等若干政策，积极营造推动铸牢中华民族共同体意识的良好干事创业氛围。

（二）强化文化赋能，构筑中华民族共有精神家园

多彩的贵州文化是各民族在长期交往交流交融中形成的，是各民族文化精髓的集合，是构筑共有精神家园、铸牢中华民族共同体意识的强劲支撑。贵州不断挖掘、保护、传承和弘扬各民族优秀文化，探索出文化赋能铸牢中华民族共同体意识的新路子。

一是大力弘扬以爱国主义为核心的民族精神和以改革创新为核心的时代精神，深入开展党史学习教育和国情省情教育，实施中华优秀传统文化传承发展工程，树立和突出各民族共有的中华文化符号和中华民族形象，推动各族群众思想上坚定树立"五个认同"。

二是民族文化传承成果丰硕。贵州5000余所学校开展民族民间文化进

---

❶ "四个与共"：指休戚与共、荣辱与共、生死与共、命运与共。

❷ "五个认同"：指对伟大祖国、中华民族、中华文化、中国共产党、中国特色社会主义的认同。

校园，举办少数民族传统体育运动会、民族民间文化产品博览会、少数民族文艺汇演、多彩贵州民族服饰设计大赛等丰富多彩活动，开展少数民族文学"金贵奖"和"黔岭歌飞"少数民族歌曲创作奖评选等活动，民族歌舞、民族节日庆典、民族服饰、民族医药、民族民间技艺等优秀传统文化得到有力保护，多彩贵州民族文化产业蓬勃发展。

三是民族传统工艺人才培养力度持续加大。积极组织举办民族传统工艺人才培训班，命名130家"少数民族传统手工艺传承基地"和724家"少数民族传统手工艺传习所"，命名197名"贵州省民族工艺大师"❶，扶持一批工艺大师发展壮大产业，带动1000余名工匠创业、5万余名少数民族群众就业，着力非物质文化遗产的保护传承，解决民族文化工艺人才青黄不接、传承后继乏人等突出问题。❷

四是民族文化服务凝聚人心。深入少数民族聚居区、易地扶贫搬迁点、民族村寨开展"感恩奋进、和谐家园"慰问演出活动百余场，深入宣讲中央民族工作会议精神和习近平总书记视察贵州重要讲话精神，弘扬主旋律，传播正能量，引导各族群众知党恩、感党恩、跟党走。

（三）强化发展聚力，推动各民族共同现代化

发展是解决一切问题的总钥匙。以发展夯实的物质基础是铸牢中华民族共同体意识的根本途径。贵州省大力推进三大战略行动，抢抓重大发展机遇，促进各民族走向现代化。

一是开展大扶贫、大数据、大生态战略行动，民族地区基础设施建设、特色产业培育、基本公共服务等取得重大突破。省级财政共向民族地区下达转移支付资金5753亿元，年均增长9.8%，比同期中央对贵州省转移支付增幅高2.8个百分点。其中，争取中央少数民族发展资金18.54亿元，省级配套少数民族发展资金3.76亿元，用于支持民族地区实施基础设施、产业发展等6000余个项目。❸

---

❶ 农文成，王杰，缪富霞.谱写民族团结进步事业高质量发展新篇章[N].贵州日报，2021-12-13（001）.

❷ 数据根据贵州省民族宗教事务委员会公开资料整理所得。

❸ 数据根据贵州省民族宗教事务委员会公开资料整理所得。

二是特色产业初见成效。深入推动"少数民族特色村寨＋旅游产业"融合发展，在巩固西江苗寨、肇兴侗寨等旅游景区的基础上，培育壮大了兴义纳灰村、乌当偏坡村等一批民族文化旅游精品景区和线路，312个村寨被命名为"中国少数民族特色村寨"，乡村旅游业与民族文化发展交相辉映，直接解决20余万人就业。深入实施"黔系列"民族文化产业品牌打造行动，与新华社签订打造"黔系列"品牌战略合作协议，先后认定8个系列543款产品，产品销售额突破3亿元。❶

三是差别化支持力度空前。从"放权"和"给钱"两个方面出台支持民族自治州脱贫攻坚同步小康69条政策措施、下放30项省级经济社会管理权限，支持民族自治县和民族乡加快发展25条政策措施，每年给予3个自治州各1亿元、11个自治县各2000万元、193个民族乡各50万元专项资金扶持。❷率先在全国省级财政设立民贸民品企业贷款贴息专项资金，"十三五"期间共支持贷款贴息专项资金13.64亿元，撬动民族地区企业获得流动资金贷款489.72亿元，一批民贸民品企业得以发展壮大。❸

四是围绕"四新"主攻"四化"。贵州省持续抢抓重大战略机遇，以"四区一高地"❹发展新定位，不断创新体制机制，紧紧把握在新时代西部大开发上闯新路、在乡村振兴上开新局、在实施数字经济战略上抢新机、在生态文明建设上出新绩的部署要求，将发展绿色经济作为重要目标，加快发展现代产业，构建多元的开放平台，努力实现工业大突破、城镇大提升、农业大发展、旅游大提质及产业大招商、人才大汇聚，拓宽贵州高质量发展的新路。

（四）强化"三交"促进，构建互嵌式社会结构

贵州省坚持把促进各民族广泛交往、全面交流、深度交融作为铸牢中华民族共同体意识的核心途径，推动各民族大团结，营造和谐稳定的社会

---

❶ 数据根据贵州省民族宗教事务委员会公开资料整理所得。

❷ 石松江.推进民族团结进步繁荣发展示范区创建迈入新阶段[J].中国民族，2019（2）.

❸ 数据根据贵州省民族宗教事务委员会公开资料整理所得。

❹ "四区一高地"："四区"指西部大开发综合改革示范区、巩固拓展脱贫攻坚成果样板区、数字经济发展创新区、生态文明建设先行区。"一高地"指内陆开放型经济新高地。

环境。

一是示范创建取得突破。积极开展民族团结进步示范创建工作,大力推进民族团结进步"七进"活动,铜仁市、黔南自治州、黔西南自治州、黔东南自治州、遵义市5个市(州)先后成功创建全国民族团结进步示范市(州),贵阳市、六盘水市已进入第九期拟命名的全国民族团结进步示范市公示名单,60个地方和单位成功创建全国民族团结进步示范单位,命名省级民族团结进步示范地方和单位1374个,全省民族关系持续向好,"民族团结的典范"的良好局面进一步巩固和发展。

二是交流互嵌日益频繁。把易地扶贫搬迁作为构建互嵌式社会结构的重要契机,通过整体搬迁、随机安置等多种方式,推动各族群众在居住环境上形成空间互嵌。建立健全基本公共服务、培训和就业、文化、社区治理、基层党建五大服务体系,创新开展帮搬迁、帮融入、帮就业、帮解困一站式帮扶服务,建设共居共学共事共乐共建的"五共社区",涌现出凯里市上马石社区、水城县阿娄社区等一批示范社区,促进各民族群众实现空间、经济、文化、社会和心理的全方位嵌入。

三是典型引领成效显著。贵州省以铸牢中华民族共同体意识为主线,巩固拓展民族团结进步事业,在各级党政机关、企事业单位、城乡社区、社会场所和各类学校广泛开展民族团结进步教育,推动民族团结意识深入人心。召开全省第八次民族团结进步表彰大会,表彰113个模范集体和176名模范个人。组织参加全国第七次民族团结进步表彰大会,获表彰模范集体27个、模范个人34名,在全社会树立典型,发挥模范引领作用。

四是"双培"行动成效明显。贵州省在民族地区开展国家通用语言和实用技能"双培"行动,累计举办培训班8000余期,培训群众超40余万人次,推动了国家通用语言文字的普及,全省普通话普及率达84%,提升了贵州少数民族就业能力。❶

(五)强化治理增效,推动民族事务治理水平提升

贵州省将民族事务纳入共建共治共享的社会治理格局,通过强化法制宣传,健全民族工作法律法规体系,倡导文明新风尚,不断依法保障各族群众

---

❶ 数据根据贵州省民族宗教事务委员会公开资料整理所得。

合法利益，积极提升民族事务治理水平。

一是坚持依法治理民族事务，正确把握"三个不能"要求，将民族事务纳入共建共治共享的社会治理格局，认真贯彻落实民族区域自治"一法两规定"，科学稳妥完善相关政策，健全完善民族工作法规体系，妥善处理涉民族因素事件，用法治方式做好民族工作，坚决防范民族领域重大风险隐患，依法保障各族群众合法权益。坚持以铸牢中华民族共同体意识为标准，按照中央和省委的安排部署，推动贵州民族工作高质量发展。

二是创新服务民族地区发展机制。积极探索"法治政府"示范创建，坚持"放管服"改革，提升政府创新服务能力，破除机制体制障碍，深度打造"贵人服务"品牌，为各族群众提供优质便捷高效的政务服务，切实保障各族群众合法权益。构建"一中心一张网十联户"工作机制，将民族工作纳入全省社会化治理全局统筹推进，打造"党小组+网格员+十联户"铁三角，做到沟通各族群众无障碍、服务各族群众无遗漏、保障各族群众安全无盲区，推动基层事务治理常态化、规范化、数字化、智能化运行，提升基层治理效能。

三是落实普法宣传教育机制。坚持科学立法引领、严格执法推动、公正司法促进、全民守法推进，搭建常态化普法平台，在民族地区开展立体、多层次、宽领域普法宣传教育活动和政策宣讲活动。截至2022年10月，共宣讲65期覆盖2600多人，[1] 积极引导各族群众自觉学法、遵法、守法、用法，牢固树立法治思维，在全社会形成遇事找法、解决问题靠法的良好环境，积极用法治手段维护、保障自身合法权益。[2]

四是探索民族地区移风易俗机制。在基层治理中，贵州省善用村规民约、乡贤理事、地方性公约良俗等载体，大力弘扬时代新风，扎实开展公民文明礼仪、道德规范、勤俭节约等宣传教育，坚决抵制大操大办、低俗婚闹等陈规陋习，切实引导各族群众崇德向善、学科学、讲文明、知礼仪、树新风。

---

[1] 数据根据贵州省民族宗教事务委员会公开资料整理所得。
[2] 数据根据贵州省民族宗教事务委员会公开资料整理所得。

三、贵州省铸牢中华民族共同体意识的经验

(一)坚持党的全面领导是根本保证

2021年,中央民族工作会议强调,加强和完善党的全面领导,是做好新时代党的民族工作的根本政治保证。❶ 坚持党的全面领导由中国共产党的执政地位、中国特色社会主义道路及中华民族共同体自身本质属性共同决定。❷ 自中国共产党成立伊始,就奋力找寻解决我国民族问题的正确道路。经过百年探索,中国共产党团结带领各民族踔厉奋发、勇往前行,书写了中华民族几千年历史上最恢宏的史诗,书写了人类发展史上最伟大的奇迹。历史和现实充分证明,中国共产党的执政地位是历史和人民的选择,坚持中国共产党的领导是中华民族创造一切伟业的根本保证。

伟大的理论需要伟大的政党去执行,伟大的实践必然需要坚强的领导。中国共产党的诞生使我国社会主义事业有了主心骨,使各族人民有了主心骨。有了主心骨的中国面貌焕然一新,实现了国家站起来、富起来、强起来的伟大变革,也实现了全面开启新征程的历史使命。只有坚定中国共产党的全面领导,才能充分发挥党总揽全局、协调各方的根本作用,才能充分发挥党的领导的政治优势,才能够确保全国各族人民团结一致向前进。

党全面领导下的贵州民族工作积累了弥足珍贵的历史经验。一是始终坚持中国特色解决民族问题的正确道路,全面贯彻落实党的民族理论与民族政策,将民族工作置于贵州经济社会发展的全局,积极探索全省各族人民实现现代化和共同富裕的道路。二是始终从政治上理解和把握民族关系、看待和处理民族问题,把握新时代党的民族政策,保证党的民族工作持续开创新局面。三是始终团结带领全省各族人民奋勇前行,化精神力量为行为动力,努力续写贵州后发赶超的新成绩。四是始终提升做好新时代民族工作的实效,加强民族地区基层组织建设,坚持以新时代好干部标准强化工作队伍建设,积极推动形成新时代民族工作格局,不断适应时代发展的新特点、新要求、

---

❶ 以铸牢中华民族共同体意识为主线 推动新时代党的民族工作高质量发展[N].人民日报,2021-08-29(001).

❷ 郝亚明.论中华民族命运共同体建设的五大基础路径[J].西南民族大学学报(人文社科版),2020,41(5).

新任务。

贵州铸牢中华民族共同体意识实践所取得的成就表明，只有坚持中国共产党的全面领导才能团结各族人民奋力谱写多彩贵州现代化建设新篇章。

（二）以人民为中心是出发点和落脚点

党的二十大报告中明确提出全面建成社会主义现代化强国，就是要坚持以人民为中心的发展思想。❶ 作为解决发展问题的重要理论成果，此论断在新时代新征程背景下的再次重申，深刻体现了中国共产党一如既往地遵循"人民"这一根本政治立场。回顾党的百年奋斗历程，时刻关注人民、把最广大人民群众的利益作为出发点和落脚点，是中国共产党团结带领全国各族人民实现站起来、富起来、强起来的根本理念，也是中国共产党执政为民的根本体现。这一思想应当涵盖发展为了人民、发展依靠人民、发展成果由人民共享三个方面。❷ 发展为了人民回答的是发展的目的问题，发展依靠人民回答的是基础动力问题，发展成果由人民共享回答的是发展价值问题。

首先，发展为了人民映射着铸牢中华民族共同体意识的行动目的。新时代党的使命任务就是团结带领全国各族人民全面建成社会主义现代化强国、实现第二个百年奋斗目标，以中国式现代化全面推进中华民族伟大复兴。❸ 这必然是中华民族的根本利益，也必然是中国共产党矢志不渝的奋斗目标，更必然是新时代民族工作的行动目的。作为工作主线，铸牢中华民族共同体意识就是要引导各族人民牢固树立"休戚与共、荣辱与共、生死与共、命运与共"的共同体理念，其根本目的在于为实现中华民族伟大复兴的中国梦提供坚实的思想保证。2021年中央民族工作会议所明确的"四个必然要求"❹一针见血地阐释了铸牢中华民族共同体意识与发展为了人民之间的关系。从贵州省的实践来看，无论是铸牢中华民族共同体意识本身，还是从铸牢中华

---

❶ 中国共产党第二十次全国代表大会在京开幕[N].人民日报，2022-10-17（001）.
❷ 姜淑萍."以人民为中心的发展思想"的深刻内涵和重大意义[J].党的文献，2016（6）.
❸ 中国共产党第二十次全国代表大会在京开幕[N].人民日报，2022-10-17（001）.
❹ "四个必然要求"：指铸牢中华民族共同体意识是维护各民族根本利益的必然要求、是实现中华民族伟大复兴的必然要求、是巩固和发展平等团结互助和谐社会主义民族关系的必然要求、是党的民族工作开创新局面的必然要求。

民族共同体意识出发解决各民族和民族地区的贫困问题、发展问题、动力问题等系统性的问题，以人民为中心的出发点和落脚点无疑是铸牢中华民族共同体意识的重要经验。

其次，发展依靠人民关联着铸牢中华民族共同体意识的群众基础。人类社会实践的发展必然需要强劲的动力，从马克思主义群众观点来看，人民群众或各族人民必然是推动发展的动力基础，这决定了推动发展必然要积极动员各族群众团结奋斗、共同参与到社会主义的伟大实践中来。这不仅是百年大党取得伟大成就的历史经验，更是马克思主义政党抑或人民性的政党的内在要求。贵州省在铸牢中华民族共同体意识过程中，我们一方面看到了广泛动员各族群众这一历史经验在贵州实践推进过程中的深刻运用，另一方面也看到通过运用这一历史经验激发起贵州各族群众投身社会伟大实践的激情与壮志。正是因为这样，贵州省才能在后发赶超的伟大壮举中一往无前，取得瞩目成就。

最后，发展成果由人民共享体现着铸牢中华民族共同体意识的根本价值。习近平总书记强调："国家建设是全体人民共同的事业，国家发展过程也是全体人民共享成果的过程。"❶ 换言之，铸牢中华民族共同体意识是各族人民的事业，其全过程必然由各族人民参与。同时，铸牢中华民族共同体意识所带来的发展红利也必须由各民族共享。从贵州省的实践来看，以民族工作助推新时代贵州经济社会高质量发展所取得的物质、精神、制度等方面成果并实现发展成果共享正是实现了铸牢中华民族共同体意识价值的转换。

（三）同地方性文化知识相结合是重要方法

地方性文化知识是以地域为重要特征，着重突出其独特性的精神文化的总和。贵州省努力打造"多彩贵州特色文化"品牌，其重要原因就在于贵州民族众多，各民族为实现生命延续、生产进行、生活有序而形成了具有鲜明特征的多彩文化，并在此基础上形成了各民族极富内涵的哲学思维体系。这些智慧的结晶很大程度上为铸牢中华民族共同体意识、实现民族工作高质量发展提供了丰厚的滋养。

---

❶ 中共中央文献研究室.习近平关于协调推进"四个全面"战略布局论述摘编[M]. 北京：中央文献出版社，2015：44.

首先，地方性文化知识作为一种人文性格，集中体现了生活在一定范围内的某一群体的集体人格，其往往连带着"身份"或"认同"的相关性质，是一种由特定历史文化组合构成的有利于形成集体认同的因素。因此，在铸牢中华民族共同体意识实践过程中，应当充分挖掘和尊重这种地方性文化知识，在尊重的基础更好地推进工作，在挖掘的基础上更好地引导树立共同体理念和坚定"五个认同"。

其次，地方性文化知识作为特定区域内人们的生活秩序，折射出人们在进行社会生产活动中的态度与程序，对人们的生产、生活行为有一定的规范作用。例如，"斧斤以时入山林""戊日不动土"等传递出一种按时令进行生产生活的秩序；"稻—鸭—鱼—豆"的生产模式折射出一种人与生产、人与自然和谐共生的价值理念。因此，铸牢中华民族共同体意识应当尊重人们的生活秩序，在铸牢的过程赋予秩序更多的内涵。

最后，地方性文化知识作为一种治理智慧，其对社会秩序有极大影响。在贵州，尤其是民族地区，存在着"款""议廊"等诸多传统习惯法。作为对法律法规在基层社会治理中的重要补充，地方性文化知识的运用早已不是机械、刻板的状态，更多已经作为一定范围内人们的文化基因和价值观。因此，贵州省在铸牢中华民族共同体意识过程中应充分运用和借鉴地方性文化知识，把有关铸牢中华民族共同体意识的内容宣教和实践推进与这种基层治理经验结合，开展形式更加新颖、内容更加接地气、影响更加潜移默化的实践活动。

从贵州省铸牢中华民族共同体意识的实践来看，与地方性文化知识相结合无疑是贵州实践中最具特色的经验之一，也是贵州实践之所以扎实推进的重要原因。这一经验在铸牢中华民族共同体意识的过程中深刻体现了中国共产党实事求是的优良工作作风，也体现了因地制宜的哲学思辨，还体现了科学求真的审慎态度。

（四）全方位夯实基础是重要保障

铸牢中华民族共同体意识需要各方面的推动，所以夯实各项基础成为推动铸牢中华民族共同体意识的核心议题。在这种双向互构的过程中，对基础的要求与态度很大程度上决定了铸牢中华民族共同体意识的深度与广度。从这个意义上讲，全方位夯实基础就成为关键连接点。

全方位夯实"铸牢"的各项基础，还需要从中华民族共同体的属性说起。当前，学者围绕中华民族共同体意识是一个政治共同体、经济共同体、文化共同体、社会共同体、法律共同体等方面的讨论已十分深入。与之对应的，对政治基础、经济基础、文化基础、社会基础、法治基础等方面的学理讨论与实践推进便成为夯实铸牢中华民族共同体意识的重要基础。因此，我们可以把"五大基础"作为"全方位"的直面反映。

从贵州省的实践来看，加强民族地区基层组织和政治建设等就是进一步夯实铸牢中华民族共同体意识的政治基础；大力推动民族地区经济社会高质量发展就是着力夯实铸牢中华民族共同体意识的经济基础；以增强中华文化认同为主要方向，加大对传统村落的保护开发、推进中华优秀传统文化"九进"、实施多彩贵州民族特色文化强省工程等就是进一步夯实文化基础；促进各民族广泛交往交流交融，构建互嵌式社会结构和社区环境则是在进一步夯实社会基础；推动民族事务治理体系和治理能力现代化，依法治理民族事务、调整完善民族政策法规等就是夯实法治基础。

以上讨论不难发现，全方位夯实铸牢中华民族共同体意识的基础一方面体现了全过程人民民主的内涵实质，作为对运行状态的描述与限定❶，其更加强调了全过程人民民主在铸牢中华民族共同体意识的理论与实践话语中的"无处不在"。另一方面，全方位夯实铸牢中华民族共同体意识的基础体现了发展面全覆盖的基本要求。在经济社会发展的结构上，铸牢中华民族共同体意识应当与"五位一体"总体布局相协调，从结构上突出全覆盖。另外，在赋予所有改革发展的意义时，也要体现受众面的全覆盖。究其实质，全方位夯实基础就是要牢固树立铸牢中华民族共同体意识主线思维和突出工作主线地位，这既是方法也是经验。

结语

新时代新征程，贵州铸牢中华民族共同体意识的步伐更加强劲有力。既要克服发展的短板弱项，承受追赶现代化步伐的"双重压力"，也要圆满完

---

❶ 李洋.全过程人民民主内涵的多维展开［J］.社会主义研究，2022（4）.

成高质量发展和生态环境保护的"双重任务",更要着力破除受自然环境、历史因素制约的"双重瓶颈"。在新的航向上,贵州省要坚持以铸牢中华民族共同体意识为主线,正确把握"四个关系",厚植铸牢中华民族共同体意识思想根基,着力推进中华民族共有精神家园建设,促进各民族团结奋斗;要着力推进民族地区高质量发展,加快各民族共同走向社会主义现代化;要着力提升民族事务治理水平,确保民族地区和谐稳定,全面夯实各族群众走向共同富裕的基础,共同谱写全面建设社会主义现代化国家、实现中华民族伟大复兴的多彩贵州新篇章。

建设铸牢中华民族共同体意识示范省的浙江实践

孙 翔[*]

党的十八大以来，围绕铸牢中华民族共同体意识、促进中华民族大团结、构筑中华民族共有精神家园，党中央创造性提出了一系列新理念新思想新战略，开拓了马克思主义民族理论中国化的新境界，为浙江做好新时代党的民族工作提供了根本遵循。

习近平同志在浙江工作期间，强调浙江既要站在全局和战略的高度，为维护全国民族团结进步事业作贡献，又要从实际出发，有针对性地做好民族工作；要把发展作为解决民族问题的关键，促进民族地区全面发展；要巩固和发展平等、团结、互助、和谐的社会主义民族关系，认真做好少数民族移民和流动人员的工作。

这些年来，浙江认真贯彻落实习近平总书记关于民族工作的重要论述和党中央重大决策部署，紧紧抓住铸牢中华民族共同体意识这条主线，坚持和加强党对民族工作的全面领导，全面推进民族乡村振兴，全面深入持久开展民族团结进步创建，不断提升民族事务治理能力现代化水平，推动形成了各民族共同团结奋斗、共同繁荣发展的良好局面。

一、浙江民族工作的基本情况

加强和完善党的全面领导，是做好新时代党的民族工作的根本政治保证。长期以来，浙江全省各级党委认真履行守护民族团结生命线的政治责任，把民族工作摆上重要议事日程，建立健全符合浙江民族工作实际的组织

---

[*] 孙翔，浙江省民族宗教研究服务中心研究部部长。

领导体系、政策支持体系和社会支持体系，把民族团结进步创建工作纳入省委对地方统战工作考核内容，督促各项民族工作方针政策措施落地落细落实，系统构建党建引领民族工作发展的新格局，党建工作成效不断转化为民族工作发展实效。

1. 全面推进民族乡村振兴落地见效

在浙江高质量发展建设共同富裕示范区重大战略和"千村示范、万村整治"工程引领下，浙江率先开展民族乡村振兴示范建设，持续拓宽民族乡村"绿水青山就是金山银山"转化通道，融入"千万工程"，全面开展民族村"消薄"❶提升工程和"双百村结对行动"。浙江推动22个省级单位、18个发达县（市、区）分别与18个民族乡（镇）开展结对帮扶，每个民族乡（镇）每年落实省财政增量转移支付200万元。2018年以来，浙江进一步制定出台《浙江省民族乡村振兴实施方案（2018—2022年）》《关于开展全国民族乡村振兴示范省建设工作的意见》《浙江省民宗系统助力高质量发展 建设共同富裕示范区实施方案（2021—2025年）》等，广泛动员民主党派、工商联、乡贤等统战力量支持民族乡村发展，大力推进民族乡村振兴和共同富裕。2021年，浙江全省少数民族农村居民人均可支配收入达2.99万元，全省382个民族村全面实现"消薄"，全省民族村共有近300多家农村电子商务网店，年销售额近8亿元。❷ 2021年，景宁畲族自治县地区生产总值达到80.67亿元，财政总收入达到31亿元，全县常住居民人均可支配收入34 512元❸。

2. 全面深入持久开展民族团结进步创建

深入开展国家、省、市、县四级联创工作，大力开展形式多样的民族团结进步主题教育和社会实践活动，率先在全国提出民族团结进步创建进企业、进社区、进学校等"七进"工作模式。2020年以来，浙江先后制定出台《关于全面深入持久开展民族团结进步创建铸牢中华民族共同体意识的实施意见》《浙江省民族团结进步事业发展"十四五"规划》，以铸牢中华民族共同体意识为主线，创新开展"浙里石榴红"品牌培育工作，形成具有浙江

---

❶ "消薄"：指消除集体经济年收入10万元以下薄弱村。
❷ 民族一家亲 同心齐追梦[N].浙江日报，2021-09-14（001）.
❸ 参见《景宁畲族自治县2021年国民经济和社会发展统计公报》。

辨识度的"浙里石榴红"集群效应，打造了一批具有区域特色和影响力的民族团结进步宣传教育品牌。截至2021年年底，浙江累计创成全国民族团结进步示范区示范单位43家，省、市级民族团结进步创建重点培育单位300余家。2019年召开的全国民族团结进步表彰大会上，浙江32个集体和个人获荣誉称号。

3. 深化改革推动民族事务管理服务创新

第七次全国人口普查数据显示，2020年浙江常住人口64 567 588人，其中，少数民族人口为2 217 714人。2016年以来，浙江根据新时代民族工作新形势新任务新要求，积极推进城市民族工作实践创新，开展面向少数民族群众的基层"微组织、微窗口、微热线、微平台"建设，出台全国首个城市民族工作省级规范标准，全省共建立规范化"四微"载体800多个。研究制定全国首个城市民族工作省级地方标准《城市民族工作服务指南》，浙江宁波北仑基层民族工作标准化试点项目列入国家级标准化试点项目名单。加强流入流出"两地"对接协作，与新疆、甘肃、宁夏、云南等少数民族人口集中流出地区建立对接协作机制。开展少数民族流动人口服务管理示范体系建设，宁波市、义乌市、绍兴市被评为"全国少数民族流动人口服务管理示范城市"。

4. 加强区域合作促进民族地区发展

浙江对口支援合作涉及8个省区、100余个县（市、区），大部分是民族地区。长期以来，浙江在对口支援合作中，强化经济帮扶、异地就业帮扶、教育帮扶等多种方式，2018年起，每年支援的财政资金超过50亿元，实施项目400多个。2020年，对口帮扶的贫困地区全部实现脱贫摘帽，浙江对口支援工作在国家绩效考核评估中被评为"综合绩效突出"。浙江积极开展对口支援地区的教育援助项目，2021年浙江省援疆指挥部实施教育援疆项目104个，新建9所学校，改造58所学校，组织援疆教师构建起从幼儿园到大学、从普通教育到特殊教育的全链条的教育人才支援"大组团"。

随着全国统一大市场和新型城镇化的推进，各民族跨区域大流动持续活跃，浙江地区特别是城市的民族构成更加丰富、少数民族人口增多，呈现大流动、大融居的新特点，各民族在社会生活中紧密联系的广度和深度前所未有。然而，浙江民族县乡发展不平衡不充分的情况仍然相对存在，民族县乡经济社会发展程度和人均收入仍低于全省平均水平，大多数民族乡村地处生态保护区，产业结构相对单一、内生动力相对不足、基础设施建设相对落后。

在新时代新发展阶段，城市已经成为民族工作的重要场景，输出地与输入地两头对接的少数民族流动人员动态管理服务机制还需持续完善，城市各少数民族群体在技能培训、文化交流和社会融入等方面仍需加强制度和资源供给，以进一步促进各民族广泛交往交流交融。在全面深化改革的大背景下，浙江以数字化改革为牵引，推动各项工作系统性重塑，必然要求健全、完善统一领导、多跨协同、综合集成的民族工作体制机制，全面提升民族事务治理体系和治理能力现代化水平。

二、新时代浙江民族工作的总体要求和远景目标

新时代浙江民族工作的总体要求是：全面对标对表习近平总书记关于加强和改进民族工作的重要思想，认真贯彻落实中央民族工作会议部署要求，围绕铸牢中华民族共同体意识这条主线，立足高质量发展建设共同富裕示范区这一重大使命，大力弘扬以爱国主义为核心的民族精神和以改革创新为核心的时代精神、红船精神、浙江精神，以数字化改革为引领，扎实推进民族乡村振兴，全域推进民族团结进步示范创建，全面推进浙江民族工作系统性重塑、创新性变革，努力建设铸牢中华民族共同体意识示范省，推动各民族共同迈向社会主义现代化和共同富裕，坚决防范民族工作领域可能发生的风险，确保浙江民族工作继续走在前列。

当前和今后一个时期，浙江将围绕新时代浙江民族工作"一省四区"目标任务，即以建设铸牢中华民族共同体意识示范省为总体目标，率先打造各民族共同富裕示范区、中华民族共有精神家园示范区、各民族交往交流交融示范区和民族事务治理现代化示范区，不断强化各族人民休戚与共、荣辱与共、生死与共、命运与共的共同体理念，全面开展民族乡村振兴示范和民族团结进步示范创建，持续擦亮"浙里石榴红"的金名片，持续巩固发展各民族共同团结奋斗、共同繁荣发展的良好局面。

按照到2035年浙江基本实现高水平现代化，成为新时代全面展示中国特色社会主义制度优越性重要窗口的奋斗目标，浙江民族团结进步事业

2035年的远景目标是：民族团结进步创建工作全面深入持久开展，民族团结进步价值理念广泛弘扬，各民族广泛交往、全面交流、深度交融，"四个自信""五个认同"更加坚定，中华民族共同体意识和凝聚力显著增强；少数民族和民族地区与全省同步基本实现高水平现代化，景宁畲族自治县和18个民族乡（镇）、民族村高质量完成全省确定的"翻番"目标，与全省同步率先走向共同富裕，均衡发展水平继续走在全国前列；基本实现民族事务治理现代化，民族事务治理主体、治理机构和治理制度协同发展，高水平建成民族事务整体智治体系，依法有效治理民族事务的能力全面提升。

三、浙江做好新时代党的民族工作的重点任务

当前和今后一个时期，浙江认真学习好贯彻好落实好习近平总书记关于加强和改进民族工作的重要思想，结合浙江实际，准确把握新时代浙江民族工作的阶段性特征，以铸牢中华民族共同体意识为主线推动新时代党的民族工作高质量发展，围绕率先打造各民族共同富裕示范区、率先打造各民族交往交流交融示范区、率先打造民族事务治理现代化示范区、率先打造中华民族共有精神家园示范区的工作目标，抓实抓好以下重点任务。

1. 传承红色基因、守好"红色根脉"

"红色根脉"是党百年奋斗在浙江最鲜明的底色，也是激励各民族团结奋进的独特精神资源。浙江作为中国革命红船启航地，必须不断增强"四个意识"、坚定"四个自信"、做到"两个维护"，确保党中央关于民族工作的重大方针和决策部署在浙江落地见效。深入挖掘习近平总书记在浙江工作期间在加强民族工作领域留下的宝贵财富，一以贯之落实习近平总书记在浙江工作期间对民族团结工作作出的重要部署，尤其是对习近平总书记2002年、2005年两次亲赴景宁调研指导时作出的重要指示，全面研究、深刻领悟、切实贯彻。坚持以社会主义核心价值观为引领构筑中华民族共有精神家园，培育建立一批铸牢中华民族共同体意识研究基地，中华民族主题公园、博物馆、体验馆等，大力弘扬中华文化，全面推进少数民族流动人口服务管理示范体系建设，在未来社区建设中加快构建互嵌式社会结构和社区环境，增强各族群众"五个认同"。深入挖掘浙江民族团结进步事业悠久、深厚、光荣的历史，传承以红船精神为核心的浙江红色精神谱系，挖掘整理各民族红色

文化、忠勇精神等优秀文化，推动全省各族人民进一步明晰共同的历史记忆、精神文化、责任使命和前途命运，有效提升共建共享、共担风雨、命运与共的责任感和使命感。

2. 加快推进民族县乡绿色发展、均衡发展

共同富裕是全体人民的富裕，在共同富裕的道路上，一个人也不能少，一个民族也不能掉队，必须高度重视民族县乡发展，加快补齐短板，确保各民族共享发展成果。推动民族乡村积极争创全国民族乡村振兴试点，全面实施"十百千万"工程，建成十条各民族共同富裕团结进步精品带，积极培育百个民族乡村共同富裕点、千名共同富裕带头人、万家共同富裕户。深入实施民族县乡山海协作升级版，强化区域协调，缩小城乡差距，支持景宁深化全国民族地区城乡融合发展试点建设，18个民族乡镇全面开展全国民族乡村振兴试点建设。深化"两进两回"❶，大力实施民族共富惠民工程，打造高质量"飞地"，推广"飞地抱团"模式，推动政策、资源、科技、人才向民族县乡更多集聚，更广泛动员各方资源力量支持民族县乡发展。不断拓宽民族县乡"绿水青山就是金山银山"转化通道，充分发挥民族地区生态优势，挖掘民族文化资源，以长桌宴、"三月三"、"浙里一家亲"等载体，做强旅游品牌，发展壮大民族乡村旅游、农村电商、休闲康养等新富民产业。支持民族县乡加快推动竹木加工、木制玩具等山区传统制造业数字化改造升级，建立健全生态产品价值实现机制，持续为民族县乡注入绿色发展新动能。扎实推进基本公共服务均等化。聚焦公共服务均等化标准化优质化，加强和改善民族乡村民生事业，加快补齐教育、医疗、文化等方面的短板，不断提升民族县乡群众的生活品质和幸福指数。

3. 稳步推进各少数民族群众扩中提低改革

提高低收入群体收入水平，率先形成橄榄型社会，深化改革、创新举措，促进各少数民族群众就业创业。强化数字化支撑，扎实推进少数民族群众就业集成改革，加强就业培训和就业援助，畅通转移就业渠道。提高少数民族群众创业能力，进一步完善创业扶持政策，落实减税降负和创业补贴等支持政策，建立民族县乡能人创业和普通农民合作创业机制。完善社会保障

---

❶ "两进两回"：指科技进乡村、资金进乡村，青年回农村、乡贤回农村。

制度。把民族县乡和少数民族群众的社会保障纳入全省基本公共服务均等化集成改革体系，确保"十四五"期间"应保尽保"，并推动其从广覆盖到高质量提升，织牢社会保障安全网。深化新时代社会救助制度体系建设，健全精准识别机制和长效帮扶机制，推进"互联网+社会救助"等数字化场景向民族县乡延伸。探索创新"三次分配"机制。积极探索三次分配在民族县乡缩小收入差距、推进共同富裕方面的重要作用，注重发挥公益慈善在提升公益情怀、润滑社会关系、促进社会和谐等方面的独特功能，进一步完善民族县乡慈善法制规范体系建设和财政税收政策支持体系建设，激励更多社会成员参与三次分配，支持少数民族群众增收。

4. 持续深化民族工作领域数字化改革

数字化改革先行是浙江的特色优势，必须加大力度、抓紧抓实，不断放大数字化改革在民族工作中牵一发动全身的撬动和裂变效应。构建民族领域数字化改革整体框架。做好顶层设计与基层创新结合的文章，通过景宁、柯桥、义乌先行试点和桐庐莪山重点培育，力争建成一批管用、实用、可复制推广的特色应用成果。建设一批民族领域多跨场景。围绕提升民族事务治理现代化水平，按照"大场景、小切口"谋划开发"浙里石榴红""浙里畲乡共富"数字化改革应用场景，牵引带动民族县乡跨越式高质量发展。推进民族县乡共同富裕基本单元建设。系统性解决思想认识、场景落地、建设运营模式等问题，推动民族县乡开展未来乡村建设试点，推进公共服务优质共享，让共同富裕惠及每一个少数民族。

5. 加强对少数民族流动人口精细化精准化管理服务

浙江作为各族群众大流动、大融居的省份，精准做好旅浙、在浙各族群众服务工作十分重要，必须提高政治站位，改进和完善工作，把铸牢中华民族共同体意识落实到对少数民族流动人口的具体管理服务中。全面推进少数民族流动人口服务管理示范体系建设。运用系统观念、系统方法持续优化城市民族工作，优化基本公共服务，确保少数民族流动人口"进得来、留得住、富得起、融得好"。大力推行社区民族工作标准化建设。坚持把城市民族工作着力点放在社区，推进社区邻里各民族文化交融共享，推进社区民族工作数字化协同发展，开展"浙里石榴红"品牌建设工程，从生活环境、工作岗位、文化娱乐等日常环节入手，积极搭建载体平台，不断促进各民族交往交流交融。深化民族团结进步创建。加强民族团结进步宣传教育，把铸牢中华民族共同体意识教育纳入国民教育、干部教育、社会教育全过程，建设好民族团结进步宣传教育网络阵地，全面深入持久开展民族团结进步创建工作。充分运用法治思维和法治方式。完善民族工作政策法规，依法处理涉及民族因素矛盾纠纷。

6. 建设各民族共有精神家园

中华文化是各民族优秀文化的集大成，必须突出各民族共有共享的中华文化符号和形象，打造强大的精神纽带，使各民族人心归聚、精神相依。推动民族文化与浙江人文精神的深度融合。以中华文化为根基、以各民族传统文化为枝干，结合传承和弘扬越文化、丝瓷茶文化、运河文化、南孔文化、和合文化、阳明心学、诗路文化、潮文化等浙江文化标识，建成一批爱国主义教育基地和民族团结进步教育基地。强化民族文化传承保护。实施民族文化传承保护工程，深入开展民族文化专题研究、访谈辑录、历史文献整理，利用民族县乡良好的生态环境和人文景观，共同开展"三月三"等节日庆祝活动。持续擦亮"浙里一家亲"民族文化品牌。推动各民族文化互鉴交融，全面加强国家通用语言文字教育教学，推动中华民族文化进农村文化礼堂。

7. 推动对口支援工作取得更大成效

民族地区高质量发展依然面临许多制约，满足各族人民日益增长的美好生活需要任务仍然非常艰巨，必须继续做好东西部协作和对口支援工作，携手迈向共同富裕。完善领导体制和工作机制。坚持把对口支援民族地区工作放到全国民族团结的大局中谋划推进，加强省委、省政府对对口支援工作的统一管理与指导，健全指标、执行、保障、评估四大体系，与受援地联合成立工作专班，定期召开例会、加强各方会商，确保浙江对口支援工作高站位、高标杆、高质量推进。打造一批具有浙江辨识度的金名片。建立新的对口支援工作载体，打造产业协作、数字化转型、消费协作、文化交流等工作品牌，加快对口工作向制度、治理、智慧三个维度纵深推进。不断完善"组团式"教育、"组团式"医疗等对口支援机制，扎实推进并深化"启明行动"，通过对口支援的具体工作把党中央的关心关怀真正传递到各族群众心中。开展以西藏、新疆、四川等对口支援民族地区青少年为主的交流活动，促进各民族学生共同学习、共同生活，把爱我中华的种子埋入每个孩子的心灵深处。

做好浙江新时代党的民族工作，关键是坚持和加强党对民族工作的集中统一领导，切实把党的领导贯穿新时代民族工作全过程、各方面。当前和今后一个时期，浙江坚决贯彻中央民族工作会议精神，坚持以习近平总书记关于加强和改进民族工作的重要思想为指导，对标对表浙江在高质量发展中奋力推进共同富裕先行和省域现代化先行，打造新时代党建高地和清廉建设高地、高质量发展高地、数字变革高地、全过程人民民主实践高地、新时代文化高地、社会全面进步高地、生态文明高地、促进全体人民全面发展高地"八个高地"，认真落实各级党委民族工作主体责任，强化各级党委统一战线工作领导小组统筹协调职能，围绕铸牢中华民族共同体意识这条主线，形成党委领导、政府负责、有关部门协同配合、全社会通力合作的民族工作格局。建立健全以铸牢中华民族共同体意识为导向的民族工作规划目标责任制，持续完善民族团结进步事业和民族工作政策体系，以建设铸牢中华民族共同体意识示范省为目标，构建科学规范的民族工作综合评价监测体系，制定科学合理、定性定量相结合的考核指标体系，监督检查各项任务要求的执行情况，形成全社会共同监督的有效机制。坚持以数字化改革为牵引，着眼各民族交往交流交融和各民族共同富裕，推动民族工作改革创新、制度重塑、能力提升，努力打造铸牢中华民族共同体意识的"浙江样板"，持续巩固和发展浙江各民族共同团结奋斗、共同繁荣发展的良好局面。

广西民族地区发展报告
2022年广西蓝皮书

附 录

2021年广西民族发展大事记

廖凌子[*]

1月

4日，自治区人民政府办公厅印发《促进全区中药材壮瑶药材产业高质量发展实施方案》（以下简称《方案》），《方案》围绕科学规划优势区域优势品种、依托终端药企发展订单生产、实行以基地为核心的生产模式等七个方面提出具体工作措施。

19日，南宁市青秀区、百色市德保县、百色市靖西市、贺州市富川瑶族自治县、柳州市鱼峰区、桂林市秀峰区甲山街道、来宾市象州县马坪中学、南宁市西乡塘区衡阳街道中华中路社区、贵港市港北区贵城街道荷城社区9个地区和单位获"全国民族团结进步示范区示范单位"称号。

26日，陆川县成立民族事务法律服务中心。

27日，罗城仫佬族自治县召开全县第五次民族工作会议暨民族团结进步表彰大会，共30个集体荣获"罗城仫佬族自治县民族团结进步模范集体"称号，60名同志荣获"罗城仫佬族自治县民族团结进步模范个人"称号。

▲《中国壮剧传统剧作·德保卷》出版发行。

▲广西首家社区民族艺术馆——锦江民族艺术馆在柳州市柳北区锦江社区成立，分为民族工艺、民族服饰、书画影像、生活场景、"城市记忆"旧物5个区，主要展示少数民族题材或少数民族作者的作品。

▲收录了壮、汉双文对照38个暖心故事的《民族语文故事》由广西人民出版社、广西民族出版社联合出版发行。

---

[*] 廖凌子，广西民族研究中心助理研究员。

2月

4日，南宁市命名首批少数民族流动人口民族团结进步"五星"，其中，"团结星"11人、"文明星"5人、"守法星"9人、"诚信星"4人、"敬业星"4人。33名少数民族流动人员中有壮族、瑶族、苗族、回族、土家族、仫佬族、维吾尔族等。

3月

1日，《金秀瑶族自治县瑶医药发展条例》即日起正式施行。

8日，《广西壮族自治区民族团结进步示范区示范单位评审命名管理办法》出台并实施。

4月

7日，广西在北京举行"感党恩 跟党走——壮族三月三 相约游广西"文化旅游推介活动。

8日，2021年自治区"民族团结进步宣传月"活动在防城港市园博园正式启动。活动在全区范围内以"感党恩 跟党走 铸牢中华民族共同体意识"为主题开展，持续至5月8日。

9—10日，2021年广西在粤"壮族三月三"系列活动在广州举行。

13日，"桂韵民歌颂党恩"广西民族歌舞会在广西民族中等专业学校（广西壮文学校、广西民族高中）举行。

13日，以"初心不忘百年路 光影筑梦新征程"为主题的少数民族优秀电影展映活动在南宁市举办，《十八洞村》《远去的牧歌》《雪域丹青》《叶姐》《随风飘散》《碧罗雪山》《漫瀚调》《母亲的肖像》《嫁衣》《天琴》10部民族题材优秀电影展映。

13—15日，2021年中国壮乡·武鸣"壮族三月三"歌圩暨骆越文化旅游节在武鸣举办。

25—27日，习近平总书记在广西视察，就贯彻党的十九届五中全会精神、开展党史学习教育、推动"十四五"开好局起好步等进行调研。

26—27日，"广西少数民族语言文化典藏·环江毛南语"项目启动。

5月

3日，三江侗族自治县良口乡寨塘村举办首届土豆节。

9—10日，广西彩调剧《新刘三姐》在北京保利剧场精彩上演。

11日，"永远跟党走"庆祝中国共产党成立100周年广西优秀舞台艺术作品展演暨第十一届广西剧展开幕。

12—14日，"广西少数民族语言文化典藏·金秀瑶族勉语"项目启动。

19日，三江侗族自治县独峒镇平流村举办第三届侗家"四月八"乌饭节。

20—21日，献礼建党百年作品毛南戏《一个都不能少》首演。

23日，《民族少女》获第十一届国际大学生时尚设计盛典时尚摄影组银奖，该作品由广西艺术学院2019级服装设计专业研究生黄俊杰创作。

25日，2021年全区壮汉双语教学现场观摩暨教学研讨活动在贵港举行。全区100多名壮汉双语教研员、壮汉双语小学双语教学骨干教师参加活动。

6月

8日，河池市金城江区民族宗教服务中心挂牌成立。

11日，原创大型民族音乐剧《拔哥》在广西艺术学院会演中心隆重上演。该剧分为"愤世不平、星火东兰、再造山河、共耕为民、大义皓月和碧血忠魂"六幕，以革命历史事实为蓝本，讲述了韦拔群同志的英雄故事，以及马克思列宁主义在东兰县传播和中国共产党在左右江革命根据地发展壮大的辉煌历程。

18日，中国织锦工艺大师谭湘光的壮族织锦作品《双凤赏花》大壁挂入选"红船精神——中国工艺美术大师'百位大师、百件作品'红色主题展"，谭湘光被授予"突出贡献奖"。

29日，乐业县委书记方志高（壮族）、浦北县委书记古保华（瑶族）、三江侗族自治县委书记邝驱、河池市宜州区委书记翟红玲（女，壮族）4人获评全国优秀县委书记。

7月

1日,《广西壮族自治区中医药条例》正式实施。

4日,"广西巩固拓展全国民族团结进步示范区成果 创建铸牢中华民族共同体意识示范区"论坛在南宁市举行。

15—17日,庆祝"左江花山岩画文化景观"成功申报世界文化遗产五周年系列活动在广西宁明县举行。

18—24日,京族哈节庆在东兴举行。活动内容涵盖祭神仪式、哈妹唱哈、哈亭文艺节目等。

24日,第八届"畅享民歌"精品汇演在广西民族博物馆民族村同心舞台上演。

7月26日至8月2日,由中国社会科学院民族学与人类学研究所、中国人民大学、中央民族大学、西藏民族大学、晋中学院,以及自治区党委政策研究室等专家学者组成的调研组,先后深入南宁、百色、河池、柳州市及相关县(区),就广西各级各地开展民族工作情况进行实地调研,为总结广西民族团结进步示范区经验收集一手材料。

▲《仫佬族地区文书古籍影印校注》喜获第五届中国出版政府奖装帧设计奖提名奖。

8月

2日,毛南族民族风情歌舞音画《艾南·世遗傩缘》在环江毛南族自治县上演。这是全国第一部以傩文化为主要呈现形式的舞台艺术作品。

22日,大型桂剧现代戏《校长爸爸》在广西戏剧院桂戏坊上演,该剧根据全国先进工作者、全国教书育人楷模莫振高的真实事迹改编,以瑶族民歌为元素,与桂剧的演唱方式、语言音调特点相融合,构成一种独特的戏曲合唱,讲述都安高中校长莫振高爱校如家、爱生如子的感人事迹和大爱精神。

24日,桂林市瑶族运动员吴国山参加东京残奥会田径项目铅球比赛。

27日,马山县、融水苗族自治县、三江侗族自治县、德保县、那坡县、凌云县、乐业县、田林县、隆林各族自治县、靖西市、昭平县、凤山县、东兰县、罗城仫佬族自治县、环江毛南族自治县、巴马瑶族自治县、都安瑶族自治县、大化瑶族自治县、忻城县、天等县20个县入选国家乡村振兴重点帮扶县。

31日，2021年广西宗教界"宗教慈善周"活动启动仪式在河池市都安瑶族自治县举行，推动全区宗教界继续以"五教同行 助力乡村振兴"为主题广泛开展公益慈善活动。同日，歌舞《壮美漓江》在北京举行的第六届全国少数民族文艺汇演开幕式上展演，展示出一幅壮美的广西山水画卷。

▲《罗城民间过夜山歌》正式出版。该书分为仫佬卷、壮语卷、汉语卷。

▲贵港市"和为贵"文化节、梧州六堡茶制作技艺传承保护工程、钦州坭兴陶烧制技艺保护传承实践、南宁国际民歌艺术节、黄姚古镇"乡愁记忆"保护传承工程、广西少数民族服饰文化遗产元数据标准及特色资源库的研发、薪火相传 校园有戏——广西校园戏剧节、中华文化广播电视译制传播工程、"藤县狮舞"教育普及项目、广西绣球制作技艺传承发展工程被评选为中华优秀传统文化传承发展工程广西"十佳案例"。

9月

8日，铸牢中华民族共同体意识广西教育传播中心启用仪式在南宁举行。该中心设在广西民族报社，总建筑面积约500平方米，内设产品内容生产区、信息发布大厅、演播室等物理空间。同日，老挝、马来西亚、泰国、越南、东帝汶、孟加拉国、马尔代夫、菲律宾、柬埔寨、巴基斯坦十个国家驻华大使应中共中央对外联络部邀请，赴广西桂林少数民族脱贫示范村——阳朔县高田镇喜龙村考察，参加民族团结进步主题交流活动。

10日，第18届中国—东盟博览会、中国—东盟商务与投资峰会在南宁开幕。本届盛会以"共享陆海新通道新机遇，共建中国—东盟命运共同体"为主题，持续至13日。

11日，红色题材木偶剧《壮乡小雄鹰》在广西儿童剧院上演。该剧采用广西非物质文化遗产——传统杖头木偶的表现形式，讲述了20世纪20年代末，备受地主欺压的田东县少年韦小山成长为红军战士的故事。

13日，第24届全国推广普通话宣传周广西开幕式暨"推普乡村行"系列活动在南宁市良庆区那马镇隆重举行。

17日，2021年广西庆祝"中国农民丰收节"主场活动暨贵港市港南区"庆丰收·感党恩"欢庆活动开幕仪式在贵港市港南区东津镇冲口屯举行。广西丰收节活动从开幕式当日持续至本月23日。

24日，在第六届全国少数民族文艺汇演中，广西选送的壮剧《百色起义》获得最佳剧目奖和最佳导演奖；音乐剧《血色湘江》获舞台美术奖。同日，原创现代民族舞剧《京岛情海》在防城港市艺术中心首演。该剧以京族人民的耕海牧渔海洋生活及文化为题材，通过斗海、恋海、护海、闯海等篇章，反映了京族人民在中国共产党领导下，听党话、感党恩、跟党走，全面建成小康社会的新实践和历史性成就。

27日，桂林市全州县东山瑶族乡成立70周年。

▲由南宁市作家协会会员吴烜撰文、百色苗族蜡染技艺传承人杨云绘画的苗族蜡染原创童话绘本系列正式出版面世。绘本共分三册，分别为《牛角梳》《百褶裙》《百鸟衣》。

▲音乐剧《血色湘江》、壮剧《百色起义》入选第六届全国少数民族文艺汇演参演剧目网络展播。

10月

8日，仫佬风情音舞境《妹耍去》展演，该剧目由《流水》《乡乐》《走坡》《花嫁》《酒欢》及尾声《尖尖谣》6个部分组成，多角度呈现了仫佬族的风俗文化。

11日，音乐纪录片《山歌好比春江水》播出。该片分为《源远流长》《枝繁叶茂》《大地飞歌》三集，通过对广西民族音乐发展的历史、现状及创新等历程的展示，以音乐史诗及民歌展示的形式，回顾百年来广西各族人民在中国共产党领导下传承厚重璀璨的民族文化、发扬改革创新的时代精神。

▲南宁市武鸣区两江镇英俊村岜旺屯等58个村寨被命名为2021年"广西民族特色村寨"。

11月

1日，全区民族工作会议在南宁召开。自治区党委书记刘宁出席会议并讲话，自治区党委副书记、自治区主席蓝天立主持会议并传达有关精神，自治区政协主席孙大伟出席，自治区党委副书记刘小明作总结讲话。

16日，壮族古籍整理成果（民间文学类）《顿造忙（创世经）影印译注》获第十届广西文艺创作铜鼓奖。该书之后又获第十五届中国民间文艺山花奖。

19日，龙胜各族自治县举行庆祝大会，喜庆自治县成立70周年。

20日，自治区代表团组成5个慰问分团，分别深入龙胜各族自治县农村、学校、医院、企业和机关单位，看望慰问各族干部群众。

27日，2021年广西民族语文学术研讨会在南宁召开。

28日，广西发布2021年壮文规范词语并推广使用，包含"中华民族共同体意识""治国方略""云产业"等103条词语。

30日，百色市德保、靖西、那坡、凌云、乐业、田林、隆林7个县（市、自治县），河池市凤山、东兰、罗城、环江、巴马、都安、大化7个县（自治县），崇左市天等县，以及南宁市马山县获国家"十四五"革命老区巩固拓展脱贫攻坚成果衔接推进乡村振兴的政策支持。

▲ 广西首部推广普通话助力乡村振兴公益微电影《暖心语》，顺利在国内外宣传展播平台上线展播。

12月

11日，广西民族高中建校20周年。

16日，南宁市、柳州市、南宁市横州市、柳州市三江侗族自治县、桂林市象山区、桂林市秀峰区、广西柳州钢铁集团有限公司、中国铁路南宁局集团有限公司南宁客运段、贵港市公安局、北海市教育局、广西出入境边防检查总站崇左边境管理支队友谊关边境派出所、柳州市鱼峰区天马街道大龙潭社区、百色市右江区百城街道文明社区、防城港市防城区那良镇滩散小学、河池市金城江区第五小学15个单位被命名为"第九批全国民族团结进步示范区示范单位"。

18日，第五届广西世居民族论坛在广西民族大学举办。本次论坛主题为"学习贯彻中央民族工作会议精神　推动民族地区高质量发展"。

23日，《广西壮族自治区瑶药材质量标准（第二卷）》颁布并实施。此卷收载瑶医临床使用频率较高，有历史传承的瑶药材品种共170个。

24日，广西命名31个单位为兴边富民行动示范单位。其中，靖西市为广西兴边富民示范县，凭祥市夏石镇等4个乡镇为广西兴边富民示范乡镇，东兴市江平镇山心村等24个村（社区）为广西兴边富民示范村（社区），广西万生隆国际商贸物流中心等2个园区为广西兴边富民示范园区。

30日，全区宗教工作会议在南宁召开。自治区党委书记刘宁出席会议并讲话，自治区党委副书记、自治区主席蓝天立主持会议并传达有关精神，自治区政协主席孙大伟出席，自治区党委副书记刘小明总结讲话。

▲2021年，中共广西区委党校（广西行政学院）、广西民族大学、广西社会主义学院、广西财经学院、广西民族理论政策研究室、广西社会科学院、中共南宁市委党校、广西科技大学、广西师范大学、贺州学院10家单位先后被命名为"广西壮族自治区铸牢中华民族共同体意识研究基地"。